레지스탕스
프랑스

Resistance
France

신 화 와 망 각 사 이

레지스탕스
프랑스

이용우지음

푸른역사

책머리에

프랑스는 레지스탕스의 나라다. 이 말은 반은 맞고 반은 틀리다. '레지스탕스Résisitance'라는 용어 자체가 '저항'이란 뜻의 프랑스어에서 유래했다는 점에서나 2차 세계대전 종전 이후 프랑스가 패전과 강점의 상처를 딛고 새로운 국가를 건설하는 데 레지스탕스 경험이 기반이 되었다는 점에서 그러한 명제는 여전히 유효하다. 반면에 독일강점기(1940~1944) 내내 프랑스 전 국민이 레지스탕스를 중심으로 단결했다는 '레지스탕스 신화'가 무너진 지 거의 반세기나 흘렀고 마지막 레지스탕스 출신 대통령이 물러난 지도 이미 사반세기가 지난 오늘날 레지스탕스는 프랑스에서조차 먼 옛날의 유물로 보인다. 현재의 프랑스인들 대다수에게 레지스탕스는 잘못된 신화가 문제가 아니라 오히려 망각의 대상이 되는 게 문제일 것이다.

　지난해 여름 자료조사차 파리에 머물면서 가장 기억에 남는 체험은 파리 근교의 몽발레리앵Mont-Valérien을 방문한 것이었다. 필자는 1943년 여름과 가을 파리 시내 한복판에서 독일점령당국에 맞서 유일하게 무장투쟁을 벌인 한 레지스탕스 조직에 대해 연구를 하던 중이었는데 이 조직의 대원들 22명이 1944년 2월 21일 집단처형된 장소가 바로 몽발레리앵이었다. 나치 독일의 한 선전포스터 때문에 일명 '붉은 포스터'의 투사들로 불리게 된 이들을 포함하여 모두 1,007명의 레지스탕스 대원들과 인질들이 1941~1944년에 이곳에서 총살당했다. 필자가 방문했던 날은 마침 그곳에서 기념식이 열리는 날이어서 탐방객들은 본의 아니게 기념행사를 참관하게 되었다. 가장 인상적인 모습은 그 행사 내내 깃발을 든 기수들이 초등학교 저학년 여학생에서 고등학교 남학생, 중년 시민, 고령의 노인에 이르기까지 남녀노소의 일반 시민들로 구성된 점이었다. 행사 식순에는 70여 년 전 총살을 앞둔 어느 레지스탕스 대원이 자신의 가족에게 쓴 마지막 편지를 그 기수 가운데 한 학생이 낭독하는 것도 포함되었다.

탐방객들은 70여 년 전 처형장으로 쓰였던 곳까지 맘대로 갈 수 있는 게 아니라 일단, 안내소에서 기다렸다가 정해진 시간에 이곳 문화해설사가 인솔하는 단체관람에 참여하게 되어 있었다. 필자도 안내소에서 기다리며 그곳에 비치된 자료들을 이것저것 보았는데 유독 한 권의 두꺼운 책이 눈에 띄었다. 마침 며칠 뒤 방문한 파리 시내 서점에도 있어서 주저 없이 구입했는데 《피총살자들(1940~1944)》이라는 제목의 꽤 두꺼운 인명사전이었다. 다소 긴 부제를 그대로 옮기자면 "강점기 프랑스에서 판결에 따라 혹은 인질로 처형(총살, 단두대 참수 등)된 사람들의 인명사전"이었다.[1]

이 사전에는 총 1,950쪽에 걸쳐, 몽발레리앵에서 총살당한 1,007명을 포함하여 모두 4,425명에 달하는 순국자와 희생자의 인적사항과 레지스탕스 활동에서부터 기억과 기념 관련 사항까지 빼곡히 기록되어 있었다. 대부분은 독일점령당국에 의해 사형 선고를 받고 총살당한 레지스탕스 대원들이었지만 이탈리아 점령당국이나 비시 정부에 의해 처형당한 사람, 독일점령당국에 의해 '인질'로 처형당한 사람, 총살당하기 직전에 자결한 사람, 고문을 당하다가 자결한 사람, 고문으로 인해 사망한 사람도 이 인명사전에 수록되어 있었다.

최근에 필자가 구입한 또 한 권의 인상적인 사전은 역시나 방대한 분량의 《대독협력사전》이었다.[2] 《피총살자들》 인명사전의 분량에는 훨씬 못 미치지만 한 권 치고는 꽤 묵직한 분량(925쪽)으로 역사가 프랑수아 브로슈François Broche가 독일강점기 프랑스의 대독협력자들뿐 아니라 대독협력 관련 조직, 기구, 제도, 이념, 사조, 사건, 지명, 주제, 서적, 신문, 잡지, 영화 등을 상세히 소개한 역사사전이었다.

각기 2015년과 2014년에 나온 이 두 권의 사전은 2차 세계대전이 끝나고도 70년이나 지난 현재까지도 프랑스에서 독일강점기에 대한 관심이 식지 않았음을, 그리고 여전히 그 시기는 협력(《대독협력사전》)과 저항(《피총살자들》)으로 특징지어짐을 여실히 보여 준다.

이 책은 바로 그러한 독일강점기 프랑스를 다룬다. 하지만 1940~1944년의 역사 자체를 다루는 게 아니라 그 시기가 전후戰後에 어떻게 논쟁되고, 서술되고, 전수되고, 재현되어 왔는지를 살피고자 한다. 자국의 강점기 과거사에 대한 전후 프랑스인들의 인식과 태도를 다룬다는 점에서 이 책은 《프랑스의 과거사 청산》(역사비평사, 2008)과 《미완의 프랑스 과거사》(푸른역사, 2015)의 뒤를 잇는다. 필자의 '프랑스 과거사' 시리즈 세 번째 저작에 해당하는 셈이다.

이번 책 역시 앞의 두 책과 마찬가지로 세 부로 나뉜다. I부 "논쟁하기"는 전작 《미완의 프랑스 과거사》의 5장(1989~1993년의 부스케 사건), 6장(1992~95년의 벨디브 사건), 10장(1993년의 장 물랭 사건), 11장(1997년의 오브락 사건)의 뒤를 이어 1980~90년대에 벌어진 세 건의 과거사 논쟁을 다룬다. 1장은 프랑스에서 나폴레옹 이래 가장 오래 집권한(14년) 국가수반이자 레지스탕스 출신의 마지막 대통령 프랑수아 미테랑François Mitterrand이 반세기 만에 자신의 불명예스러운 독일 강점기 이력이 폭로되어 곤욕을 치른 사건을 다루었다. 1장이 한 개인의 과거사를 둘러싼 논쟁이라면 2장은 국가기구의 과거사에 대한 것이다. 독일강점기 초기 비시 정부의 파리경찰청이 유대인들을 대상으로 작성하고 이후 나치 독일의 홀로코스트에 협력하는 데 요긴하게 쓰인 '죽음의 파일'이 역시 반세기 만에 발견된(혹은 발견된 줄 알았던) 사건이 2장의 주제다. 3장은 앞서 소개한 몽발레리앵에서 집단처형된, '붉은 포스터'의 외국인 레지스탕스 투사들이 한 TV 다큐멘터리 영화를 계기로 40여 년 만에 망각의 늪에서 빠져 나온 사건을 다룬다.

II부 "전수하기"는 독일강점기의 역사 가운데서도 나치 독일과 비시 정부에 맞서 투쟁한 레지스탕스의 역사를 전후 프랑스인들이 어떻게 서술하고 (후속세대에) 전수했는지를 살피기 위해 역사서들과 역사 교과서들을 분석했다. 4장에서는 전후 60년간 레지스탕스 관련 문헌의 발간 추이를 개관하고 "(프랑스) 레지스탕스의 역사"라는 제목을 내건 5종의 역사개설서(1950, 1967~1981, 1993, 1996, 2013)를 검토했다. 5장에서는 2차 세계대전의 역사가 처음 다루어진 1962년부터 2015년까지 출간된 고등학교 역사교과서 23종에 실린 레지스탕스 관련 서술과 자료를 분석했다.

끝으로 III부 "재현하기"는 지난 세기에 가장 효과적인(동시에 위험한) 재현 수단으로 부상한 매체인 영화를 통해 독일강점기 프랑스의 저항과 협력의 역사가 어떻게 재현되었는지를 살펴보았다. 6장에서는 레지스탕스를 다룬 세 편의 영화인 〈철로 전투〉(1946), 〈그림자 군단〉(1969), 〈범죄 군단〉(2009)을 분석했다. 마지막 장에서는 어느 대독 협력자 청년의 삶을 그린 파격적인 내용으로 1974년 개봉 당시 프랑스 사회에 충격을 주었던 영화 〈라콩브 뤼시앵〉을 다루었다.

이 책은 필자가 2015년부터 2018년까지 프랑스 현지에서 수집한 자료들을 분석하여 수행한 연구에 기반한 것이다. 2015년 1~2월과 12월, 2017년 3~4월, 2018년 6~7월에 2~3주씩 파리에 머물면서 프랑스국립도서관Bibliothèque nationale de France, 현대국제기록도서관Bibliothèque de documentaion internationale contemporaine, 퐁피두센터의 공공정보도서관Bibliothèque publique d'information, 현재사연구소Institut d'histoire du temps présent, 프랑스 시네마테크의 영화도서관Bibliothèque du film에서 당대의 주요 일간지, 주간지, 월간지, 계간지, 팸플릿, 회고록, 연구서, 역사교과서 등을 촬영했고 파리 시내의 서점들과 생투앙Saint-Ouen 벼룩시장의 중고서점에서 관련 서적을 구매했다.

이웃나라에게 훨씬 더 길고 고통스러운 점령과 지배를 당했고 훨씬 더 많은 협력자를 양산한 한국의 과거사(1910~1945)에 대해서도 논쟁하고, 전수하고, 재현하는 데 조금이라도 도움이 되었으면 하는 바람이다. 마침 올해는 일제강점기 최대의 레지스탕스 운동이었던 3·1운동 100주년이다.

2019년 12월

이용우

markable work. It is the present perceived by an artist.

LACOMBE LUCIEN

A FILM BY LOUIS MALLE

S DES MOUVEMENTS DE RÉSISTANCE UNIS
ef: DE GAULLE; une seule lutte: POUR NOS LIBERTÉS

eunesse française répond : **Merde**

ssemblement du Peuple

SABOTEZ LA CONSCRIPTIO
des esclaves au service d'Hitl

Français, sabotez le recensement pour la déportation

ACOMBE LUCIEN

lm de Louis Malle

BATAILLE DU RAIL

À TOUS LES FRANÇAIS

La France a perdu une bataille !
Mais la France n'a pas perdu la guerre !

Des gouvernants de rencontre ont pu capituler, cédant à la panique, oubliant l'honneur, livrant le pays à la servitude. Cependant, rien n'est perdu !

Rien n'est perdu, parce que cette guerre est une guerre mondiale. Dans l'univers libre, des forces immenses n'ont pas encore donné. Un jour, ces forces écraseront l'ennemi. Il faut que la France, ce jour-là, soit présente à la victoire. Alors, elle retrouvera sa liberté et sa grandeur. Tel est mon but, mon seul but !

Voilà pourquoi je convie tous les Français, où qu'ils se trouvent, à s'unir à moi dans l'action, dans le sacrifice et dans l'espérance.

Notre patrie est en péril de mort.
Luttons tous pour la sauver !

VIVE LA FRANCE !

18 JUIN 1940

GÉNÉRAL DE GAULLE

L'ARMÉE DES OMBRES

JACQUES DORFMANN
FILMS CORONA

LINO VENTURA
PAUL MEURISSE
JEAN-PIERRE CASSEL
SIMONE SIGNORET

UN FILM DE
JEAN-PIERRE MELVILLE

L'ARMÉE
DES OMBRES

d'après le roman de
JOSEPH KESSEL
de l'Académie française

PAUL CRAUCHET
CLAUDE MANN
CHRISTIAN BARBIER

Histoire 1ʳᵉ L-ES

MEMBRE ACTIF

Doc. 3 Des faux papiers pour survivre dans la clandestinité.

Deux cartes d'identité différentes, pour l'institutrice : Marie Thérèse Douet, et sa carte de membre

L'ARMÉE DU CRIME

UN FILM DE ROBERT GUÉDIGUIAN

VIRGINIE LEDOYEN · SIMON ABKARIAN · ROBINSON STEVENIN · GRÉGOIRE LEPRINCE-RINGUET · LOLA NAYMARK · ARIANE ASCARIDE · JEAN-PIERRE DARROUSSIN

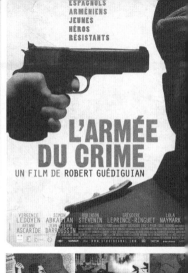

Sous la direction de J.-M. Gaillard • Coordination M.

PARIS BRÛLE-T-IL ?

 un film de RENÉ CLÉMENT

MÉE DES RES

UN FILM DE
JEAN-PIERRE MELVILLE

GRAND PRIX
FESTIVAL DE CANNES 1946

PRIX DU JURY
FESTIVAL DE CANNES 1946

SÉLECTION OFFICIELLE
CANNES CLASSICS
FESTIVAL DE CANNES 2010

BATAILL DU RA

UN HOMMAGE POIGNA
À LA RÉSISTANCE FRANÇ

◈ 책머리에 | 005

I 논쟁하기

1. 반세기 만의 폭로?: 미테랑 대통령의 강점기 이력 논쟁 014
2. 반세기 만의 발견?: 파리경찰청의 유대인 파일   048
3. 망각에서 스캔들로: 파리의 외국인 레지스탕스   087

전수하기 II

4. 레지스탕스 역사 쓰기(1946~2013) 130
5. 역사교과서 속의 레지스탕스(1962~2015) 176

III 재현하기

6. 영화 속의 레지스탕스: 〈철로 전투〉, 〈그림자 군단〉, 〈범죄 군단〉 212
7. 강점기 프랑스를 영화로 재현하기: 〈라콩브 뤼시앵〉   264

◈ 주   석 | 297
◈ 찾아보기 | 338

I 논쟁하기

1980년대와 90년대의 프랑스에서는 자국의 40~50년 전의 과거사를 놓고 유달리 폭로와 의혹 제기, 고발과 단죄, 논란과 논쟁이 많았다. 1981년 5월 한 시사풍자지의 폭로 기사로 39년 전의 범죄행위가 알려지게 된 예산부장관 모리스 파퐁Maurice Papon은 독일강점기에 지롱드Gironde 도청 사무국장으로서 약 1,600명의 유대인을 수용소로 보낸 혐의로 1981년 12월 고소되었고, 1983년 1월의 기소, 1987년의 공소 기각과 1992년의 재기소를 거쳐 결국 1997~98년의 재판에서 반인륜범죄 공모죄로 10년 금고형을 선고받았다. 독일강점기에 비시 정부의 준군사 조직인 민병대 간부로 각종 악행을 저지른 폴 투비에Paul Touvier는 반인륜범죄 혐의로 1981년 11월 기소되었고, 1989년 5월 니스Nice의 한 수도원에서 42년 만에 체포되어 1994년 3~4월에 역시 반세기 전의 반인륜범죄 공모죄로 종신형을 선고받았다. 1942~44년에 비시 정부의 경찰 총수로서 수만 명의 유대인을 나치 독일의 절멸수용소로 보낸 데 책임이 있는 르네 부스케René Bousquet는 1989년 9월에 처음 고소되었고 1991년 3월에 기소되었다가 1993년 6월, 재판을 앞두고 살해되었다. 독일강점기에 '리옹의 도살자'로 악명 높았던 게슈타포 간부 클라우스 바르비Klaus Barbie는 1983년 1월 볼리비아에서 체포되어 프랑스로 압송되었고 1987년 5~7월의 재판에서 반인륜범죄로 종신형을 선고받았다.

이들의 반세기 전 범죄행위에 대한 폭로와 고발, 체포와 재판 소식이 발표될 때마다 주요 일간지들의 지면이 관련 기사들로 뒤덮였음은 물론이다. 이상의 사법적 단죄 사례들 외에도, 1942년 7월 16~17일 프랑스 경찰이 약 1만 3,000명의 파리 지역 유대인을 검거한 '벨디브Vél' d'Hiv 사건'의 50주년을 맞이하여 1992년

6~7월에 벌어진 논쟁에서부터 같은 해 11월 미테랑 대통령의 페탱Pétain 묘 헌화 파동, 1993년 2월에 제기된 '장 물랭Jean Moulin 소련첩자설'을 둘러싼 논쟁, 1997년 2~7월에 레지스탕스 '스타' 오브락Aubrac 부부의 1943년 행적을 둘러싸고 벌어진 논쟁에 이르기까지 그야말로 반세기 전의 독일강점기는 역사가 앙리 루소Henry Rousso와 언론인 에릭 코낭Éric Conan의 표현대로 "지나가지 않은 과거un passé qui ne passe pas"였다.[1]

I부에서 살펴볼 1985년의 마누시앙 사건, 1991년 11월에 시작된 유대인 파일 사건, 1994년 9월의 미테랑 사건 역시 이 같은 맥락에 속한다. 1장에서 다룰 미테랑 사건은 자명한 대독협력자(부스케, 파퐁, 투비에)나 레지스탕스 영웅(장 물랭, 오브락 부부)만이 아니라 레지스탕스 출신의 현직 대통령도 반세기 전의 과거를 둘러싼 의혹 제기와 폭로 및 논쟁을 피해 갈 수 없었음을 보여 준다. 2장의 유대인 파일 사건은 퇴역군인부 기록보관소에서 반세기 만에 '발견'된(혹은 발견된 줄 알았던) 파리경찰청 파일을 둘러싼 논란과 논쟁을 다룬다. 1장과 2장 모두 대독협력의 과거사를 다루었다면 3장은 반대편의 역사인 레지스탕스를 다룬다. 오래도록 잊혔다가 40여 년 만에 기묘한 양상으로 복귀한 파리의 이민자 레지스탕스 조직을 둘러싼 논쟁이 3장의 주제다.

레 지스탕스 출신으로 만 31세에 퇴역군인부장관이 된 이래 제4공화국에서 여덟 차례나 장관을 역임하고 1965년과 1974년의 대통령 선거에서 두 차례나 범좌파의 단일후보로 나선 끝에 결국 1981년에 제5공화국의 첫 사회당 소속 대통령이 된 인물, 1988년의 대통령 선거에서 다시 한번 승리를 거둠으로써 나폴레옹 이래 가장 오래 국가수반직(1981~1995)에 머문 인물. 다름 아닌 프랑수아 미테랑François Mitterrand(1916~1996)이다. 그러한 인물이 임기 만료를 불과 8개월 남겨 둔 시점인 1994년 9월, 그가 실제로는 1930년대 청년기에 극우 조직에 몸담았고 독일강점기에 비시 정부 산하의 기구들에서 근무했으며 투철한 페탱주의자였다는 사실이 폭로된 것은 그야말로 청천벽력 같은 사건이었다. 언론인 피에르 페앙Pierre Péan이 《프랑스 청년: 프랑수아 미테랑, 1934~1947》(이하 《프랑스 청년》)이란 제목으로 미테랑의 그러한 과거를 폭로한 저작을 출간했던 것이다.[1]

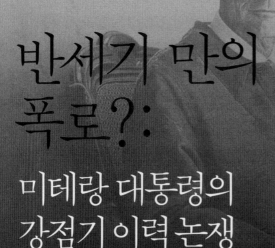

반세기 만의 폭로?:

미테랑 대통령의 강점기 이력 논쟁

"미테랑에게 무죄를 선고해야 하는가?"
시사주간지 《르 누벨 옵세르바퇴르》지
(1994년 9월 15~21일)는 미테랑의 과거 전력 문제를
커버스토리로 다루었다.

　사실, 그러한 과거는 일찍이 1950년대부터 수십 년 동안 극우파, 드골주의자 등 미테랑의 정적들에 의해 간간이 폭로되어 왔으나 다수의 여론은 그러한 폭로를 중상모략이나 헛소문으로 치부하거나 (사실로 인정하더라도) 그리 중요하게 여기지 않았다. 1994년 가을의 반응은 달랐다. 불과 2년 전, 홀로코스트에 대한 비시 정부의 협력을 대표하는 사건인 '벨디브 사건' 50주년을 맞아 그 사건에 대한 프랑스 정부의 책임을 공식 인정하라는 요구가 빗발쳤는데 미테랑이 이를 거부한 상황,[2] 바로 1년 전에는 벨디브 사건의 주된 책임자로 지목된 비시 정부 경찰 총수 르네 부스케가 살해당함으로써 반세기 만의 재판이 무산된 상황,[3] 그리고 몇 달 전(1994년 4월)에는 전前 민병대 간부 폴 투비에가 역시 반세기 전의 반인륜범죄로 종신형을 선고받은 상황에서 현직 대통령의 반세기 전 비시 전력前歷 폭로에 대한 반응은 전과 같을 수 없었다.

미테랑 자신이 속한 사회당이 제일 먼저 격렬하게 반응했고 미테랑의 과거를 둘러싸고 치열한 논쟁이 벌어졌다. 급기야 9월 12일에는 미테랑이 TV 카메라 앞에서 자신의 과거에 대해 해명해야 했다. 이 장은 바로 이러한 미테랑의 청년기 과거를 둘러싼 반응과 논쟁을 분석한 것이다.

이 주제에 대한 연구로는 우선 《비시 신드롬》의 저자로 유명한 역사가 앙리 루소와 《렉스프레스L'Express》지 언론인 에릭 코낭이 함께 쓴 《비시, 지나가지 않은 과거》에 수록된 〈미테랑 세대〉가 주목할 만하다.[4] 《비시, 지나가지 않은 과거》는 공교롭게도 페앙의 《프랑스 청년》과 거의 같은 시기(1994년 9월 초)에 같은 출판사(파이아르Fayard)에서 간행된 데다가 〈미테랑 세대〉는 페앙의 책과 주제까지 유사하다. 하지만 《프랑스 청년》과 거의 동시에 출간되었으므로 이 글은 부득이하게 페앙의 연구결과와 그에 대한 언론의 반응을 다루지 못했고 그러한 부분은 2년 뒤 개정판(1996)에서 후기 형태로 추가되었다.[5]

다음으로는 이 장의 주제인 논쟁에 가담한 인물이기도 한 역사가 클레르 앙드리외Claire Andrieu가 2년 뒤 미국 학술지 《프랑스 정치와 사회French Politics & Society》에 실은 논문 〈기억의 관리: 미테랑 사건에 관련된 국민적·개인적 정체성〉을 꼽을 수 있다. 앙드리외는 이 글에서 미테랑이 자신의 과거에 대한 기억을 관리하는 방식이 어떻게 바뀌어 나가는지를 네 시기(1944년까지의 청년기, 1944~58년, 1958~86년, 1986~96년)로 나누어 분석했다.[6]

그 밖에, 미국의 프랑스어학자 리처드 J. 골즌Richard J. Golsan이 자신의 논문집 《비시의 사후생명Vichy's Afterlife》(2000)에 수록한 〈미테랑의 암흑기: 대통령의 "프랑스 청년"〉[7]과 프랑스의 역사가 장피에르 아제마Jean-Pierre Azéma가 대중적 역사잡지 《리스투아르*L'Histoire*》의 〈미테랑 특집호〉(2001년 4월호)에 기고한 〈페탱주의자인가, 레지스탕스인가?〉[8]가 이 주제를 다루고 있다.

필자는 이상의 논문들을 참조하되 1994년 9월 페앙의 책 출간을 계기로 드러난 미테랑의 청년기 과거에 대한 당시 언론의 반응과 논쟁에 좀 더 초점을 맞추었다. 따라서 주된 분석 대상으로 삼은 것은 페앙의 책 출간 소식이 처음 보도된 1994년 9월 2일부터 미테랑의 과거에 대한 여론의 반응이 마지막으로 실린 9월 24일까지의 유력한 중앙일간지 3종(중도좌파 성향의 《르 몽드》지, 우파 성향의 《르 피가로》지, 좌파 성향의 《리베라시옹》지), 그리고 미테랑의 과거를 둘러싼 논쟁이 실린 시사주간지 《르 누벨 옵세르바퇴르*Le Nouvel Observateur*》지(1994년 9월)와 지성월간지 《에스프리*Esprit*》(1994년 11월호와 12월호)다.

피에르 페앙의 《프랑스 청년》

미테랑 대통령의 과거를 둘러싼 논쟁은 한 권의 책 출간으로 시작되었다. 언론인 피에르 페앙이 1994년 9월 초에 내놓은 《프랑스 청년: 프랑수아 미테랑, 1934~1947》이 그것이다. 대학에 진학하기 위해 파리에 올라온 1934년(만 18세)부터 독일강점기(1940~1944)를 거쳐 해방 후 처음 장관직(퇴역군인부장관)에 오른 1947년(만 31세)까지, 현직 대통령 미테랑의 청년기 13년이 이 책의 주제였다. 대부분의 평자들은 저자 페앙의 진지함과 엄정한 연구방법론을 높이 평가했다. 출간 직후 《르 몽드》지의 에두이 플레넬Edwy Plenel은 "엄격하고 정밀하

피에르 페앙의
《프랑스 청년: 프랑수아 미테랑, 1934~1947》

《르 몽드》지 시사만평(1994년 9월 9일 자)

집권 1기(1981~1988)의 미테랑이 "누가 따라오는 것 같은데!"라고 말하자 집권 2기(1988~1994)의 미테랑이 "냅둬! 젊은이야!"라고 답한다. 뒤에는 젊은 시절의 미테랑이 따라오고 있는데 "1942년"이라고 쓰인 넥타이와, 비시 정부를 상징하는 왼쪽 가슴의 도끼 문장敍章이 눈에 띈다.

고 주목할 만한 조사서"라고 평했고,[9] 《르 누벨 옵세르바퇴르》지의 장 다니엘Jean Daniel은 "나무랄 데 없고, 엄격하고, 역사적 감수성을 갖춘 걸작"이라고 표현했으며,[10] 장 물랭의 전기작가로 유명한 다니엘 코르디에Daniel Cordier 역시 "해석의 차분함이 진지함을 보증"하며 '팸플릿이 아니라 역사책'임을 강조했던 것이다.[11]

레지스탕스 출신 대통령이자 제5공화국 최초의 좌파 대통령인 미테랑의 청년기 극우-비시 이력에 대한 폭로는 프랑스 사회에 엄청난 충격과 파문을 야기했다. 9월 2일 자 《르 몽드》지는 "프랑수아 미테랑의 청년기 비밀들: 작가 피에르 페앙이 장래 대통령의 민족주의적·페탱주의적 참여를 폭로하다"라는 문구를 제1면 표제로 내걸었고,[12] 같은 날 《리베라시옹》지 역시 "미테랑: 어두운 시기가 그림자를 벗어나다"라는 제목 아래 "피에르 페앙이 …… 그 젊은 정치인[미테랑—필자]이 레지스탕스에 가담하기 전에 민족적·페탱주의적 우파에 속했던 시기에 대해 밝혔다"라고 평가했다.[13]

이렇듯 페앙의 책은 단지 현직 대통령의 젊은 시절을 다룬 전기傳記만이 아니라 무엇보다도 '민족주의적·페탱주의적 우파(내용상 극우파에 가까운)'로서의 과거에 대한 폭로물로 받아들여졌다. 사실, 미테랑의 1930년대 극우파 이력과 독일강점기의 비시 이력은 이 책에 의해 처음 알려진 게 아니었다. 일찍이 1950년대 중반부터 극우 언론이 그러한 사실과 관련된 소문들을 집요하게 제기해 왔고 미테랑이 출마한 대통령 선거 때마다(1965, 1974, 1981, 1988) 그러한 소문이 정적들의 단골 메뉴가 되었던 것이다.[14] 그럼에도 《프랑스 청년》의 엄정한 방법론과 진지함, 그리고 저자 자신이 어떠한 정파에도 속하지 않았다는 점은 이전의 소문들이 단지 풍문 수준에 그쳤던 것과 달리 프랑스 사회 전반에 적지 않은 반향을 일으키는 데 큰 역할을 했다.

게다가 이 책의 신빙성을 더해 주는 데에는 놀랍게도 미테랑 자신의 역할도 컸다. 자신에게 불리한 과거 사실을 폭로하는 책을 만드는 과정에 미테랑 자신이 직접 참여했던 것이다. 페앙이 1993년 봄 미테랑을 직접 찾아가 13년간의 청년기에 대해 집필하겠다는 계획을 밝히면서 도움을 청하자 미테랑은 흔쾌히 수락했으며 이후 실제로 무려 여섯 차례에 걸쳐 페앙의 인터뷰에 응했다. 이 인터뷰 과정에서 미테랑은 페앙에게 속내를 털어 놓는 데 그다지 망설이지 않았던 것으로 보인다.[15]

페앙의 책이 새로 밝히거나 강조한 미테랑의 과거는 다음 네 가지로 요약된다.

첫 번째, 미테랑은 극우 언론들이 줄곧 제기해 온 주장과 달리 2차 세계대전 이전 시기에 전통적인 극우 조직인 '악시옹 프랑세즈Action française'에도, 공화국 체제를 전복할 음모를 꾸민 '카굴Cagoule'에도 속하지 않았지만 악시옹 프랑세즈가 조직한 외국인 혐오시위(1935년 2월)에도 참여했고 극우 조직인 '불의 십자가Croix-de-Feu'의 청년 조직인 '민족의용대Volontaires nationaux'에도 가입했다.

두 번째, 2차 세계대전이 발발하자 징집된 미테랑은 1940년 6월 전투 중에 부상을 입고 독일군 포로수용소에 끌려갔다가 1941년 12월 수용소에서 탈주했는데 "프랑스에 돌아와서 고통스런 문제 없이 레지스탕스 활동가가 되었다"는 자신의 주장(1969)[16]과 달리 귀국 직후 비시 정부 산하의 기관에서 근무했으며 그것도 지금까지 알려진 것처럼 '전쟁포로 사회복귀위원회Commissariat au reclassement des prisonniers de guerre'에서만 근무한 게 아니라 좀 더 불명예스런 조직인 '프랑스

극우 시위대 속의 미테랑

1935년 초에 미테랑은 극우 조직 '악시옹 프랑세즈'가 벌인 외국인 혐오시위에 참여했다.
이 사진에서 가운데 두 명의 경관들 사이에 미테랑의 얼굴이 선명하게 보인다.

젊은 시절의 미테랑(1933)

퇴역군인군단Légion française des combattants'에서도 일했다.[17]

세 번째, 미테랑은 지금까지 알려진 것보다 훨씬 늦게 레지스탕스에 합류했으며 그 합류 과정도 점진적이었고 레지스탕스 활동을 시작한 뒤까지도 비시 체제와의 관계를 모두 끊지 않았으며 페탱에 대한 우호적 생각도 버리지 않았다.

네 번째, 전후戰後에 미테랑은, 독일강점기 프랑스 유대인들의 강제이송에 적극 협력했던 비시 정부 경찰 총수 르네 부스케와 친한 사이였으며 그러한 관계는 부스케의 강점기 역할이 폭로된(1978) 뒤까지도(적어도 1986년까지) 지속되었다.

페앙의 연구결과가 특히 충격적이었던 것은 독일강점기의 미테랑이 단지 비시 정부 기관들에서 근무한 데 그친 것이 아니라 '페탱Pétain 원수元帥 개인에 대한 전적인 신임'을 의미하는 '원수주의maréchalisme'를 넘어 '비시 정부가 추구한 민족혁명 이데올로기와 정책에 대한 찬동'으로 정의되는 '페탱주의pétainisme' 성향까지 보였다는 것이다.[18] 페앙은 미테랑이 페탱주의 잡지인 《프랑스: 신국가지France: Revue de l'État nouveau》(1942년 12월)와 《지도자의 역할Métier de chef》(1943년 4월)에 실은 글들과 그의 몇몇 편지(1941년 3월 13일과 1942년 4월 22일)에 대한 분석에 근거하여 그러한 주장을 폈다. 그리하여 앞서 인용했듯이 1994년 9월 2일 자의 《르 몽드》지와 《리베라시옹》지 모두 페앙의 책을 소개하며 "페탱주의"란 표현을 전면에 내걸었던 것이다.

《프랑스 청년》은 페앙의 주장 못지않게 책 표지에 실린 사진을 통해서도 프랑스 사회에 큰 반향을 일으켰다. 그것은 1942년 10월 15일 페탱이 자신의 관저에서 미테랑을 맞이하는 모습을 찍은 것으로, 언론인 코낭과 역사가 루소가 정확히 지적하고 미테랑 자신도 이후의

인터뷰에서 해명했듯이, 사실 그 사진은 특별한 역사적 의미를 갖는
것은 아니었다.[19] 당시 페탱은 모든 종류의 관공서 직원 수백 명의 방
문을 맞았으며 그 사진이 드러내는 것도 전쟁포로 사회복귀위원회 직
원 미테랑의 단순한 방문 사실 그 이상도 그 이하도 아니었던 것이다.
그럼에도 현직 대통령의 원수주의적·페탱주의적 과거 폭로라는 측면
과 결합되어 이 이미지는 충격의 도를 높이는 데 큰 역할을 했다.[20]

　끝으로. 페앙의 책이 프랑스 사회에 파문을 일으킨 것은 미테랑의
비시 관련 과거만이 아니라 비시 경찰 총수 부스케와 최근까지 맺어
온 관계 때문이기도 했는데 이러한 관계만이 아니라 부스케에 대한
현재 미테랑의 인식 또한 큰 충격을 주었다. 즉, 페앙은 부스케가 반
인륜범죄로 재판을 다시 받는 것을 미테랑이 반대했음은 분명하다고
주장하면서 1994년 5월 26일의 인터뷰에서 미테랑이 부스케에 대해
말한 것을 그대로 실었다.

미테랑을 맞이하는 페탱
1942년 10월 15일
비시 정부의 국가수반 페탱이
미테랑을 맞이하는 모습을 찍은 사진이다.
당시 미테랑은 비시 정부 산하의 기관인
'전쟁포로 사회복귀위원회'의
직원으로서 방문한 것이었다.

그는 사람들이 묘사하듯이 광신적 비시파가 아니었다. 그는 비범한 역량의 사람이었다. 나는 그가 오히려 호감이 가고, 직선적이고, 거의 당돌하다고 느꼈다. 난 그를 기꺼이 만나 왔다. 그는 사람들이 그에 대해 말할 수 있었던 것과 전혀 무관했다.[21]

52년 전 파리 지역의 유대인 1만 3,000명을 나치 독일에 넘김으로써 그 대부분을 학살당하게 한 작전('벨디브 사건')의 주모자, 그리하여 반세기 만에 반인륜범죄로 법정에 설 뻔한(어느 정신이상자에게 살해당함으로써 재판을 면한) 사람에 대해 현직 대통령, 그것도 레지스탕스 출신 좌파 대통령이 발언한 것이라고는 전혀 믿기지 않는, 그래서 더더욱 당혹스럽고 충격적인 발언이었다.

사회당의 반응

페앙의 책이 촉발한 미테랑의 과거를 둘러싼 논쟁에서 가장 격렬한 반응을 보인 곳은 다름 아닌 미테랑 자신이 속한 사회당Parti socialiste 이었다. 미테랑은 1965년 대통령 선거에서 좌파의 단일 후보로 출마한 데 이어 1971년 사회당에 입당했고 이후 10년간 그 당의 지도자(제1서기)였으며 1981년에는 제5공화국 최초의 사회당 소속 대통령직에 오른 인물이다.

이렇듯 24년째 미테랑은 사회당과 떼려야 뗄 수 없고 사회당을 대표하는 존재였기 때문에 페앙이 폭로한 미테랑의 과거 이력은 사회당 사람들에게 더더욱 충격적인 것으로 받아들여졌다. 이러한 반응은 당대 일간지들의 기사 제목에 잘 드러나 있다. 《르 몽드》지는 "젊은 사회주의자들이 미테랑의 청년기 전력前歷에 대한 당의 침묵에 분노"(9월 7일)했고 "미테랑에 대한 폭로가 사회당을 분열"시켰다(9월 9일)는 등의 제목으로 9월 6일부터 연일 사회당 내의 논쟁을 보도했다. 《르 피가로》지 역시 "프랑수아 미테랑의 과거를 둘러싼 사회주의자들의 혼란", "부스케와 국가원수 사이의 관계에 대한 폭로가 사회당 내에 내분 야기" 등의 제목(9월 9일)으로, 《리베라시옹》지도 "청년 미테랑이 사회당을 분열시켰다"(9월 8일)라는 제목으로 각각 그러한 내용의 기사들을 실었다.[22]

필자는 9월 6일 자부터 9월 13일 자까지의 《르 몽드》지, 《르 피가로》지, 《리베라시옹》지에 실린 관련 기사들을 분석했는데 무려 33명에 달하는 사회당 사람들의 발언이 여기에 실렸다.[23] 필자의 분석에 따르면 이 33명 가운데 미테랑의 과거에 대해 충격과 분노를 표명한 쪽은 8명(24.2퍼센트), 그러한 과거를 이해하고 미테랑에 대한 공격을 삼가자는 쪽은 22명(66.7퍼센트)으로 후자에 해당하는 경우가 훨씬 많았

1994년 9월 12일 밤 미테랑의 TV 인터뷰

지만(나머지 3명은 어느 쪽으로도 분류하기 어려웠다) 이러한 분석결과가 당시 사회당이 직면한 혼란과 분열의 정도를 온전히 드러내 주지 못한다. 이는 어디까지나 신문에 발언이 실린 인사들만을 집계한 것이고, 분노와 충격을 더 크게 느낀 젊은 평당원들과 중간 간부들보다는 아무래도, 그러한 과거를 이미 잘 알았고 분노하기보다는 당내 혼란과 분열을 더 우려한 지도부 인물들의 발언이 더 잘 드러났던 것이다.

미테랑의 과거 이력에 대한 사회당 내의 반응은 페앙의 책 출간 직후인 9월 3~4일 라로셸La Rochelle에서 열린 사회당 여름대학에서부터 나타났다. 당 지도부가 부과하려던 침묵은 유럽의회 의원인 피에르 모스코비치Pierre Moscovici의 발언으로 처음 깨졌다. 모스코비치는 "나를 놀라게 한 것"은 "전시戰時 미테랑의 이력"이 아니라 "미테랑이 1986년까지 …… 부스케와 자주 만났다고 고백했고 …… 그를 보는 게 큰 기쁨이었다고 설명한 것"이라고 말했던 것이다. 이어서 블루아 Blois의 한 활동가 당원은 "지난 14년 동안 미테랑이 우리에게 말한 것 상당수가 거짓이었음이 드러났다"고 주장했다.[24]

9월 6일에는 당내 청년 조직인 '사회주의 청년운동'이 충격과 분노를 표하는 장문의 선언문을 발표하기에 이른다. 이 선언문에서 그 조직은 "미테랑의 비시 정권하에서의 정계 입문은, 비시 체제를 규탄하지 않은 채 제4공화정과 제5공화정에 참여한 한 정치세대 전체의 책임이란 문제를 제기한다"고 주장하면서 현재의 공화국이 비시 체제를 정식으로 규탄할 것을 촉구했다.[25]

결국 다음날(9월 7일) 전국사무국 회의에서 "뚜껑이 폭발"했다.[26] 두 시간 반에 걸쳐 미테랑의 과거를 둘러싸고 격렬한 논쟁이 벌어졌던 것이다. 분노를 표명한 진영은 앞서 언급한 모스코비치처럼 대체로 미테랑의 청년기 과거 자체보다는 최근까지 유지해 온 부스케와의 관계(발두아즈연맹 제1서기 마뉘엘 발스Manuel Valls, 파리연맹 제1서기 장마리 르 갱Jean-Marie Le Guen, 전 산업부장관 도미니크 슈트로스칸Dominique Strauss-Kahn, 전 교육부장관 리오넬 조스팽Lionel Jospin)와 부스케에 대한 미테랑의 인식(장 르 가레크Jean Le Garrec, 슈트로스칸)을 주로 문제삼았다.

이에 맞서 미테랑에 대한 공격을 자제하자는 진영은 미테랑의 과거를 문제삼는 사람들을 "사냥개 무리"(앙리 베베르Henri Weber), "과거를 뒤적거리는 자들"(이베트 루디Yvette Roudy) 등으로 부르면서 이들의 비판행위를 "마녀사냥 재판"(앙리 에마뉘엘리Henri Emmanuelli), "파괴작전, 정치적 살해"(루이 멕상도Louis Mexandeau)로까지 규정했다. 나아가 이러한 비판이 단지 당내의 권력투쟁에 머무는 게 아니라 우파가 파놓은 함정에 빠지는 것이고 미테랑 개인을 넘어 사회당 자체를 파괴하려는 것이라는 주장까지 제기되었다(클로드 바르톨론Claude Bartolone, 폴 킬레스Paul Quilès).

한편, 9월 7일 자《르 몽드》지는 사회당 대변인이자 1981~88년에 대통령 비서실장을 역임했던 장 글라바니Jean Glavany가 "인생의 한 부분에 기반을 두고 그 사람을 판단하는 정치꾼적 반응들을 규탄"하며 미테랑을 공격하는 자들에게 "1940년에 100퍼센트의 프랑스인들이 페탕주의자였음을 기억해야 할 것"이라고 말했다고 보도했는데[27] 그날의 전국사무국 회의에서 바로 이 발언이 문제되기도 했다. 즉, 슈트로스칸은 1940년에 100퍼센트의 프랑스인이 페탕주의자였다는 글라바니의 발언에 유감을 표명하면서 그렇게 말하는 것은 "역사를 수정"하는 것이고 1940년 7월 10일 비시에서 페탕에게 전권을 부여하는 데 반대투표한 상하원의원 80명의 "기억을 모욕"하는 것이라고 주장했다.[28]

미테랑의 TV 인터뷰

이렇듯 사회당 사람들이 느낀 깊은 당혹감과 충격, 이에 따른 분열 양상을 수습하고자 나선 것은 놀랍게도 미테랑 대통령 자신이었다. 미테랑은 9월 12일 월요일 밤 8시 45분부터 한 시간 반 동안 〈프랑스 2〉 방송 카메라 앞에서 〈프랑스 텔레비전France Télévisions〉사 사장인 장 피에르 엘카바크Jean-Pierre Elkabbach와 인터뷰를 가졌던 것이다.[29]

사실, 미테랑이 자신의 과거와 관련하여 인터뷰를 한 것은 이번이 처음은 아니었다. 앞서 언급했듯이 페앙 자신이 《프랑스 청년》을 집필하면서 1993~94년에 미테랑과 일곱 차례에 걸쳐 인터뷰를 가졌고, 그 전에는 현대사가 올리비에 비비오르카Olivier Wieviorka가 레지스탕스 출신 정치인들과의 인터뷰 모음집을 출간하기 위해 미테랑과 세 차례 (1990년 4월, 1991년 1월, 1993년 1월) 인터뷰를 가진 바 있다.[30] 또한 미테랑은 페앙의 책 출간 직후인 9월 3일에 《르 피가로》지 편집장인 프랑즈올리비에 지스베르Franz-Olivier Giesbert와 무려 네 시간에 걸쳐 인터뷰를 가지기도 했다.[31] 하지만 비비오르카의 인터뷰와 《르 피가로》지 인터뷰에서는 문제된 비시 과거와 관련된 부분이 극히 적었다. 따라서 페앙의 책으로 폭로된 과거 문제에 대한 미테랑 자신의 입장 표명으로서 9월 12일 밤의 TV 인터뷰의 중요성은 단연 가장 컸다.[32]

TV 인터뷰 내용 가운데 우리의 주제와 관련된 부분은 2차 세계대전 전의 청년기 과거, 비시 시기의 과거와 비시 체제 문제, 레지스탕스 가담 문제, 전후戰後 부스케와의 관계 문제, 이렇게 크게 네 가지 영역으로 나눌 수 있겠는데 우선 전전戰前의 청년기 과거 문제는 그다지 논란이 안 되었던 탓인지 그리 비중이 크지 않았다.

즉, 그 시기 문제와 관련해서는 극우 조직 '불의 십자가'에 대한 평
가, 미테랑 자신의 가족 환경, 1935년 2월의 외국인 혐오시위 참가 문
제에 대한 얘기가 전부였다. '불의 십자가'에 대해서 미테랑은 보름간
의 체험 끝에 "매우 지루하고 약간은 아류 같다고 느꼈다"고 간단히
답했고, 자신의 가족 환경에 대한 질문에는 "온건하고 가톨릭적이고
애국적이고 약간은 규범적인 소시민적 환경"이라고 답했다. 외국인
혐오시위 참가 문제[33]에 대해서는 그 시위의 목표가 그러했다고 기억
하지 않으며 어쨌든 그러한 목표("외국인 타도!")를 위해 그 시위에 참
가한 것은 아니었다고 답했다.[34]

역시나 비시와 관련된 질문이 가장 많았는데 정작 독일강점기 비시
에서 미테랑이 직접 근무했던 프랑스 퇴역군인군단이나 전쟁포로 사
회복귀위원회에 대해서는 어떠한 질문도 없었다. 구체적인 비시 정책

미테랑의 인터뷰를 풍자하는 만평
《르 몽드》지 1994년 9월 13일 자에 실린 시사 만평. 미테랑이 "그래서 아돌프[히틀러]가 주말
을 베르히테스가덴에서 보내자고 초대했어요!"라고 말하자 인터뷰를 진행하던 〈프랑스 텔레
비전〉 사장 엘카바크가 기절한다. 이에 미테랑은 "아냐, 농담이야!"라고 다시 말한다.

과 관련된 질문으로는 1940~41년 비시 정부가 제정한 반反유대법("유대인지위법") 문제가 유일했는데 그 법이 분명 당시 프랑스에 거주하던 **모든** 유대인을 대상으로 한 것이었음에도 미테랑은 놀랍게도, 그 법이 **외국계** 유대인들만을 대상으로 한 것이며 자신은 그 시기 내내 독일의 포로수용소에 있었기 때문에 그 법에 대해 전혀 몰랐다고 답했다.[35] 외국계 유대인만을 대상으로 했다는 발언은 역사적 사실에 대한 명백한 무지를 드러낸 것이어서 많은 사람들의 분노를 샀고 더욱이 그 법에 대해 전혀 몰랐다는 답변에 대해서는 미테랑이 포로수용소에 계속 있었던 게 아니라 1941년 12월 수용소에서 탈주한 데다 그 이후 1년 반 넘게 비시에 있었으므로 많은 이들이 믿기지 않는다는 반응을 보였다.

당시 페탱에 대한 생각을 묻는 질문에는 페탱과 드골이 서로 의견이 일치했다는, 즉 두 사람이 겉으로는 정반대의 길을 걸었지만 실제로는 페탱이 '방패'를, 드골이 '창'을 각각 맡았다는 "어리석지만 매우 널리 퍼진" 생각을 많은 사람들이 공유했으며 자신도 "일정 기간 동안" 그렇게 생각했는데 그러한 기간이 오래 가지는 않았다고 답했다.[36]

비시 정부에서의 미테랑의 과거가 가장 문제가 되었던 만큼, 비시 체제에 대한 미테랑의 평가가 초미의 관심사라 할 만했는데 그러한 평가를 묻는 질문에 그는 "비시의 비난받을 만한 첫 번째 것은 공화국을 폐지했다는 것"이며 이는 "진정으로 용인할 수 없는 행위"라고 답변했다. 동시에 그는 비시 정권을 "규율과 질서가 없는 집단pétaudière"으로 규정했다. 이러한 규정은 이후 많은 논란을 불러일으킬 것이었다.

또한 그는 비시의 범죄에 페탱의 책임이 있으며 "비시가 프랑스의 이익에 해를 끼쳤고" 비시가 "본질적으로 비난받을 만하다"는 것을

"개인적으로든 공적으로든" 말하겠다고 하면서도 공화국과 프랑스의 이름으로 비시의 범죄에 대해 사과하지 않겠다는 점만큼은 명확히 했다. 사실, 이는 벨디브 사건 50주년인 2년 전(1992)부터 줄곧 미테랑이 견지해 온 논리, 즉 범죄를 저지른 것은 비시 체제이므로 공화국에 비시의 범죄에 대한 해명을 요구해서는 안 되며(1992년 7월 14일) 프랑스의 이름으로 사과할 수 없다고(1992년 11월) 거듭 밝힌 것을 그대로 반복한 것이었다. 이번에도 미테랑은 비시가 프랑스의 이익에 해를 끼쳤다는 것을 "대통령으로서 의사를 표명할 필요는 없으며" 비시의 범죄에 책임이 있는 것은 "공화국도, 프랑스도 아니므로" 그 범죄에 대해 "프랑스의 이름으로 사과하지 않겠다"고 밝혔던 것이다.[37]

비시의 미테랑
1942년 말 비시에서 동료 공직자들과 함께 찍은 사진이다.
가운데 원 안의 얼굴이 미테랑이다. 이 사진은 《리베라시옹》지 1994년 9월 9일 자에 실렸다.

레지스탕스 가담 문제는 이상의 비시 문제에 비해 훨씬 적게 다루어졌다. 엘카바크가 "레지스탕스에 가담한 것이 정치적 선택이냐 아니면 기회를 잡은 것이냐?"라고 묻자 미테랑은 즉답을 피하고 포로수용소 탈출 이후 수용소에 남은 동지들의 탈주를 도왔으며 그 과정에서 레지스탕스 대원들과 접촉하게 되었다고만 답했다. 마치 25년 전의 자서전에서 "프랑스에 돌아온 나는 고통스런 문제 없이 레지스탕스 활동가가 되었다"라고 썼듯이[38] 이번에도 포로수용소 탈출과 레지스탕스 대원 접촉 사이의 비시 근무 사실은 언급하지 않았다.

다시 엘카바크가 "레지스탕스에 뒤늦게 합류하지 않았느냐?"라고 묻자 미테랑은 "53년"이나 된 일이어서 기억이 잘 나지 않는다고 전제하면서 1942년 "6월부터 몇몇 조직들[레지스탕스 조직이라고 명시하지는 않았다—필자]에 합류하기 시작"했다고 모호하게만 답했다. 미테랑이 정확히 언제 레지스탕스에 가담했다고 시기를 밝히지 않은(아마도 밝히지 못한) 것은 정말 53년이나 되어서 기억이 잘 안 났기 때문이라기보다는 페앙의 지적대로 그 가담 과정 자체가 지극히 점진적이었다는 사실에 따른 것으로 보인다.[39]

끝으로, 가장 공분을 일으켰던 측면인, 전후戰後 부스케와의 관계와 관련해서는, 페앙과의 인터뷰에서처럼 부스케에 대해 노골적으로 긍정적인 평가를 되풀이하지는 않았지만 그렇다고 후회를 표명하지도 않았고, 부스케에 대한 다른 인식을 보이지도 않았다.

부스케를 언제부터 알게 되었느냐는 질문에 50년대에는 알았는데 정확히 언제부터 알았는지는 모르겠다고 답했고, 부스케가 "절친한 친구"였냐는 질문에는 아니라고 답하면서 부스케는 50년대부터 정계, 재계, 언론계에서 잘 받아들여졌으며 "정직한 공화주의자인 여러 정부 수반들"이 "친구"로 간주했고, 자신은 (벨디브 사건에 대한 부스케의 역할이 폭로된) 1978년까지 "적어도 10~12회" 만났다고 밝혔다.

독일강점기 부스케의 역할 문제와 관련해서는 해방 후 최고재판소가 그에게 의해 이미 무죄를 선고했다는 사실을 강조했고, 1978년에 부스케의 역할을 처음 폭로한 루이 다르키에Louis Darquier에 대해 신뢰할 수 없는 "끔찍한 자"이며 증인이 아니라고 말하고 '벨디브 사건에서의 부스케의 역할이 사람들의 생각보다 훨씬 더 막중하다'는 것을 단순히 "소문"이라고 표현함으로써 부스케의 범죄행위 사실 자체에 대해 별로 믿지 않는 듯한 태도를 보였다.[40]

따라서 부스케의 범죄가 폭로된 이후에도 1986년까지 부스케를 만난 사실을 인정하면서도 이에 대해 "약간의 부주의함이나 경솔함을 후회하지 않느냐"는 질문에는 전혀 후회하지 않는다고 답했다. 여기서 더 나아가 미테랑은 부스케에 대한 사법절차를 저지하기 위해 장관들에게 몇 차례 지시를 내렸음을 자인하기까지 했다.[41] 이는 독일강점기에 반유대법들을 전혀 몰랐다는 발언 못지않게, 아니 어쩌면 그보다 훨씬 더 충격적인 고백이었다. 이전에 비비오르카와의 인터뷰에서도 부스케나 모리스 파퐁 같은 비시 정부의 공무원들을 재판하는 데 반대한다는 견해를 밝힌 바 있지만,[42] 그것은 어디까지나 자신의 생각을 표현한 것이었고 그러한 재판을 막기 위해 대통령으로서 실제 권력을 행사했다는 사실(지금까지 소문으로만 떠돌던)은 이번에 처음 밝힌 것이었다.

미테랑이 부스케를 반세기 만에 다시 재판하는 데 반대하고 재판을 막기 위해 장관들에게 지시까지 내린 이유에 대해 그는 기본적으로 국민화합을 위한 필요성에서 비롯된 것이라고 설명했다. 비비오르카와의 인터뷰에서도 미테랑은 파리코뮌(1871)을 예로 들며 "프랑스 역사에서 대분열 이후 20년 이내에 사면이나 자발적 망각에 의해 그 분열이 지워지지 않은 것은 드물었고" "사람들은 언제나 기억이나 원한으로만 살 수는 없는 법"이라고 주장했는데,[43] 이번 인터뷰에서도 그러한 취지의 발언을 여러 차례 했다. 즉, "프랑스인들 사이의 영구적 내전을 종식시켜야 한다는 것"이 오래전부터 자신의 신념이었고, "프랑스인들이 서로 화해하도록 하는 것"이 대통령으로서 자신의 의무이며, "프랑스의 단합에 도움이 된다면 (단죄만이 아니라) 용서에도 찬성한다"는 것을 국무회의에서 여러 차례 밝혀 왔다고 주장했던 것이다.[44]

병세가 이미 심각한 상황이었음에도 과감히 TV 카메라 앞에 선 현직 대통령의 이러한 인터뷰는 프랑스 국민들의 충격과 당혹감을 누그러뜨리는 데 별로 기여하지 못한 것으로 보인다. 9월 14일 자《르 몽드》지는 "비장"하고 "감동"적이었지만 "설득력은 별로 없었다"고 인터뷰를 평가했고, 같은 날《르 피가로》지 역시 "감동이 혼란을 해소하지는 못했다"는 제목으로 인터뷰에 대한 반응의 기사를 실었다.[45] 2년

부스케와 미테랑
부스케가 미테랑의 자택에서
함께 식사하는 모습으로,
이 사진은 1974년에
처음 공개되었다.

뒤 루소와 코낭은 이 인터뷰가 시민들의 공감을 얻기는커녕 분노를 일으켰다고까지 평가했다.[46]

언론의 반응과 논쟁

그러면 미테랑의 TV 인터뷰에 대한 프랑스인들의 반응은 구체적으로 어떠했을까? 필자가 9월 14일 자 《르 몽드》지와 《르 피가로》지, 9월 15일 자 《르 몽드》지를 분석한 바에 따르면 이 신문들에 모두 34명의 반응이 실렸는데 이 인터뷰에 만족을 표명한 쪽은 16명, 그렇지 않은 쪽은 15명, 어느 쪽으로도 분류하기 어려운 쪽은 3명으로 양쪽 반응이 팽팽하게 맞섰다.

주목할 만한 점은 만족을 표시한 16명 가운데 무려 14명이 사회당 정치인이었다는 것이다. 앞서 언급한 사회당 내의 논쟁에서 애초부터 미테랑에게 우호적인 입장이었던 사람들만이 아니라 두 입장 모두 표명했던 로랑 파비위스Laurent Fabius, 비판적인 입장에 가까웠던 조스팽, 그리고 비판의 물꼬를 텄던 모스코비치까지도 이 인터뷰에 대해 만족을 표했다. 이들은 대체로 미테랑이 인터뷰에서 보인 모습이 "감동적"이었고 "진솔"했다는 점을 강조했고 대통령의 "용기"에 탄복했다. '1940년 100퍼센트의 프랑스인이 페탱주의자'라는 발언으로 물의를 빚었던 글라바니는 미테랑이 이 인터뷰에서 "논쟁을 종식시킬 수밖에 없는 모든 요소들을 제공했다"고 평했고 장 포프랑Jean Poperen 역시 모든 게 "분명히 밝혀졌다"고 주장했다.[47]

확실히 9월 12일 저녁의 TV 인터뷰는 사회당 내의 논쟁이 잦아드는 분기점이 되었다. 쥘리앙 드레Julien Dray는 "이제 사회주의자들은 입을 다무는 지혜를 가져야 한다"고 말했고, 조스팽은 "의사 표명하는 것은 이제부터 역사가들과 그 시대 증인들의 몫"이라며 논쟁 자제를 촉구했으며, 9월 14일의 사회당 전국사무국 회의에서는 제1서기 에마뉘엘리가 미테랑의 과거에 대해 침묵할 것을 공식적으로 지시했다.[48]

하지만 이러한 사회당의 전반적 분위기와 달리, 앞서 인용한 중앙 일간지들의 기사 제목들이 말해 주듯이, 그리고 반대쪽 반응을 보인 사람들의 다양한 구성이 시사하듯이 (양적으로가 아니라) 질적으로 보다 우세한 쪽은 불만을 표명한 쪽이었다.

9월 12일의 인터뷰에서 가장 문제가 되거나 여전히 불만과 의혹을 해소하지 못한 사안 두 가지는 비시 정부의 반유대법 문제와, 미테랑과 부스케 사이의 관계였다. 우파 정당인 프랑스민주연합UDF(Union pour la démocratie française)의 원내대표 샤를 미용Charles Millon은 미테랑이 1940년의 반유대법을 몰랐다는 것은 부정직한 진술이라고 질타했고, 사회당의 질 마르티네Gilles Martinet 역시 비시 정부 시기에 "신분증에 종교를 표시해야 하고 대학, 교직, 공직에서 모든 유대인들이 쫓겨났기 때문"에 미테랑이 1940년 10월 3일의 반유대법을 모를 수 없었다고 지적했다. 드골주의 정당인 공화국연합RPR(Rassemblement pour la République)의 총서기 장루이 드브레Jean-Louis Debré가 미테랑이 "아무것도 몰랐다고 말할 수도 없고, 그렇게 말해서도 안 된다"고 주장한 것도 명백히 반유대법에 대한 답변을 문제삼은 것이었다.

반유대법 문제가 미테랑의 부적절한 답변으로 새로 불거진 것이라면 부스케와의 관계라는 문제는 이미 페앙의 책으로 폭로된 것이 인터뷰를 통해서도 해명되지 않은 것에 해당한다. 전 보건부장관(친사회당 성향)인 베르나르 쿠쉬네르Bernard Kouchner는 "비시에 대한 설명"은 납득이 가지만 부스케와의 관계에 대해서는 전혀 해명되지 않았다고 불만을 표했고, 대중적 역사가 앙리 아무루Henri Amouroux 역시 1940~44년의 시기에 대해서는 설득력이 있었지만 부스케와의 관계에 대해서는 그렇지 않았다고 평했다. 부스케를 고소한 바 있는 프랑스강제이송유대인자녀협회 회장 세르주 클라르스펠드Serge Klarsfeld는 미테랑이 페앙의 책에서 부스케에 대해 내렸던 평가를 취소하지 않은 것에 유감을 표명했고, 장루이 드브레는 부스케와의 친교 관계가 비시 체제의 책임을 범속화하거나 최소화하는 결과를 가져와서는 안 된다고 주장했다.

나아가 부스케 재판을 저지하기 위해 미테랑이 모종의 압력을 행사했다는 사실 또한 충격과 분노를 야기했다. 클라르스펠드는 미테랑이 임기 초부터 프랑스인들에 대한 반인륜범죄 소송을 막는 노선을 취해 왔다고 단언한 것이 특히 충격을 주었다고 밝혔고, 미옹은 "대통령이 사법절차를 방해했다고, 즉 사법당국에 압력을 행사했다고 인정했는데 어떻게 프랑스인들이 삼권분립과 민주주의를 여전히 믿을 수 있겠느냐?"라고 강력히 반문했다.[49]

이들 외에도 인터뷰 결과에 불만을 표한 쪽은 공화당 부의장(필리프 바쇠르Philippe Vasseur), 혁명공산주의동맹 대변인(알랭 크리빈Alain Krivine), 급진당 대변인(디디에 바리아니Didier Bariani), 프랑스유대인기관대표회의CRIF(Conseil représentatif des institutions juives de France) 의장(장 칸Jean Kahn) 등 꽤 다양한 구성을 보였다.

한편, 페앙의 책 출간과 미테랑의 TV 인터뷰는 일련의 지상紙上 논쟁도 야기했다. 미테랑의 과거를 둘러싸고 크게 세 차례 논쟁이 벌어졌는데 《르 몽드》지(1994년 9월 15일 자와 9월 18~19일 자)에서의 클레르 앙드리외-드니 페샹스키Denis Peschanski 논쟁,[50] 《르 누벨 옵세르바퇴르》지(9월 15~21일)에서의 자크 쥘리아르Jacques Julliard-장 다니엘 논쟁,[51] 《에스프리》지(1994년 11월호와 12월호)에서의 조엘 로망Joël Roman-앙드리외 논쟁[52]이 그것이다.

우선, 앙드리외는 현대사 연구자로, 9월 15일 자 《르 몽드》지에 "한 역사가의 질문들"이란 제목의 논설을 발표함으로써 논쟁을 유발했다. 기실, 그의 분석 대상과 연구방법론, 그리고 결론까지도 페앙의 책과 별반 다를 바 없었다. 다른 점이 있다면 언론인인 페앙과 달리 앙드리외는 전문역사가였고 페앙보다 좀 더 단호하게 1942~43년의 미테랑에 대해 결론을 내렸다는 데 있다. 즉, 앙드리외는 1942년 3월부터 1943년 4월까지 미테랑이 실제로 쓴 글들(잡지의 논설, 서한)을 분석한 끝에 미테랑이 당시의 이데올로기적 지형에서 "강경 페탱주의자"였다고 주장했던 것이다.[53]

사흘 뒤 같은 신문에 같은 현대사 연구자인 페샹스키가 "한 역사가에게 한 역사가가 제기하는 질문들"이란 제목으로 앙드리외의 글을 전면 비판하는 글을 실었다. 페샹스키는 이 글에서, 앙드리외가 역사 연구에 필요한 가장 기본적인 방법론상의 규칙들을 지키지 않았으며 "매우 현재적인 …… 과거"를 분석하면서 "목적론적 읽기"에 빠져 드는 오류를 범했다고 비판했다.[54]

앙드리외의 주장이 '1942~43년의 미테랑이 강경 페탱주의자였다'는, 따라서 극히 제한적인 범위에 그친 데 반해, 시사주간지 《르 누벨 옵세르바퇴르》지(9월 15~21일)에서 언론인 겸 역사가인 쥘리아르는 미테랑이 대통령직에서 사임해야 한다는, 파격적인 주장을 하기에 이른다. 쥘리아르가 대통령이 사임해야 하는 이유로 든 것은 첫 번째, 미테랑의 현재 병세가 심하다는 점, 두 번째, 페앙의 책에 의해 미테랑의 페탱주의 과거가 폭로되었다는 점이었다. 사실, 과거가 폭로되었다는 점 자체보다는, **현재의** 미테랑이 그러한 과거와 단절하지 **않았다**는 것이 쥘리아르가 진정으로 말하고 싶은 것이자 사임 이유로 생각한 것으로 보인다.

즉, 쥘리아르에 따르면 미테랑이 부스케와의 친교 관계나 자신의 비시파 과거에 대해 "전혀 후회를 표명하지 않았"고 페탱에게 봉사했던 18개월을 "전혀 버리지 않았다"는 사실이 사람들이 그의 "기묘한 행위"로 본 것들, 이를테면 매년 페탱의 묘에 헌화한 것이라든가 부스케를 집요하게 변호한 것의 이유를 말해 준다. 그리하여 "미테랑이 …… 무죄이거나 용서될 수 있다면 비시주의의 상당 부분이 복권될 것이고 우리 현대사가 다시 쓰일 것"이며 "미테랑 과거 사건"은 프랑스를 "엄청난 페탱주의적 후퇴"로 몰아 가고 있다는 것이 쥘리아르의 진단이었다.[55]

같은 잡지 같은 호에 실린 언론인 다니엘의 글 〈미테랑에게 무죄를 선고해야 하는가?〉는 쥘리아르의 미테랑 사임 요구를 직접 반박하기 위해 쓴 글은 아니지만 쥘리아르의 실명을 몇 차례 거명해 가며 반론을 폈다. 그런데 여기서 주목할 만한 점은 미테랑에 대한 다니엘의 논조가 9월 12일의 TV 인터뷰를 거치며 바뀌었다는 것이다. 바로 전주의 《르 누벨 옵세르바퇴르》지에서만 해도 다니엘의 논설 〈미테랑과 비시: 충격〉은 미테랑에 대해 매우 비판적이었다. 즉, 이 글에서 다니엘은 미테랑이 "페탱주의자는 아니더라도 분명하게, 그리고 매우 늦게까지 원수주의자로 남았"고 심지어 레지스탕스 활동가가 된 "뒤에도 원수주의자로 남았"으며 "오늘날에도 여전히 페탱이 차악이었다고 생각하는 것 같다"고 진단했던 것이다. 나아가 다니엘은 "비시가 부분적으로 복권이 되는 중"이란 평가까지 내렸다.[56]

이는 흥미롭게도, 바로 다음 주 쥘리아르가 "비시주의의 상당 부분이 복권될 것"이라고 쓴 것과 정확히 일치하는 평가였다. 사실, '비시의 복권'이란 개념(정확히는 그러한 복권에 대한 우려)은 '비시의 범속화'란 개념과 함께 미테랑의 과거 폭로 이후 자주 거론된 주제였다. 일례로 9월 9일 자 《르 몽드》지에는 "비시를 범속화하지 말자"는 제목의 사설에 "국민적 기억의 수호자인 국가수반"이 "비시의 범속화"에 참여하는 것은 받아들이기 어렵다는 주장이 실렸고, 9월 14일 자 《르 피가로》지에는 미테랑의 TV 인터뷰가 "비시 체제의 범속화를 비난하는 사람들을 설득하지 못했다"는 기사가 실렸던 것이다.[57]

'비시의 범속화'란, 반유대주의를 비롯한 배제와 억압의 이데올로기에 기반한 비시 체제를 특별히 범죄적인 체제가 아니라 평범하고 정상적인 체제, 약간의 과오를 저질렀을 뿐인 체제로 간주하는 것을 의미한다. 앞서 밝혔듯이 9월 12일의 TV 인터뷰에서 미테랑이 비시 정권을 "규율과 질서가 없는 집단"으로 표현했던 것도 비시 세력을 단순한 오합지졸로 묘사함으로써 그 체제의 범죄성을 과소평가하는 것, 따라서 미테랑이 비시를 범속화하려 한다는 기존의 우려를 확증하는 것으로 해석되기도 했다.

비시의 범속화가 위험한 것은 단지 범속화로 그치는 것이 아니라 결국, 비시 체제를 범속화함으로써 그 체제를 복권하는 것으로 이어지기 때문이었다. 최근 몇 년간 미테랑의 행보, 즉 1984년과 1986~92년의 페탱 묘 헌화, 1990년 부스케 재판을 저지하기 위한 모종의 압력

행사, 1992년 7월 벨디브 사건에 대한 공식적 사과 거부 등에 대해 '비시의 복권' 시도가 아닐까 의심의 눈초리를 보냈던 사람들은 페앙의 책 출간으로 폭로된 미테랑의 청년기 과거, 부스케와의 관계 및 부스케에 대한 미테랑의 인식, 그리고 TV 인터뷰에서도 자신의 과거나 부스케와의 관계에 대해 후회나 반성을 표명하지 않은 것이야말로 그러한 의심을 확증해 주는 것으로 받아들였다.

쥘리아르와 마찬가지로 바로 이러한 입장에 가까웠던 다니엘은 9월 12일의 TV 인터뷰를 보고서(그리고 아마도 쥘리아르가 미테랑의 대통령직 사임까지 요구하는 글을 읽고 나서) 입장을 바꾸었다. 다니엘이 〈미테랑에게 무죄를 선고해야 하는가?〉에서 입장을 바꾼 이유는 무엇보다도, TV 인터뷰에서 대통령이 "유보 없이 페탱 정권을 규탄했다"는 데 있었다. 다니엘에 따르면 "페탱이 대통령에 의해 그렇게 숭엄하게 규탄 받은 적은 결코 없었다." 앞서 언급했듯이 미테랑은 TV 인터뷰에서 비시가 프랑스의 이익에 해를 끼쳤다는 것을 "대통령으로서 의사 표명할 필요는 없으며" 비시의 범죄에 대해 "프랑스의 이름으로 사과하지 않겠다"고 하면서도 동시에 비시가 공화국을 폐지한 것은 "진정으로 용인할 수 없는 행위"이고 비시는 "본질적으로 비난받을 만하며" 비시의 범죄에 페탱의 책임이 있다고 언명했는데 다니엘은 바로 그러한 미테랑의 발언에 주목했던 것이다.

대통령에 대한 평가가 우호적으로 바뀐 다니엘은 '비시의 범속화'라는 진단에 대해서도 명확히 선을 그었다. "페탱주의의 범속화"를 "항복[독일에 대한—필자]에 체념하고 페탱에 합류한" 일부 프랑스 공무원들이 항독행위를 하고 레지스탕스 조직들을 준비했다는 사실을 확인하는 것과 혼동해서는 안 되며, "비시를 '범속화'하지 말라는 구실로" 비시파 레지스탕스의 존재를 모르거나 과소평가해서는 안 된다는 것이 다니엘의 핵심 주장이었다. 즉, 비시 체제에 가담했다가 레지스탕스로 돌아선 사례를 확인하고 강조하는 것이 곧 '비시의 범속화'는 아니라는 논지였다. 그리하여 다니엘은 "내 친구 쥘리아르가 미테랑의 과거가 프랑스를 엄청난 페탱주의적 후퇴에 빠뜨렸다고 쓴 것"에 근본적으로 반대한다는 점을 명확히 했다.[58]

마지막 논쟁은 유력한 지성지 가운데 하나인 《에스프리》지(1994년 11월호)에 철학자 조엘 로망이 첫 논쟁의 주역인 앙드리외와 이스라엘 역사가 제브 스테른헬Zeev Sternhell이 《르 몽드》지에 실은 글들[59]을 함께 비판하는 글을 발표함으로써 촉발되었다. 로망에 따르면 이 두 역사가는 "역사가를 자임"하며 우리에게 "교훈"을 주려 하지만 역사가로서의 작업을 수행하기보다는 "경찰"과 같이 행동하고, 사실과 거짓을 혼합하고, "시대착오적 오류"를 보이고, "이런저런 정치적 대의에 역사를 봉사"시키기 위해 역사를 조작하기에 이른다. 특히 앙드리외의 논설은 "역사가들의 글보다는 심문조서에서 더 자주 발견되는 어조"로 쓰인 데다가 "방법론적 신중함을 심각하게 결여"하고 있다는 게 로망의 평가였다.[60]

바로 다음달 같은 잡지에 앙드리외는 "한 역사가의 답변"이란 제목으로 로망의 비판에 답하는 글을 실었다. 비록, 로망이 내린 해석은 부정확하다고 서두에 쓰기는 했지만 앙드리외가 정작 이 글에서 전개한 논의는 로망의 글을 비판하는 것도, 자신이 애초에 《르 몽드》지에 실었던 글(로망과 페샹스키의 비판을 받았던)의 논지를 옹호하는 것도 아니었다.

앙드리외가 이번 글에서 문제삼은 것은 미테랑의 과거 자체가 아니라 그가 "대통령으로서 …… 자신의 과거를 떠맡은 방식", 구체적으로는 바로 9월 12일 밤의 TV 인터뷰였다. 앙드리외는 그 인터뷰의 형식과 내용 둘 다를 비판했다. 우선, 대통령의 TV 인터뷰라는 형식 자체, 즉 현직 대통령이 자신의 과거에 대한 발언을 통해 국민에게 "역사적 교훈"이나 "정치적 교훈"을 주는 행위 자체가 위험하다는 게 앙드리외의 진단이었다. 이는 "역사와 정치 사이의 긴밀한 관계가 국가수반의 입을 통해 더욱 긴밀해질 수밖에 없기 때문"이고 "대통령의 말은 모범적·규범적 가치를 가지게 마련"인데 "역사는 모범적이지도, 규범적이지도 않기 때문"이었다.

나아가 앙드리외는 그날 밤 국민에게 전달된 메시지의 내용도 문제삼았다. 그에 따르면 미테랑의 발언은 역사의 "복잡성"을 드러냈는데 그러한 복잡성은 역사가의 역사 연구에는 필요하지만 공화국 국가수반의 정치담론으로서는 부적절했다. 게다가 미테랑은 "가장 확고한 공화주의와 강력한 비시주의적 추억을 접합"함으로써 "역사가에게는 존재하지 않지만 시민에게는 필요"한 "역사의 의미"를 국민들에게 부여하는 데 실패했다고 앙드리외는 결론지었다.[61]

요컨대 1994년 9월 중순부터 12월까지 이어진 일련의 논쟁들을 다시 재구성해서 정리하자면 이 논쟁들은 첫 번째, 독일강점기(특히 1942~43) 미테랑의 과거를 어떻게 볼 것인가(앙드리외, 페샹스키, 로망), 두 번째, 현재의 미테랑은 자신의 비시 과거와 확실히 단절했는가(쥘리아르, 다니엘), 세 번째, 대통령으로서 비시파 레지스탕스의 존재라는 역사의 복잡성을 강조하는 것이 적절한가(앙드리외, 다니엘)라는 문제들을 제기하거나 이를 둘러싸고 벌어졌고 그 어떤 문제도 명쾌한 답변(혹은 적어도 합의)에 도달하지는 못한 것으로 평가할 수 있다.

한편, 9월 24일 자 《르 몽드》지에 실린 여론조사 결과는 지금까지 신문들과 잡지들에 나타난 반응이나 논쟁과는 비슷하면서도 약간 다른 양상을 보였다. 즉, 여론조사 기관인 루이 아리스Louis Harris가 9월 16, 17일 프랑스 전국의 1,004명을 대상으로 미테랑의 과거 문제와 관련된 조사를 실시했는데 그 결과 역시 미테랑의 청년기 과거 자체보다는 최근까지 이어진 부스케와의 관계가 훨씬 더 충격을 주었음을 보여 준다. 미테랑이 "학생 시절 극우 조직들과 가까웠다"는 데 충격을 받지 않았다는 답변자가 충격을 받았다는 쪽보다 훨씬 더 많았고(56퍼센트 대 37퍼센트), 미테랑이 "1943년 초까지" 페탱과 비시를 지지했다는 사실에 대해서는 충격을 받았다는 쪽이 근소한 차로만 다수를 차지한(47퍼센트 대 43퍼센트) 반면, 그가 "1986년까지 부스케와 관계를 계속 유지했다"는 사실에는 압도적 다수(67퍼센트 대 24퍼센트)가 충격을 받았다고 답변했던 것이다.

1981년 5월의 대통령 선거에서 미테랑에게 표를 던졌던 답변자는 무려 75퍼센트가 13년 전에 이미 그의 과거를 알았더라도 그에게 투표했을 것이라고 답했고, "프랑스인들이 [미테랑의-필자] 과거를 알았더라도" 1981년에 미테랑이 대통령으로 선출되었을 것이라고 답한 사람들도 반대 의견보다 훨씬 많았다(53퍼센트 대 38퍼센트). 13년 전의 선거를 가정한 이러한 조사결과는 그다지 의미가 없는 것일 수도 있다. 13년 전에도 분명 그러한 미테랑의 과거에 대한 '소문'이 제기되었는데 1994년 가을과 같은 폭발력을 지니지 못했다는 사실, 그리고 13년 전의 미테랑은 이번과 달리 그러한 소문을 무시하거나 억제하려고 애썼다는 사실은 만약에 1981년 5월의 정치·사회적 분위기가 1994년 9월과 비슷하고 미테랑 자신도 9월 12일의 TV 인터뷰에서와 같은 태도를 13년 전에 보였더라도 대통령으로 선출될 수 있었을까 하는 의문을 불러일으킨다.

끝으로, 사임 문제와 관련해서는 쥘리아르가 '중병'을 사임해야 할 이유들 중 하나로 꼽았던 반면, 이번 조사의 답변자들은 동일한 이유로("그의 건강상태를 고려하여") 미테랑이 임기를 채울 것을 바란다는 쪽이 압도적으로 많았다(71퍼센트 대 19퍼센트).[62]

––––––––––

1994년 9월 페앙의 《프랑스 청년》이 드러낸 미테랑의 청년기 과거 사실은 전혀 새로운 것이 아니었음에도 왜 그리도 폭발적인 반응을 야기했을까? 전후戰後 줄곧 존재해 온 '소문' 제기자들과 달리 저자가 어떠한 정치세력에도 속하지 않았다는 점, 책 자체의 엄격한 연구방법론과 진지함 등 외에도 미테랑 자신이 여러 차례의 인터뷰와 문서 공개를 통해 페앙의 작업을 도와줬다는 점이 이 책의 신빙성을 더해 주는 데 일조했음은 의심할 바 없다. 미테랑은 페앙의 책 출간이 야기한 파문(특히 그 자신이 속한 사회당 내에서의)을 잠재우고자 해명에 나선 9월 12일 밤의 TV 인터뷰를 통해서도 부적절한 발언으로 '미테랑 사건'의 파장을 더욱 키웠다.

《프랑스 청년》이 접한 성공과 반응은 미테랑 대통령의 임기가 거의 끝나 가고 있었다는 사실에도 연유한 바 크다. 23년간 몸담았던 사회당 내에서조차 등을 돌리는 정치인들이 속출하고 전반적으로 미테랑에게 불리한 여론이 조성되는 데, 그리고 미테랑 자신도 부끄러운 과거를 숨길 필요가 더 이상 없다고 판단하는 데 이러한 임기 말의 상황이라는 점이 작용했다.

1990년대 들어서 홀로코스트 문제와, 이와 관련된 독일강점기 반인륜범죄에 대한 사법처리 문제가 한창 여론을 달구었던 당시 상황도 미테랑의 비시 전력을 문제삼는 데 크게 작용했다. 홀로코스트에 대한 비시 정부의 협력을 대표하는 벨디브 사건의 50주년(1992)을 맞아 그 사건에 대한 프랑스 정부의 책임을 공식 인정하기를 거부하고, 벨디브 사건의 주된 책임자인 비시 정부 경찰 총수 부스케의 재판이 무산되고(1993), 보르도 지역에서 유대인의 강제이송에 협력했던 고위 공직자 파퐁의 재판도 성사되지 않던 상황(파퐁 재판은 3년 뒤에 가서야 이루어졌다)은 미테랑의 비시 관련 과거가 드러났을 때, 게다가 TV 인터뷰에서 비시 정부의 반유대법을 독일강점기 당시에 전혀 몰랐다고 발언했을 때 분노를 폭발시키는 데 큰 역할을 했다.

사실, 1994년 9월의 '미테랑 사건'에 대한 반응에서 가장 눈에 띄는 현상은 사람들이 가장 분노하고 충격을 느꼈던 것이 미테랑의 청년기 과거(전쟁 전의 극우 전력이든, 비시 정부 기관의 근무 경력이든) 자체가 아니라 적어도 1986년까지 이어져 온 부스케와의 친교 관계와 부스케에 대한 미테랑의 우호적인 인식이었다는 것이다. 이것이 의미하는 바는 미테랑이 레지스탕스에 가담하기 전에 무엇을 했고 어떠한 신념(원수주의든 페탱주의든)을 가졌는가가 중요한 게 아니라 레지스탕스에 가담한 뒤에, 나아가 현재까지도 자신의 비시 과거와 확실히 단절했는가가 문제라는 것이다. 클라르스펠드에서 쥘리아르에 이르기까지 미테랑이 과거와 단절하지 않았다고 보는 사람들에게는 부스케와의 관계(부스케의 범죄 사실이 폭로된 1978년 이후까지도 지속된)와 부스케에 대한 인식만이 아니라 1986년부터 매년 이어진 페탱 묘 헌화, 벨디브 사건에 대한 사과 거부, 여러 인터뷰에서 보인 비시 체제에 대한 모호한 태도 등이 모두 '비시의 범속화'와 '비시의 복권'의 증거로 인식되었다.

반대로 미테랑이 비시와 단절했다는 점을 믿어 의심치 않는 사람들은 미테랑의 강점기 과거가 단지 '비시파 레지스탕스'의 존재를 말해줄 뿐임을 강조했다. '페탱과 비시 정부의 정책을 지지하는 동시에 독일에 저항한 레지스탕스' 혹은 '비시 정부를 지지했다가 항독으로 돌아선 레지스탕스'를 지칭하는 비시파 레지스탕스[63]에 속한 사람들은 강점기 초기(1940~41)에는 오히려 반反비시 레지스탕스보다 많았고,[64] 그 후에도 군인이나 포로 출신 중에는 적지 않았는데 미테랑이 바로 그러한 범주에 속했던 것이다.

사실, 미테랑의 독일강점기 전력은 그러한 범주를 넘어서 프랑스 국민 다수의 추이 자체를 대표하는 것으로 볼 수도 있다. 강점기 초기에 절대 다수가 페탱 원수를 지지했다가 비시 정부의 대독협력이 갈수록 심해짐에 따라, 그리고 나치 독일의 패색이 짙어짐에 따라 레지스탕스에 대한 지지도가 올라갔던 프랑스 국민들의 전반적 추이는 원수주의자/페탱주의자에서 레지스탕스 활동가로 변모했던 미테랑의 모습과 어느 정도 일치했던 것이다.

프랑스인들의 집단적 심성에서나 역사학계에서나 전후戰後에 오랫동안 대독협력/비시와 레지스탕스 사이의 뚜렷한 대립구도 속에서 비시파 레지스탕스가 설 자리가 없었다는 점, 그리고 강점기 프랑스 국민의 절대 다수가 레지스탕스를 지지했다는 드골주의 신화가 수십 년간 유지되었다는 점을 고려한다면 1994년 9월의 미테랑 사건은 여러모로 유익하기까지 하다.

2차 세계대전이 시작될 당시 서유럽에서 유대인 인구가 가장 많은 나라였던(30만~35만 명) 프랑스는 1940년부터 1944년까지 유대인들이 살기 편한 나라가 아니었다. 영토의 북쪽 절반(수도인 파리를 포함)은 나치 독일이 점령하고 남쪽 절반은 대독협력 정부인 비시 정부가 들어선 독일강점기 프랑스는 폴란드나 네덜란드만큼은 아니지만 유대인들이 살아가기에 매우 위험한 공간이었다.

비시 정부는 1940년 10월 3일과 1941년 6월 2일의 두 유대인지위법을 통해 각종 차별조치를 취했고, 1940년 10월 4일 법으로는 외국계 유대인들을 '특별수용소'에 수감할 수 있게 했으며, 1941년 7월 22일 법으로는 유대인 사업체와 재산을 '합법적으로' 약탈했다. 물론 가장 끔찍한 일은 나치 독일의 유대인 대학살인 홀로코스트에 비시 정부가 적극 협력한 것이었다. 1942~44년에 총 7만 5,721명의 유대인

반세기 만의 발견?:

파리경찰청의 유대인 파일

퇴역군인부
기록보관소의
유대인
파일들

들이 프랑스에서 독일의 절멸수용소들로 끌려가 이들 가운데 2,566
명만 살아남았다.[1] 이렇듯 큰 규모의 희생을 낳는 데 비시 정부와 프
랑스 공직자들이 적잖은 역할을 했다는 사실은 1970~80년대 역사가
들의 많은 연구에 이어 1992년 벨디브 사건 50주년을 계기로 벌어진
논쟁과 1995년 7월 자크 시라크Jacques Chirac 대통령의 사과 연설로도
재확인되었다.

　이 장에서 살펴볼 '유대인 파일 사건'도 바로 그러한 맥락에 속한다.
독일강점기 프랑스 최초의 유대인 관련 법인 1940년 9월 27일의 독일
점령당국명령 제3조는 "1940년 10월 20일까지 모든 유대인은 자신의
주소지나 통상적인 주거지가 속한 군/구의 군청/구청에 출두하여 특
별등록부에 등록할 것"을 규정했고 이에 따라 파리가 속한 센Seine 도
의 경우, 1940년 10월 3~19일에 대부분의 유대인들(90퍼센트로 추산)
이 거주지구 경찰서에 출두하여 신고서를 작성했다.[2]

이 신고서에 기반하여 프랑스계 유대인 8만 5,664명과 외국계 유대인 6만 4,070명의 인적사항이 기록된 파일이 파리경찰청에 의해 작성되었다. 이 파일은 이후 유대인들을 대량 검거하는 데 유용한 도구로 쓰였다.[3] 이때 검거된 유대인들 대부분이 결국 아우슈비츠 등의 절멸수용소들에서 학살당했으므로 '1940년 10월 파리경찰청의 유대인 파일'은 '죽음의 파일'로 불리게 되었고, 프랑스 경찰이 수행한 1942년 7월 16~17일의 '벨디브 대검거'와 함께 비시 정부의 홀로코스트 협력의 상징물이 되었다.

그러한 파일은 종전終戰 이후 분실되거나 파기된 것으로 알려졌고 간혹 정부가 문제의 파일을 어딘가에 보관하고 있다는 의혹이 제기될 때마다 관련 당국은 그러한 사실을 단호히 부인했다. 그러다가 1991년 11월 12일, 퇴역군인-전쟁희생자부(이하 퇴역군인부) 기록보관소에서 문제의 파일이 '발견'되었다는 소식이 갑자기 전해졌던 것이다. 이것이 '유대인 파일 사건'의 출발점이 된다. 이 장에서는 이러한 유대인 파일의 '발견' 소식이 프랑스 사회에 어떠한 충격을 주고 그 사회와 정부는 그러한 소식에 어떻게 반응했는지에 대해, 이 문제를 다루고자 정부가 구성한 역사가위원회의 활동(1992~1996)과 그 조사결과 및 그에 대한 반응을 중심으로 살펴보고자 한다. 유대인 파일이 발견되었다는 소식이 처음 전해진 1991년 11월 12일부터 파일이 이관된 1997년 12월 5일까지가 필자가 분석 대상으로 삼은 기간이다.[4]

유대인 파일의 '발견'

1991년 11월 13일 프랑스의 일간지들은 반세기 전 독일강점기에 작성된 문서가 최근에 발견되었다는 소식을 일제히 대서특필했다. 《르 몽드》지는 "유대인 파일: 수수께끼의 종언"을 제1면 기사의 제목으로 내걸었고, 《리베라시옹》지 역시 "유대인 파일이 그대로 있었다"라는 주장을 큼지막한 헤드라인으로 실었다. 《리베라시옹》지는 그 제목 바로 윗줄에 "비시 문서에 관한 행정 수수께끼의 해제"를 부제로 달았다.[5]

　독일강점기에 비시 정부의 파리경찰청이 작성한 유대인 파일이 퇴역군인부 기록보관소에서 발견되었던 것이다. 나치 전범들과 비시 정

대서특필된 유대인 파일
1991년 11월 13일 자
《리베라시옹》지의 제1면.
"유대인 파일이 그대로 있었다"를
제목으로 내걸었다. 유대인 파일
사진 바로 아래에는
"퇴역군인부에서 그 파일은
정기적으로 열람되었다"라고
쓰여 있다.

부의 반인륜사범들을 추적하고 처벌받게 하는 데 큰 역할을 해 온 변호사이자 역사가인 세르주 클라르스펠드가 그 발견자였다. 그는 1991년 9월 16일에 '강제이송 사망' 연구팀의 일원으로서 퇴역군인부 국무서기실 기록보관소에서 자료를 찾다가 우연히 자료목록에서 "1940년 10월 경찰청이 작성한 대ᄉ파일"이란 항목을 발견했는데 이 사실을 두 달 뒤 언론에 폭로했던 것이다.[6]

파일이 작성된 정확한 시점은 알려지지 않았지만 대체로 1940년 9월 27일의 독일점령당국명령에 따라 10월 3~19일에 센 도의 유대인들이 경찰서들에 출두하여 작성한 신고서에 기반하여 파일이 작성된 것으로 알려졌다. 그렇게 신고서에 이름을 올린 유대인은 모두 14만 9,734명이었다.[7]

파리경찰청에 보관된 이 파일은 이후 1941년 5월, 8월, 12월 총 8,831명의 유대인들을 검거하고 특히 1942년 7월 16~17일 '벨디브 대검거'에서 1만 2,884명의 파리 지역 유대인을 체포하는 데 필수적인 도구로 쓰였다.[8] 이때 체포된 유대인들은 이후 대부분 절멸수용소들에서 학살당했으므로 당시 언론의 표현을 빌리면 이 파일은 "죽음

퇴역군인부 기록보관소에서
유대인 파일을 발견하고
언론에 폭로한
세르주 클라르스펠드

의 파일"이었고 "비시의 가장 수치스런 행위의 흔적"이요, "우리 역사의 고통스럽고 어두운 페이지의 증언"이었다.[9]

문제는 이러한 파일이 종전終戰 직후 분실되었거나 폐기처분된 것으로 알려져 왔고 당국 역시 파일을 보관하고 있다는 의혹이 제기될 때마다 그것을 전혀 보유하지 않았다고 거듭 밝혀 왔는데 그러한 진술이 이번에 거짓으로 드러난 데 있었다. 사실, 정부의 유대인 파일 보유 문제는 이번에 처음 제기된 게 아니었다. 1980년 3월 5일 시사 풍자 주간지인 《르 카나르 앙셰네Le Canard enchaîné》지가 로니수부아 Rosny-sous-Bois 지역의 헌병대에 파리 지역 유대인 파일이 있다는 기사를 실었던 것이다. 이러한 보도 이후, '인종주의 유형 문서들의 작성과 보존을 금지한 법'(1978년 1월 3일 법)에 따라 전국정보처리-자유위원회CNIL(Commission nationale de l'informatique et des libertés)가 그러한 파일을 보유하고 있는 것으로 의심되는 퇴역군인부를 대상으로 조사를 벌였는데 그 부처는 파일 보유 사실을 단호히 부인했다.[10] 1991 년 11월 13일의 폭로 기사가 나오기 불과 몇 주 전에도 퇴역군인부 국무서기(장관급)의 비서실장은 《르 몽드》지 기자들에게 "우리는 파일을

**퇴역군인부
국무서기(장관급)
루이 멕상도**

보유하고 있지 않다"고 주장했다.[11]

《리베라시옹》지는 유대인 파일을 둘러싼 "그리도 많은 침묵과 거짓말"을 질타했고, 《르 몽드》지 역시 "긴 침묵의 역사"라는 표현을 쓰면서 정부 당국의 "책임 회피"를 비판했다. 두 신문은 정부 측의 이러한 침묵과 거짓말의 이유들로 "구태의연한 관료제의 작동", "자신의 집 안에 비시 정책의 관료적 흔적인 '죽음의 파일'을 갖고 있었다는 데 느끼는 거북함", "여러 해 동안 그리도 오래 침묵한 뒤에 이런 비정상성이 갑자기 드러나는 데 대한 두려움" 등에서부터 암울한 역사의 증거 문서 보유를 "은폐하려는 완강한 의지"까지 거론했다.[12]

파일의 발견자이자 폭로자인 클라르스펠드는 당시 소송 중이던 반인륜범죄 사건들의 손해배상 청구인들의 변호인 자격으로, 드랑시 Drancy 수용소 책임자인 알로이스 브루너Aloïs Brunner 사건을 조사 중인 예심판사 장피에르 게티Jean-Pierre Getty에게 그 파일의 압류를 요청했고, 게티 판사는 그 요청을 받아들여 11월 12일 퇴역군인부 국무서기실에서 파일의 사본을 압류했다.[13]

파일이 압류 절차에 들어가고, 언론의 대대적인 폭로 보도까지 앞둔 상황에서 퇴역군인부 국무서기 루이 멕상도Louis Mexandeau는 정면돌파를 택했다. 11월 12일 오후 퇴역군인부의 수장은 기자회견에서 놀랄 만한 발언을 했다. 멕상도는 파일이 존재한다는 사실은 "공공연한 비밀이었다"고 하면서 그 존재를 확언했던 것이다. 이는 독일강점기에 작성된 유대인 파일을 정부가 보유하고 있다는 사실을 정부 측 인사가 공식적으로 인정한 최초의 순간이었다. 멕상도는 그 파일의 존재를 알게 된 것은 "1990년 이후 대규모의 자료목록 작성 작업을 하면서"였으며 그 파일의 "사본을 1991년 1월 4일에 국립기록보

관소에 제출했다"고 밝혔다.[14]

멕상도 국무서기는 기자회견에 그치지 않고 곧바로 자체 조사를 지시했다. 즉, 그는 퇴역군인부의 총조사국에, 유대인 파일에 대한 조사를 맡겼고 이 부서는 2주 뒤 총 100쪽에 달하는 보고서를 제출했다. 이 보고서는 공개되지 않았지만 이후의 사태 전개와 여러 다른 분석들에 비추어 볼 때 비교적 정확한 진단을 담고 있었다.

우선, 이 보고서에 따르면 퇴역군인부에서 발견된 유대인 파일은 "1940년 이후 프랑스의 유대인 인구조사 시 만들어진 파일의 일부"였다. 현존하는 카드의 전체 수는 '1940년 파일의 절반을 약간 넘는' 분량이었다. 다음으로, 이 파일은 전후戰後에 전혀 잊히지 않았고 적어도 1970년대 초까지는 숨겨지지도 않았다고 보고서는 진단했다. 즉, 전후에 유대인 파일은 유대인 단체들의 요구로 전쟁포로-강제이송자부(현재의 퇴역군인부)에 이관되었고 그 이후 계속해서 실종자를 찾거나 유대인 희생자 유족 등에게 연금권을 부여하기 위한 용도로 사용되었다. 1970년에는 두 명의 인구학 학생이 지도교수의 권고로 이 파일을 열람하기까지 했다. 하지만 보고서는 대략 1960년대 말부터 갈수록 역사가들과 연구자들이 문제의 파일에 접근할 수 없게 숨겨졌음을 강조했다. 아울러 "민감한" 문서들은 목록에서 사라지고 각종 "불법" 각서를 통해 "완전한 비밀"에 이르게 되었다고 그간의 잘못된 관행을 명확히 비판했다.[15]

이 보고서는 정식으로 발표되지 않았지만 아마도 이 문건을 입수한 것으로 보이는《르 몽드》지는 1991년 12월 17일 자에서 "투명성에서 이중의 거짓말로"라는 제목으로 이 보고서의 내용을 보도하면서 특히 1970년대 이후의 '불법 은폐' 국면을 강조했다. 이 기사에 따르면 유대인 파일은 1960년대 말까지의 "투명성의 긴 시기" 뒤에 "보호"되고 "은폐"되었으며 행정부서 직원들은 자신의 상관과 정치인들에게, 정치인들은 일반 대중에게 파일의 존재에 대해 "거짓말"을 했다.[16]

한편, 멕상도는 자체 내의 총조사국만이 아니라 외부 기관인 CNIL에도 파일 문제와 관련해서 자문을 구했다. 앞서 언급했듯이 11년 전 《르 카나르 앙셰네》지의 의혹 제기 이후에도 조사를 시도했던 CNIL은 역시 그 조사를 수행했던 前 상원의원 앙리 카이아베Henri Caillavet에게 또다시 그 문제에 대한 조사업무를 맡겼다. 따라서 같은 시기에 두 기관이 같은 문제를 놓고 조사를 벌였던 셈이다.

카이아베의 조사 활동은 총조사국보다 좀 더 오래 걸려 다음해 2월 25일에야 그 보고서가 확정되었는데, 총조사국이 현존하는 파일이 실제 1940년 10월의 인구조사 과정에서 작성된 파일의 "절반을 약간 넘는" 분량이라고 평가한 반면, 카이아베는 이 파일이 1940년 10월의 파일 "전체"에 해당한다고 주장했다. 이는 '성인 파일' 5만 7,000장과 '아동 파일' 9,500장, 그리고 (한 장에 여러 명씩의 정보를 담은) '가족 파일' 2만 9,500장을 합산하여 약 15만 명의 인적사항을 담은 것으로 추산한 것인데 이는 이후에 오류로 판명될 것이었다.[17]

총조사국의 보고서가 파일의 규모 문제 이외에 퇴역군인부가 지금까지 파일을 보존해 온 방식이란 문제에 집중했다면 카이아베-CNIL의 보고서는 앞으로 이 파일을 어디에 보관할 것인가라는 문제까지 다루었다. 즉, 카이아베가 이끄는 소위원회는 석 달간 30여 명의 유대인 단체 대표들, 여타 종교계 인사들, 시민운동 단체 대표들, 역사가들을 대상으로 여론조사를 벌인 끝에 퇴역군인부에서 발견된 파일 원본을 즉각 국립기록보관소에 이관했다가 다시 무명유대인순교자기념관으로 옮기고 파일의 사본은 연구 목적으로 현대유대자료센터CDJC (Centre de documentation juive contemporaine)에 보관시킬 것을 정부 측에 권고했다.[18]

카이아베의 소위원회가 벌인 여론조사의 결과는 1992년 2월 27일자《르 몽드》지에 보도되었다. 파일의 적절한 보관장소에 대한 이 조사의 결과는 크게 네 종류로 나뉘었다.

첫 번째 범주는 국립기록보관소와 CDJC 중 한 곳은 파일의 원본, 다른 한 곳은 사본을 보관하자는 입장으로, CDJC 책임자들, 유대교 중앙종무국 국장, 프랑스유대인학생연합, 통합유대인사회기금, 인권동맹이 이에 해당했다.

두 번째 범주는 국립기록보관소가 원본을 보관하되, CDJC에 사본을 둘 수 있다는 입장으로, 질문을 받은 4명의 역사가 모두(프랑수아 베다리다, 마르크 페로, 피에르 비달나케, 앙드레 카스피), 프랑스강제이송유대인협회, 가톨릭교회 주교단, 인종주의-반유대주의반대국제연맹, 프리메이슨단 프랑스 대大지부 등이 여기에 속했다.

세 번째 범주는 CDJC가 원본을 보관하자는 입장으로, 프랑스유대인기관대표회의, 프랑스프로테스탄트연맹, 파리 대회교사원이 속했고, 끝으로 프랑스 대大랍비 대표, 세계유대인동맹 의장, 프랑스 프리메이슨 중앙본부장은 무명유대인순교자기념관 납골당에 파일을 안치하자는 의견을 표명했다.[19]

요컨대 파일의 보관장소를 둘러싼 입장은 크게 국립기록보관소에 원본을 두자는 진영과 CDJC나 무명유대인순교자기념관[20]에 원본을 두자는 진영으로 대별되었다. 역사가들은 대체로 국립기록보관소를 선호한 반면, 유대인 단체들은 어느 쪽이든 상관없다는 입장, CDJC

나 무명유대인순교자기념관을 선호하는 입장, 국립기록보관소를 선호하는 입장으로 갈렸다. 국립기록보관소를 주장한 쪽은 비시 정부의 유대인 박해라는 어두운 역사도 프랑스의 '국민적 기억'의 일부라는 점을 내세웠고 이에 맞서 CDJC나 무명유대인순교자기념관을 선호한 쪽은 그러한 비극의 역사가 유대인들만의 고유의 경험임을 강조했다.

사실, 1991년 11월 13일 유대인 파일의 발견 소식이 보도된 직후에는 그러한 끔찍한 '죽음의 파일'이 국가 기관에 의해 비밀리에 보존되어 왔다는 데 대한 충격과 분노 속에서 그 파일을 즉각 폐기처분하자는 목소리까지 나왔다. 일례로《자유 유대인》의 저자인 작가 미셸 드라슐린Michel Drachline은 유대인 파일을 즉각 폐기처분하지 않은 죄로 프랑스 국가를 고소했고,[21] 환경부장관인 브리스 라롱드Brice Lalonde는 한 라디오 방송에서 극우 정당인 민족전선의 당수 장마리 르펜Jean-Marie Le Pen이 집권하면 그 파일을 사용할 위험이 있으며 그 파일은 "역사가들에게 맡기기에는 너무 위험"하므로 당장 불속에 던져야 한다고 주장했다.[22]

그러나 CNIL의 보고서가 발표된 1992년 2월 말에 이르면 더이상 그러한 폐기처분을 주장하는 목소리는 나오지 않았다. 하지만 퇴역군인부 총조사국의 조사결과(1991년 11월 말)도, CNIL의 보고서도 파일의 대략적인 규모를 추정했을 뿐이지(그나마 두 기관이 서로 다른 결과를 내놓았다) 정확한 실체를 분석하지 못한 상황에서, 그리고 파일의 적법한 보존장소를 둘러싸고 여론이 분열된 상황에서 정부는 파일의 정확한 실체를 구명하고 보존장소를 정하기 위해 전문가들로 구성된 조사위원회를 설치하기로 결정한다.

르네 레몽의 위원회(1992~1996)

정부가 두 차례의 조사에도 불구하고 다시 새로운 조사위원회를 조직하기로 한 보다 직접적인 이유는 사실, CNIL의 권고 가운데 두 번째 것, 즉 파일의 원본을 국립기록보관소에 이관하는 데 그치지 않고 다시 무명유대인순교자기념관으로 옮기자는 것을 마뜩치 않게 여긴 데 있는 것으로 보인다. 새 위원회를 이끌게 될 르네 레몽René Rémond의 표현에 따르면 "국민적 자산"이자 "국민적 기억의 일부"를 민간 기관에 맡기는 것은 기존의 국가기록 보존에 대한 "원칙을 침해하는 것"이요, "국민 전체에 속한 것을 소외"시키고 "국민적 자산을 분산시키는" 안 좋은 선례가 될 것이라는 게 당시 정부의 판단이었다.[23]

그리하여 국민교육 – 문화부(이하 문화부)장관 자크 랑Jack Lang은 1992년 2월 25일 혹은 26일에 기록보관소 고등회의Conseil supérieur des Archives 의장이자 (최근에 독일강점기 민병대 간부 폴 투비에와 가톨릭 교회의 관계에 대한 조사위원회를 주재한 바 있는) 역사가인 르네 레몽에게 "CNIL이 권고한 이관을 어떠한 조건에서 수행할 수 있는지를 정하기 위해, 의심할 바 없이 불편부당한 제한된 수의 인물들로 구성된 위원회의 장長을 맡아 달라"는 부탁을 했고 레몽은 이를 수락했다. 이후 레몽은 위원회를 구성할 4명의 인사들을 직접 섭외했다. 자신과 함께 '투비에-교회 관계 조사위원회'에도 참여했던 역사가 장피에르 아제마Jean-Pierre Azéma, 《비시와 유대인들》의 저자로 유명한 역사가 앙드레 카스피André Kaspi, 국립기록보관소의 현대 부문 총관리인 샹탈 보나치Chantal Bonazzi, 유대인기관대표회의 의장 장 칸Jean Kahn이 그렇게 위원회를 구성했다. 위원회는 5월 말에 구성되었고, 6월 2일 퇴역군인부의 유대인 파일 관련 문서 모두가 국립기록보관소에 정식으로 이관되었으며, 곧바로 위원회는 조사 작업에 들어갔다.[24]

파일들에 대한 조사 작업에 들어가고 나서 얼마 안 가 위원들은 놀랄 만한 '발견'을 한다. 1991년 11월 클라르스펠드의 '발견' 보도 이래 1940년 10월의 인구조사를 통해 파리경찰청이 작성한 파일이라고 믿어 온 것이 아닐 수도 있다는 사실을 발견했던 것이다.[25]

레몽이 그 근거로 제시한 것은 두 가지였다. 우선, 파일의 분량이 너무 적었다. 1940년 10월의 조사에서 신고된 유대인의 수는 14만 9,734명인데 '개인 파일'은 그 절반 이하인 6~7만 장에 불과하고 '가족 파일'이 2만 9,500장 더 존재했지만 그것이 1940년 10월의 조사 과정에서 작성되었다는 보장이 없다. 다음으로, 카드에 기록된 유대인들 거의 모두가 체포된 사람이고 대부분이 강제이송된 사람이다. 게다가 파리 지역(센 도) 유대인만이 아니라 남부지구에서 온 유대인이나 심지어 비유대인에 대한 파일도 존재했다.

파일의 규모 자체는 퇴역군인부 총조사국도, 카이아베 위원회도 이미 인지한 것이었으므로 레몽이 보다 강조한 측면은 두 번째 측면, 즉 카드에 기록된 유대인들의 공통점이 1940년 10월의 '조사' 대상이 아니라 '희생자'(체포되거나 강제이송된 사람)라는 점이었다.

위원회는 이 사실을 곧바로 랑 장관, 멕상도 국무서기, 클라르스펠드, 미테랑 대통령에게 알렸지만 당분간 일반 국민에게는 공개하지 않기로 했다. 그 이유는 1993년 2월의 《리스투아르》지에 실린 아제마 인터뷰 기사에 따르면 1992년 7월 16일의 벨디브 사건 50주년 기념을 둘러싼 날카로운 긴장 상황[26]을 더 악화시키지 않고 극우세력에게 유리한 논거를 제공하지 않기 위해서였다.[27] 가뜩이나 미테랑 대통령이 벨디브 사건에 대한 책임 인정이나 사과를 계속 거부하고 극우 언론은 홀로코스트나 비시 정부의 범죄를 부인하던 상황에서 (벨디브 사건에 이어) 비시 범죄의 또 다른 상징물이 될 '유대인 파일'의 의미를 축소할 수 있는 발표는 매우 위험하다고 판단했던 것이다. 게다가 그 파일이 1940년 10월의 조사 파일이 **아니라는** 확실한 물증이 아직은 부족했다는 점도 공개를 꺼리는 데 또 다른 이유로 작용했다.

이러한 상황은 그리 오래 가지 않았다. 1992년 12월 23일 파리경찰청장이 문제의 파일이 1948년과 1949년에 정식으로 폐기처분되었다는 증거 문서들의 사본을 레몽에게 보냈던 것이다. 이 폐기처분은 모든 유대인 차별조치를 무효화하는 임시정부의 1944년 8월 9일 명령에 따라 1946년 12월 6일 내무부장관이 전국 지사들에게 보낸 공문(인종차별에 기반한 모든 문서를 파기하라는)을 실행에 옮긴 것이었다. 이 조치는 두 차례에 걸쳐 이루어졌는데, 1948년 11월 15, 16일에는 "총중량 6,890킬로그램, 순중량 6,732킬로그램"에 달하는 158자루 분량의 유대인 조사 관련 문서가 파쇄되었고, 1949년 12월 20일과 27일 사이에는 나머지 약 1만 5,000장의 파일이 파쇄되었다.[28]

이상의 파쇄조치를 입증하는 공식 문서들까지 확보한 레몽은 곧 랑 장관에게 일종의 "중간보고서rapport d'étape"에 해당하는 5쪽 분량의 서한을 보냈다.[29] 사실, 문제의 파일이 1940년 10월의 파일이 아니라는 확신은 이미 6개월 전에 레몽이 랑 장관에게 보낸 서한에 드러나 있다. 즉, 그해 7월 1일의 서한에서 레몽은 다음과 같이 썼던 것이다.

우리는 전달된 문서들 안에 이 파일(1940년 10월의 유대인 조사 파일—필자)이 **없다는** 것을 발견하고 놀랐습니다. 클라르스펠드가 발견한 것은 전혀 잃

어버린 적 없는 파일이며 …… 1940년 10월의 파일에 입각하여 작성된 파생된 파일인지는 의심스럽고, 체포되고 강제이송된 사람들의 파일입니다. 그것은 조사에 입각하여 선별된 사람들의 파일들을 포함합니다. …… CNIL이 구성한 위원회의 파견단 구성원들은 이 고통의 파일이 1940년 10월의 조사 파일이 **아니라는** 것을 알아채지 못했습니다. 물론 여기저기서 사람들은 (1940년 10월의─필자) 조사에 "입각하여" 구성된 파일에 대해 말하지만 모호함은 계속 남습니다. …… 이 파일은 재발견된 게 아니었습니다. 그것은 아마도, 1946년 12월 6일 자 내무부장관 …… 의 공문에 따라 파쇄되었을 것입니다(강조는 필자).[30]

주목할 만한 점은 레몽이 그 파일이 1940년 10월의 파일이 **아니라**고 단정지으면서도 1940년 10월의 조사(혹은 조사 파일)**에 입각하여** 작성된 "파생된 파일"일 가능성을 암시라도 했지만 12월 말의 중간보고서에서는 그러한 가능성조차 전혀 언급되지 않았다는 것이다. 즉, 12월 28일 레몽이 랑에게 보낸 서한에서는 6개월 전의 입장을 거의 그대로 반복하면서 "입각"이나 "파생"이란 용어는 전혀 쓰지 않았다. 대신에 어조는 보다 단호해졌다. 문제된 파일은 "희생자 파일이지, 센 도 유대인 주민의 파일이 아니었"으며 "우리는 이 '파일'이 1940년 10월의 조사 파일이 아니라고 확언할 수 있습니다."

또한 그 서한/보고서는 앞서 밝힌 두 차례 파쇄조치만이 아니라 1948년 4월 28일(즉, 첫 파쇄조치가 있기 7개월 전)에 "경찰청의 유대인 자산 처분 사무국"이 보유하던 여러 파일들이 "희생자들에게 그들의 권리를 부여할 수 있도록 행정적인 목적으로" 퇴역군인부로 이관되었음을 적시했다. 그렇게 이관된 파일은 "그때부터 올해까지 연금 지

급을 위해 계속 쓰여 왔기 때문에 몇몇 사람들의 주장과는 반대로 전혀 숨겨진 적이 없었다"는 게 레몽의 견해였다.

끝으로 레몽은 (1940년 10월의 파리 지역만이 아니라) 독일강점기 전全 시기 동안 전국에서 벌어진 유대인 주민조사를 통해 작성된 모든 문서로 본 위원회의 조사 대상을 확대하겠다는 의사를 밝히면서 "몇 주 안에" 최종보고서를 제출하겠다고 썼다.[31]

6개월 전의 서한 내용이 비밀로 붙여졌던 것과 달리 이번에 랑 장관은 이틀 뒤(12월 30일), 레몽의 중간보고서 내용을 거의 그대로 반복하고 요약한 '공식 성명'을 발표했다. 즉, "1940년 9월 27일의 점령당국 명령에 따라 특히 센 도에서 시행된 조사의 파일'이라고 사람들이 말한 것은 실제로는 희생자 파일이지, 센 도 유대인 주민의 파일이 아니었다."[32]

랑 장관이 레몽 위원회의 이러한 새로운 '발견'을 공개하기로 하고 레몽 역시 (6개월 전과는 달리) 공개에 반대하지 않은 것은 1948~49년의 파쇄조치를 입증하는 공식 문서를 입수한 데 따른 자신감에서이기도 하지만 그보다는 사실, 1월 초에 한 언론인이 쓰고 애초의 '발견'자 클라르스펠드가 우호적인 서문까지 단《파일》이란 저작이 출간되기로 한 상황이 더 큰 이유였던 것으로 보인다. 아네트 칸Annette Kahn이 쓴 이 책과 클라르스펠드의 서문은 1991년 11월 유대인 파일의 '발견' 보도 이래 많은 사람들이 믿어 온(그리고 퇴역군인부 국무서기까지 나서서 보증한) 것, 즉 치욕스런 '죽음의 파일'이 반세기 내내 정부 기관에 의해 비밀리에 보존되어 왔다가 한 집요한 연구자에 의해 우연히 발견되었다는 명제를 거의 그대로 유지했던 것이다.[33]

레몽의 위원회는 1992년 6월의 '발견' 이후 랑 장관만이 아니라 클라르스펠드에게도 알렸으나 클라르스펠드는 자신의 '잘못'을 새로 출간되는 책의 서문에서도 인정하지 않았고 그러한 소식이 알려지자[34] 레몽과 랑 장관은 위원회가 발견한 새로운 사실을 공표하기로 결정한 것으로 볼 수 있다.

한편, 랑 장관의 공식 성명에도 불구하고 유대인 파일 논쟁은 잦아들지 않았고(오히려 다시 불붙었다), 1992년 12월 28일의 중간보고서에서 "몇 주 안에" 제출할 수 있기를 희망한다고 썼던 최종보고서는 결국 그로부터 3년 반이나 지난 1996년 7월이 되어서야 발표되었다. 위원회에 주어진 역할도 애초의 유대인 파일에 대한 인식이 바뀌면서 크게 확대되었다. 즉, CNIL의 권고안(1992년 2월 25일)이 "현행법에 비추어 실행 가능한지, 그리고 그것이 제기할 수 있을 기술적 문제들이 무엇인지"를 깊이 연구하고 "이 파일들과 그 사본의 보존, 안전 보장, 열람 규제의 조건들을 평가"하는 정도가 랑 장관이 1992년 3월 19일의 위임장에서 위원회에 맨 처음 부과한 역할이었다면,[35] 1년 반 뒤 위원회에 최종적으로 부과된 역할은 "독일강점기 프랑스에서 유대교인들에 관해 작성된 파일들의 존재가 제기하는 법적, 기술적 문제들 전체를 연구"하는 것으로 확대되었던 것이다. 그동안 위원회의 관할 부처는 문화부에서 총리실로 바뀌었고 이 최종적인 역할은 에두아르 발라뒤르Édouard Balladur 총리가 1993년 9월 15일 레몽에게 보낸 위임장에 명시되었다. 또한 발라뒤르 총리는 위원회의 최종보고서가 "이 파일들의 보존장소에 관해 당국이 취하게 될 결정을 명확히 해 줄 수 있을 것" 역시 덧붙이기를 잊지 않았다.[36]

중간보고서가 발표되고 나서 "몇 주" 뒤가 아니라 3년 반이나 지나서 제출된 최종보고서는 1996년 7월《"유대인 파일"》: 르네 레몽이 주

Une fiche parmi 80 000 tenues à jour pendant quatre ans par des fonctionnaires français consciencieux.

"유대인 파일: 논쟁은 계속된다"

《리베라시옹》지 1993년 1월 12일 자. 유대인 파일 사진 아래에는 "성실한 프랑스 공무원들이 4년 동안 정리한 8만 장의 파일들 중 하나"라는 설명이 붙어 있다.

레몽 위원회의 최종보고서 《유대인 파일》의 표지

재한 위원회가 총리에게 제출한 보고서》라는 제목의 단행본으로 출간되었다.[37] 1991년 9월에 '발견'되고 11월부터 그 존재가 알려진 파일을 어떻게 할 것인지에 국한되었던 애초의 목적이 (파일 자체에 대한 인식이 바뀌면서) 독일강점기 4년 **내내** 작성된 **모든** 유대인 관련 파일을 조사하는 것으로 대폭 확대되었으므로 최종보고서의 분량도 233쪽에 달했다. 우선, 서론 격의 글 〈위원회의 연혁〉에서는 1991년 11월 클라르스펠드의 '발견' 소식 보도에서부터 최종보고서가 나오기까지 그간의 과정이 간략히 서술되었고, 본론은 〈파일로 작성되고 체포된 유대인들(1940~1944)〉이란 제목으로 다음과 같이 구성되었다.

I. 국립기록보관소에 제출된 파일들에 대한 기술記述

II. 점령당국과 비시 정부가 프랑스의 유대인들에게 취한 조치들

III. 조사하고 파일로 작성하기

IV. 누가 무엇을 했는가? 누가 무엇을 사용했는가?

V. 파일들은 어떻게 되었는가?

VI. 현재 국립기록보관소에 보존된 파일들은 어디에서 유래했는가?

또한 본론 뒤에는 〈부록〉으로, 1992~93년 레몽이 위원장으로서 주고받은 서한들, CNIL 보고서의 권고안, 랑 장관의 공식 성명, 파리경찰청장이 제공한 1948~50년의 파일 파쇄 관련 문서들이 총 37쪽에 걸쳐 수록되었다.[38]

이 장의 주제와 관련해서는 최종보고서의 본론 중에서도 파일들의 상태를 소개하고 종전終戰 직후의 운명과 현재 파일들의 유래를 설명한 I, V, VI장이 특히 중요했다. 우선 I장에서는 1992년 6월 2일 '유대

인 파일 사건'과 관련하여 퇴역군인부가 국립기록보관소에 제출한 파일들이 동질적이 아니라 혼성적임이 강조되었다. 즉, 흔히 알려진 "파리경찰청 파일" 외에도 "본라롤랑드-피티비에르Beaune-la-Rolande-Pithiviers 수용소 파일", "드랑시 수용소 파일 및 장부", "강제이송 명단", "아동 파일" 등이 존재했다.[39]

클라르스펠드가 애초에 퇴역군인부 기록보관소의 자료목록에서 발견한 것은 "1940년 10월 파리경찰청이 작성한 대大파일"이란 문구였고 이후로도 계속 '1940년 10월의 조사 파일'로 '오인'된 것이 그러한 범주였는데 위원회의 분석에 따르면 그 범주에 속한 파일은 다시 "개인 파일"과 "가족 파일"로 나뉘었다.

"개인 파일"의 경우, 카드 제작 연도(파일 작성 연도가 아니라 파일 작성에 쓰인 카드 자체가 인쇄된 연도)는 대부분 1940년이었고 파리 지역만이 아니라 지방에서 체포된 유대인들이나 파리 지역에 거주하는 비유대인들에 대한 파일도 일부 존재했다.

"가족 파일"은 같은 카드에 부모와 15세 미만 자녀의 인적사항이 함께 수록된 것으로, 카드 제작 연도는 대부분 1941~42년이었다. 가족 파일의 경우 (개인 파일과 달리) 오직 파리 지역에 거주하다가 체포된 유대인들만 기록되어 있었고 15세 미만 자녀 중에는 체포되지 않은 경우도 있었다.[40]

사실, 1991년에 '발견'된 줄 알았던 파일이 1940년 10월 파리 지역의 유대인 조사 파일이 아니라는 것이 위원회의 핵심 논지였는데 그러한 의미에서 I장에서는 파일의 구성 자체가 매우 혼성적이었고 '개인 파일'에는 지방에서 체포된 유대인과 파리 지역의 비유대인도 포함되었으며 "가족 파일"에 사용된 카드는 1941~42년에 인쇄되었다는 점이 특히 중요했다.

위원회의 그러한 논지는 V장과 VI장에서 더욱 강조되었다. 즉, 유대인 파일들의 종전 이후 운명을 다룬 V장에서는 1948~49년 파리경찰청의 문서 파기 과정을 상세히 서술하면서 "우리는 1940년 10월의 조사 파일이 파기되었음을 거의 확신"한다고 두 번씩이나 거듭 주장했고(147, 159쪽), 1950년 8월 24일의 파리경찰청 보고서를 인용하면서 1948년 4월 28일에 퇴역군인부로 이관된 유대인 관련 파일이 무려 10종에 달한다는 점을 강조했다.[41]

문제의 파일이 1940년 10월의 조사 파일이 아니라면 도대체 무슨 파일이었을까? 본론의 마지막 VI장이 유대인 파일의 "기원"(유래)과 "기능"을 설명하고자 했으므로 바로 이 장이 최종보고서의 가장 핵심적인 답변이라 할 것이다. 위원회의 분석에 따르면 "이른바 '유대인 파일' 사건의 중심에 있었던 두 파일"은 개인 파일과 가족 파일이었는데 이 두 파일의 작성자들은 1940년 10월의 조사 파일을 "참조"했지만 둘 중 어느 것도 그 조사 파일 자체일 수 없었다. 둘 다 "체포된 유대인들의 파일"로서 개인 파일은 "체포되고 수감된 자의 파일fichier d'arrêtés-internés"이었고, 가족 파일은 "수배되고 체포된 자의 파일fichier d'arrêtés-recherchés"이었다.[42]

개인 파일이 1940년 10월의 파일이 될 수 없는 이유는 카드 파일의 수가 1940년 10월에 조사된 유대인의 수(15만 명)보다 훨씬 적었고, 남부지구나 북부지구의 비非파리 지역에서 온 유대인들과 파리 지역의 비유대인들도 포함했으며, 1941~42년에 제작된 카드도 존재했다는 점에 있었다. 가족 파일이 1940년의 파일이 아닌 이유로는 파일의 양식 자체가 1940년 10월의 조사 파일과 다르고 마찬가지로 수가 적

으며 작성 시기가 1941~42년이었다는 점이 제시되었다.[43]

위원회가 "체포되고 수감된 자의 파일"로 재규정한 개인 파일은, 파리 지역과 지방에서 체포된 뒤 드랑시 수용소에 수감된 15세 이상의 유대인을 기록한 파일이었고 파리경찰청에서도 "내근직 부서들"이 이 파일을 사용했을 것이라고 위원회는 추정했다.[44] 반면에 "수배되고 체포된 자의 파일"로 규정된 가족 파일[45]은 파리경찰청의 "외근직 부서들"이 파리 지역의 유대인들을 대상으로 실제 체포 작전을 수행하는 데 사용했을 것이라는 게 위원회의 분석이었다.[46]

본론과 부록에 이어 최종보고서의 맨 끝에 실린 것은 바로 애초에 위원회가 만들어진 가장 직접적인 이유였던, '유대인 파일'을 어느 장소에 보관할 것인가에 대한 권고안이었다.[47] 〈'유대인 파일'에 관한 권고〉라는 제목으로 위원회가 제안한 것은 1992년 2월에 CNIL이 권고하고 많은 유대인 단체들이 원한 무명유대인순교자기념관이나 CDJC가 아니라[48] 1991~92년 당시 정부와 미테랑 대통령이 원하고 대다수의 역사가들(과 기록보관소 관리사들)도 생각했던 국립기록보관소였다. 그 이유로 위원회가 제시한 것은 워낙 모든 공문서의 수집과 보존을 국립기록보관소의 역할로 규정한 기존 입법 외에도 (파일을 유대인 기관에 맡길 경우) 다른 특정한 집단들이 비슷한 요구를 하게 될 것이라는 우려, 1년 전 시라크 대통령이 벨디브 범죄에 대한 '국가의 책임'을 정식으로 인정한 사실, 반세기 전 독일강점기의 "물리적 차별"에 이어 또다시 (문서의 분리 보관을 통해) "두 번째로 격리당하기"를 거부하자는 것 등이었다. 무엇보다도 "이 범죄가 우리 역사의 일부"이므로 "그것을 입증하는 문서들, 우리 국민적 자산의 일부인 문서들"을 "수세기 전부터 국민의 모든 기억을 보존하는 것을 사명으로 하는 기관

의 건물과 장소"에 두어야 한다는 것이 위원회의 주장이었다.[49]

단지, 유대인 단체들의 강력한 요구와 (예상되는) 반발을 의식한 듯, 위원회는 "이 문서들의 특수한 성격을 고려하여" 그 파일을 "국립기록보관소의 역사센터 안에 그러한 목표로 설치된 장소"에 따로 보존하고, "유대인들에 대한 편파적 대우의 가시적 증거들을 보유하려는 (유대인 단체들의–필자) 적법한 욕구에 부응하기 위해" 일정 수의 파일들을 무명유대인순교자기념관에 맡길 것, 그리고 CDJC에 마이크로필름 형태의 사본을 제출할 것을 권고했다. 이상의 제안들이 모두 받아들여진다면 "의도적으로 은폐되었을 파일을 발견했다는 소문"이 야기한 "이해할 만한 감정이 누그러지기를 바란다"는 것이 위원회의 마지막 발언이었다.[50]

특기할 만한 점은 이상의 권고안이 위원회 모든 위원의 일치된 견해는 아니었다는 것이다. 다섯 명 가운데 유일하게 유대인 단체 대표로 참여한 장 칸은 "권고안 전체에 동의"한다고 전제하면서도 "한 가지 점", 하지만 가장 중요한 점에서 이견을 표명했다. 그는 '국립기록보관소 안의 독립된 장소'가 아니라 거꾸로 "CDJC 건물 안의 국립기록보관소 독립실"에 파일을 둘 것을 요구했던 것이다.[51]

반론과 논쟁

르네 레몽이 주재한 위원회의 조사 활동과 그 결과에 대한 발표들은 1991년 11월의 유대인 파일 '발견' 보도가 야기한 흥분과 분노(위원회의 표현을 빌면 "이해할 만한 감정")를 누그러뜨리고 '유대인 파일 사건'

을 해결했을까? 사실, 1992년 12월 위원회의 중간보고서 발표와 랑 장관의 공식 성명—문제의 파일이 1940년 10월의 조사 파일이 아닐 것이라는—은 모든 논란과 의심을 잠재우지 못했다. 위원회 최종보 고서의 표현을 빌리면 "모든 의심은 사라지지 않았고 논쟁은 여러 번 재발"했다.[52]

위원회의 새로운 '발견'—1940년 10월의 파일이 아닐 수도 있다 는—자체에 그리 큰 의미를 두지 않은 첫 인물은 다름 아닌 '파일 사 건'을 야기한 장본인인 클라르스펠드였다. 일찍이 1992년 7월 이후 위원회로부터 자신의 '실책'(1940년 10월의 파일로 오인했다는)을 통보 받았음에도 1993년 1월 초에 출간된 아네트 칸의 책 서문에서 그러한 실책을 자인하지 않고 모호하게 썼다고 《렉스프레스》지(1992년 12월) 의 언론인 에릭 코낭도, 역사가인 아제마(1993년 2월)와 앙리 루소 (1994)도, 레몽 위원회의 최종보고서도 클라르스펠드를 비판했지만[53] 사실, 클라르스펠드는 자신이 잘못했다고 생각하지 않았다. 그는 바 로 그 서문에서 "(이 파일의–필자) 전체 혹은 상당 부분이 파리와 교외 에서 체포되거나 수색된 유대인들에 대한 파일이라 해도, 퇴역군인부 에 보존된 수만 장의 파일은 파리경찰청이 작성한 것이고 유대인 파 일에 속한다"라고 당당히 주장했던 것이다.[54]

클라르스펠드의 '실책'을 겨냥하며 "고백되지 않은 실책"이란 제목 의 논설을 실었던 《렉스프레스》지와 달리 바로 다음날(1993년 1월 1일) 레몽 위원회와 클라르스펠드의 상반된 주장을 나란히 소개한 《리베 라시옹》지 역시 클라르스펠드가 전혀 물러서지 않았다고 보도했다. 그 기사에 따르면 클라르스펠드는 "나는 끝까지 (이 파일 문제에–필자) 매달리겠다. 이 파일은 강점기에 독일인들의 요구로 이루어진 유대인 조사에서 나온 것이다”라고 주장했으며 그에게 이 파일은 “여전히 1940년 파일의 ‘핵심’”이고 따라서 여전히 “공화주의 국가가 수치스럽게 보존한, 비시 체제의 검은 부분”이었다.[55]

클라르스펠드가 서문을 써준 책《파일》의 저자인 아네트 칸은 클라르스펠드에 대한 지지를 넘어 레몽 위원회의 주장을 강력히 비판했다. 즉, 1940년 10월의 조사 파일 자체가 아니라 “거기서 나온 하위 파일들의 일부”라고 해서 “사기詐欺”—위원회가 주장하듯이—는 아니다, 왜냐하면 그 조사 파일이 없었더라면 하위 파일들도 없었을 것이고 “1941, 42년 파리에서 수천 명의 유대인을 검거할 때 사용된 하위 파일의 일부를 가진 것”은 그 자체로 의미가 크다는 게 칸의 논지였다. 나아가 그는 레몽 위원회를 구성하는 전문가들이 “극도로 엄격하고 합법주의적”인 “회의주의자들”로서 문서를 또다시 “묻으려는” 공식적 의지를 보이며 르네 레몽은 “말장난”을 하고 있다고 질타했다.[56]

한편, 앞서 지적했듯이 레몽 위원회가 탄생한 것 자체가 CNIL의 1992년 2월 25일 보고서 내용에 대한 정부의 불만에서 상당 정도 비롯된 것이었는데 바로 그 보고서의 작성자인 카이아베도 레몽 위원회의 분석결과에 대한 비판 대열에 합류했다.《리베라시옹》지 1993년 1월 12일 자는 “유대인 파일: 논쟁은 계속된다”라는 제목으로 카이아베의 반론을 주로 소개했다. 이 기사에 따르면 카이아베는 레몽 위원회가 “8만 장 이상의 파일을 그렇게 짧은 시간에 검증하는 것은 불가능”하며 파리경찰청이 전후戰後에 문제의 파일을 파기했다는 주장은 경찰청장이 1991년 11월 파리 시의회에서 이미 밝힌 것이어서 “새로울 것도 전혀 없다”고 비판했다. 또한 그는 “이 파일에 무슨 이름을 붙이든 간에 그것은 홀로코스트 희생자 7만 8,000명의 기억의 일부”

이자 강점기 "4년 동안 성실한 프랑스 공무원들이 작성한 수치스런 문서들"이며 "이번 사건의 본질은 프랑스인들이 자신들의 99퍼센트가 유대인들의 운명에 상관하지 않았고 20퍼센트의 대독협력자들에게 권력을 맡겼다는 것을 인정하기를 전혀 원하지 않았다"는 데 있다고 주장했다.[57]

레몽 위원회의 주장에 대한 가장 격렬한 반론은 동유럽 현대사 전문가인, 현대국제기록도서관BDIC(Bibliothèque de documentation internationale contemporaine)의 소니아 콩브Sonia Combe에게서 나왔다. 콩브가 1993년 1월 8일 자《리베라시옹》지에 기고한 글은 제목부터 "유대인 파일은 1940년 10월의 파일이다"로, 레몽 위원회의 분석결과를 정면으로 반박하는 것이었다. 그에 따르면 레몽 위원회의 중간보고서가 내린 결론은 "증거 부재로 여전히 조건부"여서 문제의 파일이 1940년 유대인 파일의 일부일 것이라는 클라르스펠드의 가설이 레몽의 가설보다 "더 믿을 만한" 것이었고 레몽 위원회의 새로운 주장이 지금껏 파일의 존재를 숨겨 온 퇴역군인부와 국립기록보관소의 "도덕적 책임"을 면제해 주지 않을 것이었다. 나아가 콩브는 레몽 위원회의 역사가들을 "국가이성이 진실을 압도"하고 "체제 수호를 내면화"한 "국가역사가들", 즉 그리 오래 되지 않은 과거의 동구에 있었던 공산권 붕괴 이전의 공식 역사가들에 비유하기까지 했다.[58]

공산권 붕괴 이전의 동구에 대한 비유는 두 달 뒤 훨씬 더 도발적인 글 〈기록보관소의 문을 열어라〉(《리베라시옹》지 1993년 3월 19일 자)에서 다시 한번 반복되었다. 즉, 프랑스의 1979년 1월 3일 기록보관소법은 "유럽에서 가장 덜 자유주의적인 법"이며 프랑스의 기록보관소는 "기억의 보존소만이 아니라 가공할 권력의 장소"여서 "기록보관소들에 전제적인 권력을 행사'한 구소련에서처럼 프랑스에서도 "기록 보관소의 개방을 위한 윤리적·정치적 전투가 필요하다"는 것이다. 또한 이 글에서도 콩브는 레몽 위원회에 대한 비판을 멈추지 않았다. 퇴역군인부에서 발견된 파일말고도 전국의 도청 기록보관소들에 유대인 파일들이 13개나 확인되었는데 레몽 위원회가 이러한 사실을 공개하지 않았으며 확실한 증거도 없으면서 "혼란스런 결론"을 서둘러 발표한 이유에 대해 의문을 표했던 것이다. 콩브가 추정한 이유는 "여론의 관심이 식도록 주의를 다른 데로 돌리고, 혼란을 야기하고, 그 사건을 복잡하게 만들기 위한 것이 아닐까" 하는 것이었다.[59]

콩브의 이러한 문제제기에 이번에는 프랑스 기록보관소 소장인 장 파비에Jean Favier가 나섰다. 두 달 뒤(5월 21일) 같은 신문에서 파비에는 '프랑스 기록보관소는 숨길 게 전혀 없다'라는 제목의 글을 발표했다. 그에 따르면 어떠한 나라에서도 당대사 기록보관소가 즉각 자료 열람을 허용하는 경우는 없으며 1979년 법을 비판하는 자들은 그 이전에는 1940년 이후의 문서를 전혀 열람할 수 없었다는 사실을 상기해야 할 것이었다. 또한 실제로 파비에 자신이 1979년 이후 14년 동안 1만 5,000~2만 건의 자료 열람 신청 가운데 단 4건만 거부했으며, 1991년에 퇴역군인부가 국립기록보관소에 제출한 마이크로필름 사본에서 "있지도 않은 1940년 파일"을 못 찾았다는 이유로 무능하다고 비판하거나, 문화부에 유대인 파일에 대한 정확한 수치자료가 없다는 사실이 "비시의 반유대주의를 은폐하려는" 의도에서 나온 것이라고 말하는 것은 부당하다고 주장했다.[60]

프랑스 기록보관소 소장의 이러한 반박에 콩브는 물러서기는커녕 프랑스 기록보관소의 관행을 역사적으로 전면 비판하는 글을 아예 한 권의 책으로 냈다. 제목부터 매우 도발적인 《금지된 기록보관소: 몰수된 역사》(1994)가 그것인데, 이 책에서 콩브는 유대인 파일 사건만이 아니라 드레퓌스 사건, 1차 세계대전 시의 군대 폭동, 알제리 전쟁 등 19~20세기의 여러 사건들도 함께 다루었다.[61]

이 책이 나온 뒤에 나온 레몽 위원회의 최종보고서(1996)도, 레몽 위원회의 분석에 그다지 우호적이지 않았던 로랑 졸리의 연구서(2011)도 콩브의 1993년 1월 8일 자 《리베라시옹》지 논설은 언급하면서도 그의 1994년 저작은 전혀 다루지 않은 것은 자못 흥미롭다. 아마도 그다지 치밀하지 않고 레몽(과 그 위원회)에게 지나치게 공격적이고 다소 선동적인 성향이 문제되었을 것으로 추정되지만 그럼에도 1996년의 최종보고서가 나오기 전에 아네트 칸의 책(1993), 코낭과 루소의 논문 (1994)과 함께 콩브의 이 책이 다소 길게 유대인 파일 사건을 다룬 몇 안 되는 문헌임에는 틀림없다.

콩브는 이 책의 한 절에서 그 사건을 다루었는데 제목부터가 "유대인 파일: 은폐에서 정보 조작으로"였다. 즉, 유대인 파일이 1991년 11월의 '발견' 보도가 있기 전까지는 퇴역군인부와 국립기록보관소에 의해 '은폐'되었고 그 이후에는 레몽 위원회에 의해 '정보 조작'되었다는 게 주된 논지였다. 콩브가 레몽 위원회를 비판하는 방식은 그 위원회의 분석결과들을 치밀하게 반박하기보다는 주로 레몽의 지위, 자질, 의도 등을 문제삼는 것이었다.

우선, 콩브에 따르면 레몽이 유대인 파일 조사위원회를 맡게 된 것 자체가 역사가로서의 자질에 연유한 게 아니라 "정치인으로서의 자질", "미묘한 상황을 타개하는 성향", 프랑스 기록보관소 고등회의 의장직을 비롯한 "그가 겸직한 직책의 인상적인 수" 덕분이었고 따라서 그에게 "곤경에 빠진 국립기록보관소를 난관에서 벗어나게 하는 임무"가 맡겨졌다.[62] 레몽의 막강한 지위는 1992년 12월 말에 중간보고서가 발표되었을 때 언론이 대대적으로 보도하고 사람들이 감히 반론을 제기하지 못하도록 하는 요인이기도 했다는 게 콩브의 판단이었다.[63]

또한 콩브는 레몽 위원회의 연구방식과 의도를 근본적으로 불신했다. "연구의 기본 요소들을 무시한 레몽의 논의의 가치는 오직 …… 그의 권위에만 기반"했고, '1940년의 파일이냐, 파생된 파일이냐?'라는 "소소하고 검증할 수 없는 측면으로 논쟁을 일탈"시켰는데 이에 깔린 "잠재의식적 메시지"는 "1991년 11월 퇴역군인부에서 아무것도 발견되지 않았다는 것"이었다. 결국 "레몽은 진실을 더 잘 거부하기 위해 파편화하는 과정에서 국가이성의 이름으로 행동"했고 이로써 "불신된 부처(퇴역군인부와 국립기록보관소—필자)가 복권되었을 뿐 아니라 …… 무명유대인순교자기념관에 파일을 맡기자는 CNIL의 제안은 무효화"되었다.[64]

그러면 문제된 파일이 1940년 10월의 파일이 아니라는 레몽 위원회의 핵심적인 주장 자체에 대해서는 어떠한 평가를 내렸을까? 콩브는 "레몽이 '희생자 파일' 운운한 것은 말장난"이며 "발견된 파일을 '희생자 파일'이라고 부른다고 해서 그것이 1940년 파일의 일부라는 가장 단순한 가설이 전혀 배제되지 않는다"라고 주장했다.[65] 비록, 콩브는 이 책에서 파일 자체를 치밀하게 분석하지는 않았지만 "1940년 파일의 일부"라는 가설의 좀 더 정확한 의미에 대해 다음과 같이 썼다.

벨디브 대검거 이후에 경찰관들은 체포된 자들의 파일들을 다시 모아서 새 파일을 만들어야 했다. …… 퇴역군인부에서 발견된 게 바로 이것이다.

이 파일은 (1940년 10월-필자) 조사의 결과로 작성된 것인가? 우리가 가진 정보에 따르면 …… 퇴역군인부 파일은 1940년 가을 경찰청이 작성한 것과 정확히 똑같은 형태였다. …… 그것은 사태의 진전에 따라 끊임없이 보완된 파일이다. 경찰부서가 오직 대검거용으로 또 다른 파일을 만들었다면 놀라운 일이 될 것이다. 중앙 파일에서 개인 파일을 추출하기만 하면 되는데 말이다.[66]

즉, 1940년 10월의 조사를 통해 만들어진 원래의 파일들 중에서 이후에 체포된 유대인들의 파일을 따로 뽑아 계속해서 보완한 파일이라는 것이다. 이는 막연히 "1940년 파일의 '핵심'"이라고만 말한 클라르스펠드나, 역시 막연하게 "4년 동안 프랑스 공무원들이 작성한 문서"라고만 얘기한 카이아베와도 다르고, "1940년 10월의 파일에서 나온 하위 파일들의 일부"라고만 쓴 아네트 칸보다도 훨씬 구체적인 설명이라 볼 수 있다. 이상에서 본 콩브의 주장을 포함하여 클라르스펠드, 아네트 칸, 카이아베의 반론은 모두 레몽 위원회의 최종보고서가 나오기 전에 제기된 것인데 그러면 1996년 7월에 최종보고서가 발표되었을 때 언론의 반응은 어떠했을까?

레몽 자신은 1996년 7월 5일 자 《리베라시옹》지에 실린 인터뷰 기사에서 이제 '논쟁은 끝났'고 단호히 못 박았고, 7월 12일 자 《르 몽드》지에서는 프랑스의 유대인 및 홀로코스트를 주로 연구한 세 명의 역사가(안 그린베르그Anne Grynberg, 카테린 니코Catherine Nicault, 아네트 비비오르카Annette Wieviorka)가 최종보고서를 지지하면서 이제 1991년의 "오류를 인정할 용기가 필요"하다고 말했으며, 7월 13일 자의 《르 푸앵Le Point》지에서는 언론인이자 역사가인 알랭-제라르 슬라마

Alain-Gérard Slama가 "역사는 단체들의 저의와 아마추어 역사가들의 흥분에 맡기기에는 너무 진지한 것"이라고 주장했다.[67]

하지만 애초의 파일 발견자인 클라르스펠드는 이번에도 물러서지 않았다. 그가 1996년 7월 6일 자 《르 몽드》지에 발표한 논설 제목이 "레몽 위원회의 곤경"이었다. 그 논설에서 클라르스펠드는 위원회의 분석결과는 곧 파일 전체를 진지하게 연구할 연구자들에 의해 반박될 것이라 확신하고는 파일의 기원 문제보다는 보존장소 문제에 집중했다. 따라서 최종보고서에 대한 클라르스펠드의 보다 상세한 비판은 이 논설보다는 (역사가 로랑 졸리가 입수한) 미간행 문서 〈경찰청의 유대인 파일: 르네 레몽이 주재한 위원회가 총리에게 제출한 보고서에 대한 분석〉(1996)에서 볼 수 있다. 이 문서에서 클라르스펠드는 최종보고서가 특히 파리경찰청의 파일 파쇄 보고서를 분석하면서 파쇄 범위를 '전체'라고 했다가 '부분'이라고 하는 등 비일관적이며, 지방에서 체포된 유대인에 대한 파일은 강점기가 아니라 전후戰後에 추가된 것이라고 주장했다.[68]

레몽 자신의 '논쟁은 끝났다'는 종결 선언에도, 일부 역사가들의 지지 선언에도 논쟁은 종결되지 않았다. 애초의 '유대인 파일 사건'의 열기는 크게 식었지만 3년 뒤 파리시청 기록보관소의 기록관리사인 필리프 그랑Philippe Grand이 "1996년 7월 3일 총리에게 제출된 레몽 보고서에 대한 답변"이라는 부제를 단 한 논문에서 레몽 위원회의 결론을 정면으로 반박했던 것이다. 1991년 11월에 '발견' 소식이 보도된 파일이 1940년 10월의 조사 파일이 아니라는 것이 레몽 위원회의 핵심적인 주장이었는데 그랑은 바로 앞서 콩브가 간략하게 언급했던 것, 즉 원래의 조사 파일에서 체포된 유대인들의 파일을 따로 뽑은 것이 퇴역군인부에서 발견된 파일이라는 명제를, 당대의 행정문서들(파리시청 공식 회보, 경찰청의 파리 시의회 보고서 등)에 대한 치밀한 분석을 통해 제시했다.[69]

또한 콩브는 1940년 10월의 조사 파일만 거론했는데 그랑에 따르면 그것은 '일반 파일'(퇴역군인부와 레몽 위원회의 최종보고서가 '개인 파일'이라고 명명한)에만 해당하고 '통제 파일'(최종보고서가 '가족 파일'이라 지칭한)은 1941년 10~11월의 또 다른 조사과정에서 작성된 것이었다. 즉, '일반 파일'과 '통제 파일'이 원래의 '부父 파일'을 구성하고, 일련의 검거 작전을 통해 체포된 유대인들이 늘어남에 따라 '부 파일'은 줄어들고 체포된 유대인의 파일은 늘어났다는 것이 그랑의 주장이었다.[70]

끝으로, 2011년에는 역사가 로랑 졸리가 그랑의 분석결과를 부분적으로 수용하면서 레몽 위원회의 주장에 대한, 보다 설득력 있는 반론을 제시했다. 그는 "파리경찰청과 유대인문제총국에 대한 조사(1940~1944)"라는 부제를 단 연구서《사무실의 반유대주의》의 한 절을 '유대인 카드 파일' 사건에 할애했다.[71] 이 책에서 졸리는 체포된 유대인 파일이 일반 파일과 통제 파일에서 추출된 것이라는 데에는 그랑의 주장에 동의하지만 그랑은 그러한 추출작업이 독일강점기에 파리경찰청이 수행한 것이라고 본 반면, 졸리는 또 다른 가설, 그랑의 가설만큼이나 그럴 듯하지만 똑같이 이론의 여지가 있는 가설을 제시했다.

즉, 독일강점기가 아니라 해방 후인 1944~47년에 파리경찰청의 유대인 자산 처분 사무국이 일반 파일과 통제 파일 중에서 강점기에 체포-이송되지 않은 유대인의 파일을 폐기하기 위해 따로 뽑았고 그 나머지를 1948년 4월에 퇴역군인부로 이관한 것이 현재까지 남은 파일일 것이라는 가설이다. 하지만 졸리는 이 역시 "똑같이 이론의 여지가 있는" 가설임을 전제함으로써 두 가설 중 어느 쪽도 결정적으로 지지하지는 않았다. 요컨대 문제의 파일이 1940~41년 파리경찰청의 유대인 조사 파일들에서 직접 나온 것임에는 틀림없지만 정확히 어느 단계에서 누구에 의해 그러한 추출작업이 이루어졌는지는 알 수 없다는 게 졸리의 입장이었다.[72]

졸리는 이러한 추론과정에서 특히 1950년 8월 24일의 파리경찰청 보고서에 주목했다. 앞서 언급했듯이 이 보고서는 1948년 4월 28일에 퇴역군인부로 이관된 유대인 관련 파일을 10종 열거했는데 이 가운데 "일반 파일(일부만)"과 "통제 파일(일부만)"이라는 문구가 있었던 것이다.[73] 여기서 '일반 파일'과 '통제 파일'이란 용어가 각각 1940년 10월과 1941년 10~11월의 유대인 조사 파일들을 지칭한다는 것만 입증된다면 이는 두 파일 **전체**가 1948. 49년에 폐기처분된 것은 아니라는 명확한 증거가 될 것이다.[74]

사실, 레몽 위원회가 문제의 파일이 1940년 10월의 파일이 아니라는 '결정적' 증거로 1948~49년 파리경찰청의 유대인 관련 문서 폐기처분 사실을 중간보고서에서도, 최종보고서에서도 제시했는데 이는 필자로서도 받아들이기 어렵다. 폐기처분 사실을 입증하는 당대 파리경찰청 문서들 자체가 그 세세한 파쇄 분량을 밝히기만 했지 유대인 파일 **전체**를 파기했다는 언급은 그 어디에도 없었던 것이다. 오히려 1950년 8월의 경찰청 보고서는 유대인 파일 일부가 파쇄 대상에서 제외되어 퇴역군인부로 이관되었음을 밝히고 있다.[75]

또한 앞서 소개한 레몽 위원회의 최종보고서에서 '개인 파일'(1950년 8월의 경찰청 보고서에 나오는 용어로는 '일반 파일')이 1940년 10월의 파일이 아닌 이유로 제시한 것들에 대해서도 필자는 반론을 제기할 수 있다. 우선, 퇴역군인부에서 발견된 파일의 수가 1940년 10월에 조사된 유대인의 수보다 훨씬 적다는 것(1992년 7월의 서한과 12월의 중간보고서에서부터 강조해 온)은 나머지 파일들이 분실되거나 파쇄된 결과일 수도 있으므로 반드시 1940년 10월의 파일이 아닌 증거가 되지 못한다.

다음으로, 지방에서 체포되거나 이송된 유대인들과 파리 지역의 비유대인들에 대한 파일이 포함된 것은 1940년 10월의 조사 이후에(클라르스펠드가 추정한 것처럼 반드시 '전후戰後'가 아니더라도) 섞여 들어온 것일 수도 있다. 끝으로, 1941~42년에 제작된 카드도 존재했지만 레몽 위원회 자체가 인정했듯이 1940년에 제작된 카드가 가장 많았다. 따라서 1941~42년의 카드로 작성된 파일은 (1940년 10월의 조사에서는 누락되었다가) 추후에 추가된 것일 수 있다.

요컨대 레몽 위원회가 구성되고 나서 4년이나 걸려 내놓은 최종보고서에서 1940년 10월의 파일이 아니라는, 즉 1991년 9월 클라르스펠드의 '발견'이 발견이 아니라는 증거로 제시한 논거들이 어느 하나 설득력이 없는 셈이다. 사실, 1992년 7월 1일 랑 장관에게 보낸 서한과 그해 12월 말의 중간보고서에서부터 1996년 7월의 최종보고서에 이르기까지 레몽 위원회가 가장 주력한 것은 1991년 9월 퇴역군인부에서 발견된 파일이 정확히 무엇이며 어떻게 만들어지게 되었는가를 철저히 밝혀 내는 것이라기보다는 단지, 1940년 10월의 파일이 **아니라는** 가설을 입증하는 데 있는 것처럼 보인다. 그러한 의미에서, 레몽 위원회가 "1940년의 유대인 파일이 기적적으로 원본 상태로 발굴"되었다는 "해로운 신화"에 대한 반대를 너무 밀어붙인 나머지, 1940년의 유대인 파일과 "직접적인 관련이 없는" 파일이라는 "또 다른 신화"

를 만들어 냈다는 졸리의 비판은 꽤 설득력 있다.[76]

그러면 레몽 위원회는 문제된 파일이 1940년 10월의 파일이 아니라는 가설에 왜 그리도 집착했을까? "의도적으로 은폐되었을 파일을 발견했다는 소문이 야기한, 이해할 만한 감정이 누그러지기를 바란다"는 최종보고서의 마지막 구절이 이에 대한 답변을 어느 정도 해 준다. 1940년 10월 파리 지역의 모든 유대인을 조사해서 기록한 파일이, 1942년 7월 1만 3,000명의 파리 지역 유대인을 검거하는 데(벨디브 사건) 쓰였을 바로 그 파일이 전후戰後 반세기 동안 여전히 프랑스의 국가기구에 의해 보존되었다는 사실(혹은 소문)이 프랑스 사회에 야기한 충격을 완화하는 데 가장 효과적인 방법이 애초의 파일이 1940년 10월의 파일이 전혀 아니라고 주장하는 것이었을 것이다.

한편, 레몽 위원회가 만들어진 가장 직접적인 이유였던, 유대인 파일을 어느 장소에 보관할 것인가라는 문제는 어떻게 해결되었을까? 놀랍게도 레몽 위원회의 최종보고서에서 위원 대다수(5명 중에 4명)가 채택한 안이 아니라 장 칸 위원만이 내놓은 소수의견이 정부에 의해 채택되었다. 즉, CDJC 안의 국립기록보관소 소속 독립실로 결정되었던 것이다. 최종보고서가 발표된 지 석 달 만인 1996년 10월 15일 알랭 쥐페Alain Juppé 총리는 "르네 레몽이 주재한 위원회의 보고서를 읽고 프랑스 유대인 공동체를 대표하는 단체들에 자문을 구한 뒤에" CDJC 안의 국립기록보관소 소속 독립실에 파일을 이관하기로 결정했다고 발표했다.[77]

이러한 결정은 실제로는, 위원회의 최종보고서가 총리실에 제출되기도 전에 이미 시라크 대통령에 의해 이루어진 것으로 보인다. 1992년 7월에 벨디브 사건 50주년을 맞아 그 사건에 대한 프랑스 정부의 책임 인정과 사과를 거부했던 미테랑 대통령과 그로부터 3년 뒤 그러한 사과 연설을 했던 시라크 대통령의 차이[78]가 이번 쟁점에서도 반복된 것으로 해석할 수도 있을 것이다.

비록 법적으로는 국립기록보관소에 속해 있었지만 실제 보존장소가 유대인 기관이라는 점이 중요한데 그러한 의미에서 일찍이 1992년 2월 25일 CNIL이 권고하고 상당수의 유대인 단체들과 다름 아닌 클라르스펠드가 1991년 11월부터 요구해 온 안이 실현된 셈이다. 실제 이관은 그로부터 다시 1년 뒤에야 이루어졌다. 1997년 12월 5일 시라크 대통령은 무명유대인순교자기념관(이미 같은 부지에 있던 CDJC가 그해 기념관에 정식으로 통합되었다)에 유대인 파일을 정식으로 이관하는 의식에 참여했다. 유대인 파일의 전시 공간은 기념관의 지하 납골묘 뒤로 정해졌다. 이것으로 "1991년에 시작된 오랜 논쟁이 종결"되었다고 논평한 《르 몽드》지(12월 6일 자)는 문제의 '유대인 파일'이 "실제로 1940년 10월부터 작성된" 여러 파일로 구성되어 있다고 보도했다.[79] 레몽 위원회는 실패했다. 파일의 실체를 밝히는 면에서나, 보존장소를 관철시키는 면에서나, '발견'이 아니었다고 설득하는 면에서나.

———

1991년 9월 클라르스펠드에 의해 발견되고 두 달 뒤 그 사실이 언론에 폭로된 '유대인 파일'은 퇴역군인부 총조사국의 자체 조사(1991년 11월)에서 레몽 위원회의 분석(1992~1996)에 이르기까지 여러 차례의 조사작업에서도 결국 실체가 분명하게 밝혀지지 않았다. 문제의 파일은 콩브, 그랑, 졸리의 주장처럼 1940년 10월의 센 도 유대인 조사 파일 가운데 체포된 사람의 카드 파일들만 따로 추출된 것일 수도 있고, 레몽 위원회의 주장처럼 원래의 조사 파일을 참조하여 다시 만든 파일일 수도 있다. 전자의 경우라 해도 파리경찰청의 어느 부서에 의해 어느 시기에(강점기에? 전후에?) 어떠한 목적으로 그러한 추출이 이루어졌는지는 알 수 없다.

후자의 주장이 사실에 부합한다 해도 레몽 위원회의 최종보고서에 문제가 없지는 않다. 1940년 10월의 파일이 아니라 1941~42년에 새로 만든 파일이라 해도 어디까지나 원래의 파일을 참조해서 만든 것이고 따라서 1940년 10월의 조사와 그 파일의 존재를 전제로 한 것인데 최종보고서는 전편全篇에 걸쳐 마치 원래의 파일과 무관한 파일이라는 듯한 인상을 주고 있다. 이는 1991년 9월에 '발견'된 파일이 1940년 10월의 파일이 **아니라는** 점을 입증하는 데 위원회의 사활을 걸 정도로 모든 노력을 기울인 결과로 보인다.

그런데 레몽 위원회의 결론이 설령 타당하다 하더라도(그 자체도 전혀 입증되지는 않았지만) 문제의 파일이 1940년 10월의 파일이 아니었다는 사실이 그렇게 중요한 것인지 의문이 든다. 1940년 10월의 파일이 아니었다 해도 1940년 10월 3~19일에 파리 지역의 유대인들 대부분이 경찰서에 출두하여 신고서를 작성하고 이에 따라 약 15만 명의 인적사항이 기록된 방대한 규모의 유대인 파일이 만들어졌다는 사실 자체는 사라지지 않는다. 파리경찰청이 그러한 파일을 만들었고, 보존했고, (그 파일 자체를 사용했든, 또 다른 파일을 만들어서 썼든) 유대인들을 대량으로 검거해서 죽음의 수용소로 보내는 데 활용했다는 사실 역시 바뀌지 않는다.

그러한 대규모의 유대인 주민조사와 방대한 파일의 존재 자체가

1991년 11월에 처음 알려진 것도 아니었다. 이미 역사가들에게는 잘 알려진 사실이었고 몇몇 역사가는 자신의 저작에서 이 사실을 서술한 바 있다.[80] 그러한 의미에서 '유대인 파일 사건'은 '벨디브 사건'과 닮은 면이 있다. 1942년 7월 16~17일 약 1만 3,000명의 파리 지역 유대인이 프랑스 경찰에 의해 검거된 벨디브 사건은 이미 역사서들에는 등장했지만 세간에 널리 알려진 것은 1992년 7월의 50주년 기념을 전후해서였던 것이다.

즉, 1991년 11월 13일 자 일간지들에, 퇴역군인부에서 '유대인 파일'(그 정확한 실체가 무엇이든 간에)이 발견되었다고 보도된 것은 1940년 10월의 유대인 주민조사와 파일의 존재를 크게 알리는 계기가 된 게 사실이다. 그럼에도 전후戰後의 공화국 정부들이 대대로 유대인 파일을 보존해 오며 숨겨 왔고 따라서 비시 정부의 범죄를 은폐한 것이며 현재도 그러고 있다는 인식에는 분명 문제가 있어 보인다.

퇴역군인부와 국립기록보관소가 유대인 파일의 존재를 알면서도 그 사실을 부인해 왔고 연구자들과 조사자들의 접근을 막은 것은 분명 잘못이지만 거기에서 비시 정부와의 연속성을 본다든가 반유대주의 범죄를 은폐(혹은 축소)하려는 의지를 볼 수는 없다는 게 필자의 판단이다. 애초에(1948) 유대인 파일의 일부를 폐기하지 않고 퇴역군인부에 이관한 목적 자체와 실제 반세기 동안 퇴역군인부에서 그 파일을 보관한 이유가 유대인 희생자 가족들에게 실종자를 찾아 주고 연금권을 부여하기 위한 것이었다는 점은 분명한 사실이다. 정부 당국들의 '침묵과 거짓말'은 (퇴역군인부 총조사국과 콩브가 옳게 지적했듯이) 관료기구 자체의 속성인 '비밀 문화'에 연유한 것으로 봐야 할 것이다.

끝으로, 유대인 파일 사건이 벌어진 1990년대 프랑스라는 특정한 시공간의 맥락에 주목할 필요가 있다. 1990년대의 프랑스는 비시 정부 경찰 총수 부스케의 기소(1991년 3월)에서부터 민병대 간부 투비에의 면소판결 파동(1992년 4월), 벨디브 사건 50주년 논쟁(1992년 6~7월), 미테랑 대통령의 페탱 묘 헌화 파동(1992년 11월), 투비에의 반인륜범죄 재판(1994년 3~4월), 미테랑의 비시 전력前歷 논쟁(1994년 9월), 시라크 대통령의 비시 범죄 사과 연설(1995년 7월), 지롱드 도청 사무국장 파퐁의 반인륜범죄 재판(1997년 10월~1998년 4월)에 이르기까지 자신의 반세기 전 암울하고 치욕스런 과거를 놓고 끊임없이 분노하고 논쟁하고 단죄하고 사과하던 공간이었던 것이다. 유대인 카드 파일의 '발견' 소식이 야기한 일련의 과잉과 과열, 그리고 (이에 대한 대응으로서의) 지나친 차가움, 양쪽의 강박증과 '귀머거리 대화'는 이러한 맥락에서 이해할 수 있을 것이다.

레지스탕스와 관련하여 최근의 프랑스 고등학교 역사교과서들에 가장 많이 수록된 선전포스터는 아이러니하게도 나치 독일이 제작한 포스터였다. 일명 "붉은 포스터"로 불려 온 문제의 포스터는 1943년 여름과 가을 파리 한복판에서 독일점령당국에 맞서 유일하게 무장투쟁을 벌였던 이민노동자 의용유격대FTP-MOI(Francs-tireurs et partisans de la Main-d'oeuvre immigrée) 대원들을 묘사한 것이다. 포스터 최상단에는 "해방자들?"이란 질문이, 최하단에는 "범죄 군단에 의한 해방!"이란 답변이 각각 적혀 있고, 가운데에는 10명의 '범죄 군단' 대원들의 사진과 소개 글이, 그 아래에는 이들이 벌인 '테러'(실제로는 레지스탕스 활동)의 결과에 해당하는, 여러 발의 탄흔이 있는 시신, 탈선한 열차 등의 사진이 배치되어 있다. 사진이 실린 10명의 대원들 가운데 "폴란드 유대인"이란 표기가 5명으로 가장 많았고 "헝가리 유대인"이 2명, "이탈리아 공산주의자", "빨갱이 스페인인", "아르메니아인"이 각각 1명이었다. 10명 모두가 외국인이고 그 가운데 7명이 유대인이어서 이는, 프랑스

망각에서
스캔들로:
파리의 외국인 레지스탕스

레지스탕스는 프랑스 자국민이 아니라 외국인, 유대인 등의 '외부인'들에 의한 범죄행위라는 나치 독일의 선전 논리를 표현한 것이었다.

　이상의 10명을 포함한 파리 지역 FTP-MOI 대원들 23명은 1944년 2월 15일부터 21일까지 '광역파리사령관 관할 독일법원 군사법정'에서 재판을 받았는데 모두 사형을 선고받고 그 가운데 22명은 선고일 날 바로, 파리 근교인 몽발레리앵에서 총살당했다. 피고 가운데 유일한 여성이었던 올가 반치츠Olga Bancic는 독일로 보내져 1944년 5월 10일에 슈투트가르트Stuttgart 감옥에서 참수형에 처해졌다. '붉은 포스터'는 바로 이 재판 직전에 만들어져 2월 10일과 15일 사이에 프랑스 전국에 대량으로 배포된 것이었다.[1]

나치 독일이 제작한
"붉은 포스터"(1944)

올가 반치츠(1912~1944)
1944년 2월에 사형 선고를 받은 FTP-MOI 대원들 가운데 유일한 여성으로,
나머지 대원들 모두 몽발레리앵에서 총살당한 반면,
오직 반치츠만 독일로 끌려가 참수형에 처해졌다.

미사크 마누시앙(1906~1944)
①은 1930년대에 찍은 것이고,
②는 '붉은 포스터'에 싣기 위해 수감 중에 프렌 감옥 안마당에서 찍은 것이다.
③은 1943년 11월에 체포당하고 나서 이틀 뒤에 찍은 것으로,
프랑스 경찰이 게슈타포에 마누시앙을 넘기기 전에
폭행을 가한 흔적을 여실히 보여 준다.

포스터에 수록된 10명 가운데 "도당의 수장chef de bande"으로 표기된 인물 미사크 마누시앙Missak Manouchian의 이름을 따서 '마누시앙 그룹'으로 알려진 이들은 모두 프랑스 공산당PCF(Parti communiste français)의 무장 레지스탕스 조직인 프랑스 의용유격대FTP(Francs-tireurs et partisans français)에 속한 이민자 레지스탕스 조직 FTP-MOI[2]의 대원들이었는데 전후戰後 수십 년 동안 프랑스에서 이들은 그다지 기억되지 않았다. 1955년에 파리 시의회의 결정으로 제20구의 한 거리 이름을 "마누시앙 그룹 가街"로 정했을 때 시인 루이 아라공Louis Aragon이 마누시앙 그룹 대원들을 추모하는 시를 발표하고 1961년에는 가수 레오 페레Léo Ferré가 이 시를 노래로 불렀음에도 이들 외국인 투사들은 국민화된 레지스탕스 기억 속에 끼어들 여지가 별로 없었다.[3] 1965년에 마누시앙 그룹을 다룬 단행본(가스통 라로슈의 《사람들은 그들을 외국인이라 불렀다》)[4]이 처음으로 출간되고 1974~75년에는 마누시앙의 아내 멜리네 마누시앙Mélinée Manouchian과 언론인 필리프 가니에-레몽Philippe Ganier-Raymond이 《마누시앙》과 《붉은 포스터》를 잇달아 내놓았지만[5] 이러한 추세는 그다지 바뀌지 않았다.

마누시앙 그룹을 망각의 늪에서 본격적으로 끄집어 올린 것은 1985년에 방영된 한 편의 TV 다큐멘터리 영화였다. 모스코 부코Mosco Boucault 감독의 〈은퇴한 '테러리스트들'Des 'terroristes' à la retraite〉이 그것인데, FTP-MOI 출신의 생존자와 순국자 유족, 관련 주제를 다룬 역사가 등을 인터뷰한 이 영화는 FTP-MOI 대원들이 체포되는 데 프랑스 공산당이 일정한 역할을 한 게 아니냐는 의혹을 제기함으로써 프랑스 사회에 격렬한 논란을 야기했다. '마누시앙 사건L'affaire Manouchian'이란 용어가 본격적으로 쓰인 것도 마누시앙 그룹이 검거

되고 재판받은 1943~44년이 아니라 모스코의 영화를 둘러싼 논쟁이 벌어진 1985년이었다.

이 장은 바로 그러한 1985년의 '마누시앙 사건'을 살펴본 것이다. 필자가 이 주제와 관련하여 최우선적으로 분석한 1차 사료는 모스코의 영화를 둘러싸고 한창 논쟁이 벌어졌던 1985년 5, 6, 7월에 간행된 중앙일간지들이다. 특히 논쟁과정에서 독일강점기의 프랑스 공산당 지도부가 문제시되었기 때문에 가장 민감하게 반응하고 가장 많은 지면을 할애한 PCF 신문《뤼마니테》지, 중도좌파 성향이자《뤼마니테》지 다음으로 '마누시앙 사건'에 많은 지면을 할애한《르 몽드》지, 우파 성향의 대표적인 중앙일간지인《르 피가로》지, 이렇게 3종의 신문들에 실린 관련 기사들과 논설들을 주로 분석했다. 그 밖에 같은 해 7월, 8월, 9월 각종 주간지와 월간지에 실린 관련자들의 증언이나 주장도 함께 검토했다.

《외국인의 피: 레지스탕스의 **MOI** 이민자들》(1989)
이 책의 표지 역시 '붉은 포스터'를 싣고 있다.

다음해인 1986년에는, 현재까지 "마누시앙 사건"을 제목으로 내걸고 나온 유일한 저작이 반공 성향의 역사가 필리프 로브리외Philippe Robrieux에 의해 출간되고, 마누시앙의 '경호원'을 자칭한 인물(아르센 차카리앙Arsène Tchakarian)이 "마누시앙 사건에 관한 폭로와 미공개 진실에 대한 조사"라면서 단행본을 내놓았지만 두 책 모두 확고한 증거에 입각한 역사서와는 거리가 멀다.[6]

오히려 1989년에 나온 두 저작이 본 연구 주제에 특히 유용했다. 모스크의 영화에도 참여했던 역사가 스테판 쿠르투아Stéphane Courtois, 또 다른 역사가 드니 페샹스키, MOI 유대인지부 책임자였던 아담 레스키Adam Rayski가 함께 쓴 《외국인의 피: 레지스탕스의 MOI 이민자들》은 FTP-MOI를 다룬 거의 유일한 역사연구서다. 앞으로도 이 주제에 접근할 모든 연구자들에게 이 책은 필독서가 될 것이다.[7] 1985년 6월 '마누시앙 사건' 논쟁이 한창일 때 마누시앙 그룹 몰락의 책임자로 도마 위에 올랐던 FTP-MOI 간부 보리스 올반Boris Holban이 반론으로 내놓은 《유언: 파리 FTP-MOI의 군사 지도자가 45년의 침묵 끝에 말하다……》 역시 증인으로서의 정직성뿐 아니라 치밀하고 꼼꼼한 분석력으로 단순한 회고록 이상의 가치를 지닌다.[8]

1985년 '마누시앙 사건'의 전개

1985년 5월 말부터 7월 초까지 프랑스 사회는 40여 년 전의 한 레지스탕스 조직을 다룬 다큐멘터리 영화의 TV 방영 문제를 놓고 격렬한 논쟁에 휩싸였다. 1983년에 제작되었다가 방영이 불발된 모스코 감

다큐멘터리 〈은퇴한 '테러리스트들'〉
세 번째 사진은 FTP-MOI 생존자가 인터뷰 도중 사제폭탄에
담뱃불을 붙이는 행위를 40여 년 만에 재연하는 장면이고, 네 번째 사진은
마누시앙의 부인인 멜리네 마누시앙의 모습이다.

독의 TV용 다큐멘터리 영화 〈은퇴한 '테러리스트들'〉이 2년 만에 빛을 보게 되었는데 TV 방영을 결정했다가 공산당의 격렬한 반대에 부딪쳐 방영을 취소하고 이에 대한 여론의 반대 물결로 다시 방영을 결정하기까지, 이어서 실제로 방영되기까지 프랑스 사회는 한 편의 영화를 놓고 치열한 논쟁을 벌였다.

무슨 영화이기에 그토록 격렬한 논란과 분노를 야기했을까? 프랑스 공산당은 이 영화에 대해 왜 그토록 분노하고 TV 방영을 막으려 했을까? 반대로, 방영 취소 결정은 또 다른 많은 사람들을 왜 그토록 격분시켰을까? 필자는 이 문제를 분석하기 위해 1985년 5월 25일 자부터 8월 1일 자까지 앞서 언급한 3종의 중앙일간지를 검토했다. 이 기간에 '마누시앙 사건'을 다룬 기사나 논설이 실린 날의 수는 《뤼마니테》지가 총 28일로 가장 많았지만 《르 몽드》지도 27일에 달했고 《르 피가로》지는 9일로 가장 적었다.[9] 특히 이 영화로 자신의 당이 모욕당했다고 느낀 《뤼마니테》지는 6월 12일부터 7월 5일까지 하루도 빠지지 않고 관련 기사를 실었다.

모스코 감독의 〈은퇴한 '테러리스트들'〉은 1942~43년에 활동했던 프랑스 공산당의 이민자 레지스탕스 조직인 FTP-MOI를 다룬 다큐멘터리로, 특히 파리 지역 FTP-MOI가 경찰의 탄압으로 파괴되는 데 공산당 지도부가 일정한 역할을 했다고 암시하는 대목이 문제되었다. 1985년 3월 말에 "3년의 기다림 끝에 드디어 6월 2일 21시 30분 A2 방송에서 방영될 것"을 전했던 《르 몽드》지(1985년 3월 31일~4월 1일)[10]는 두 달 뒤 A2 사장의 유보적 태도를 보도해야 했다. TV 방영 결정에 대한 공산당의 강력한 반대운동에 부딪힌 A2 사장은 그 영화를 방영할 것인지를 놓고 시청각통신고위당국Haute Autorité de la communication audiovisuelle(이하 '시청각당국')에 자문을 구했고 시청각당국은 이 문제를 결정하기 위해 레지스탕스 출신 인사들로 '명예판정단'을 구성했던 것이다.[11]

명예판정단[12]은 레지스탕스 조직 〈남부해방Libération-sud〉의 오브락 부부(뤼시 오브락Lucie Aubrac과 레몽 오브락Raymond Aubrac), 〈콩바 Combat〉의 클로드 부르데Claude Bourdet, 《프랑스 레지스탕스의 역사》 저자로 유명한 레지스탕스 출신 역사가 앙리 노게르Henri Noguères, 레지스탕스 출신의 전前 장관 피에르 쉬드로Pierre Sudreau, 이렇게 5명으로 구성되었다. 5월 29일 시청각당국은 이 판정단의 입장을 발표하면서 A2 방송사에 영화 방영 결정을 취소할 것을 권고했다. 판정단의 만장일치 의견은 "모든 세대의 프랑스인들에게 FTP-MOI의 영웅적 무훈을 알리는 게 바람직"한데 "그러한 영화는 아직 만들어지지 않았으며" 모스코의 문제된 영화는 방영되기를 바라지 않는다는 것이었다.[13]

프랑스 공산당 중앙위원회의 서기국은 즉각 환영 의사를 표명했다. 같은 날 발표한 성명서에 따르면 시청각당국의 결정은 "역사 왜곡······ 을 거부"하고 "진실과 정의에 대한 요구를 표현"한 것이었다. 특히나 명예판정단을 구성한 다섯 명의 레지스탕스 인사 중 공산당원이 전혀 없었다는 점에 고무받은 듯 공산당 서기국은 "국민의 의식이 공산주의자들과 그들의 당에 대한 중상을 거부"했고 "중상은 공산주의자들만이 아니라 그들과 함께" 레지스탕스에 참여했던 "모든 출신, 모든 견해, 모든 종교의 프랑스인들을 향한 것"이라고 주장했다.[14]

반대로, 많은 이들은 시청각당국의 이 같은 결정에 분노했다. 영화에도 직접 참여해 증언한 바 있는 마누시앙의 아내 멜리네 마누시앙은 "민주주의 법칙이 준수되지 않았다"고 분노했고, 프랑스강제이송

유대인자녀협회 회장 세르주 클라르스펠드는 시청각당국이 "공산당의 명령에 굴복"했으며 "레지스탕스의 행동에 관해 최소한의 비판도 받아들이지 않으려는 …… 명예판정단을 핑계 삼아 이 영화를 검열하는 것은 레지스탕스에 도움을 주지 않는다"고 주장했다.[15]

클라르스펠드를 포함해서 꽤 많은 이들이 이러한 방영 취소 결정을 '검열' 행위라고 비난했다. 5월 31일 자《르 몽드》지에서 평론가 니콜 장Nicole Zand은 "당신이 보지 않을 영화 ……"라는 제목의 논설에서 "검열"이란 단어를 두 차례나 썼고 같은 날 같은 신문에서 조르주 키에주만Georges Kiejman 변호사는 아예 "TV에 대한 검열을 향한 일보?"를 논설 제목으로 내걸었다. 키에주만에 따르면 시청각당국은 "프랑스 TV 역사상 최초의 검열 결정"을 한 것이었다.[16]《르 피가로》지 역시 시청각당국의 결정을 보도한 기사 제목을 "마누시앙 사건: 공산당의 검열"이라고 달았다.[17] 사회당 의원 프랑수아 롱클François Loncle과 사회당 소속 통신부장관 조르주 필리우Georges Fillioud도 시청각당국의 조치를 "검열행위"로 규정했고, 전국언론자유회의, TV 감독−작가 노조, 연예−언론−시청각 FO(Force Ouvrière, 노동자의 힘)연맹 역시 '검열'에 항의하는 성명을 발표했다.[18]

사태가 이쯤에 이르자 명예판정단을 구성했던 다섯 명의 레지스탕스 인사들은 다시 성명서를 발표했는데 기존의 입장을 전혀 굽히지 않았다. 문제된 영화는 '이민자 전투원들이 자신의 지도자들에 의해 버려지고 경찰에 넘겨졌다'는 "비방"과 "논란의 대상이 되는 가설들"을 기정사실로 제시하고, 독일강점기 파리 지역에 "주로 유대인들인 무국적자 소집단을 제외한, 다른 공산주의 무장 레지스탕스도, 다른 무장 레지스탕스 일반도 전혀 존재하지 않은" 양 묘사함으로써 역사현실을 왜곡했다는 것이 이들의 판단이었다. 이들은 "FTP-MOI 전투원들의 영웅적 무훈에 값하는, 역사적으로 논란의 여지가 없는 영화가 시청자들에게 방영되기를 원한다"는 바람을 다시 한번 표명했다.[19]

14년 전에 역시 TV에서 방영이 무산된, 독일강점기 프랑스를 다룬 다큐멘터리 영화 〈슬픔과 연민Le Chagrin et la Pitié〉이 영화관에서 먼저 개봉되었듯이(1971) 이번에도 문제된 영화는 파리 시내 영화관에서 먼저 선을 보였다. 6월 5일 한 영화관(Le 14 juillet-Racine)에서 개봉되었고, 같은 날 20시 30분에는 파리 제5구에 위치한 유대인연구대학센터에서 특별상영에 이어서 토론회까지 열렸다. 영화에도 참여했던 FTP-MOI 전투원들과 순국자 유족들, 역사가들 사이에서 열띤 토론이 벌어졌는데, 전반적으로 영화 방영 취소 결정을 성토하는 분위기가 우세했다.[20]

이러한 상황 전개 앞에서 시청각당국은 한발 물러서는 듯한 입장을 밝혔다. 즉, 6월 9일 시청각당국은 해당 영화가 "정직성과 다원성이라는 기준들을 충족시키지 않는다"는 기존 입장을 견지하면서도 본 기관은 A2 방송사에 "의견을 제시"한 것이지, "권고"를 한 것이 아니며 방송 편성권은 오로지 A2 사장의 몫임을 명확히 했다.[21] 공은 다시 A2 사장에게 넘어갔고 결국 그는 이틀 뒤(6월 11일) 이사회의 만장일치 결정에 따라 영화 방영 계획을 발표했다. 7월 2일, 영화 방영에 앞서 "역사적 맥락"에 대한 소개가 이루어지고 방영 뒤에는 관련 당사자들의 토론이 이루어질 것이었다.[22]

이 결정에 가장 기뻐한 이는 모스코 감독이었다. 그에 따르면 이 결정은 "FTP 기억과 역사위원회'와 '붉은 포스터' 생존자들의 승리"였다. 프랑스강제이송유대인자녀협회도 "이 영화는 나치의 박해 시기에 유대인들이 양처럼 도살장에 끌려간 게 아니라 많은 수가 …… 손에 무기를 쥐고 저항했다는 것을 인식시킬 것"이라면서 이 편성을 적극 환영했다. 멜리네 마누시앙 역시 "브라보, 대단한 일이고 이것이 민주주의다!"라고 기쁨을 표했다.[23]

이번에는 공산당이 격분했다. PCF 총서기 조르주 마르셰Georges Marchais는 이 영화의 방영 결정을 "실업, 저임금 …… 등으로 어려움에 처한 권력이 공산당에 대한 공격으로 관심을 돌리고자 한 것"으로 해석했고, PCF 정치국은 "지적 정직성과 민주주의에 타격"을 가한 결

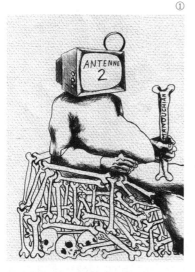

공산당계 언론이 바라본 마누시앙 사건
① 모스코의 영화를 방영하기로 한 A2 방송사가 마누시앙의 뼈를 한 손에 쥐고
   마누시앙 그룹 순국자들의 유골들로 만든 의자에 앉아 있다.
② 거의 모든 비공산당계 언론이 모스코 영화의 TV 방영을 지지하던 상황을 빗대어
   유력 일간지들과 주간지들이 프랑스 공산당PCF에 총을 겨누는 모습으로 표현하고 있다.
   이는 40여 년 전에 마누시앙 그룹이 총살당했던 상황을 연상시키는 구도다.

둘 다 《뤼마니테》지 1985년 6월 17일 자에 실린 만평이다.

프랑스 공산당PCF 총서기 조르주 마르셰
《르 피가로》지(1985년 6월 14일 자)가 분노한 마르셰를 표현한 캐리커처.

공산당 상원의원
샤를 르데르만

《뤼마니테》지의 "A2에 보내는 글"과
〈레지스탕스 특별호〉 발간 공지문

정이라고 주장했다. 공산당 의원들 역시 영화 방영 결정은 "레지스탕스 전체와 민주주의에 심각한 타격을 가하는 정치적 작전"이라고 규탄했다. 한편, 공산당 상원의원이자 레지스탕스-공제 유대인연합 회장인 샤를 르데르만Charles Lederman은 "시청자들이 공정하고 근거 있는 평가에 반드시 필요한 요소들을 인식하도록" 하기 위해 영화 방영 전에 자신과 모스코 감독 사이의 일대일 토론을 편성할 것을 A2 방송사에 제안했다.[24]

르데르만의 이러한 제안 이후 프랑스 공산당의 전략은 더이상 영화 방영 자체를 무산시키는 것이 아니라 당원들 및 공산당 지지 대중들로 하여금 르데르만의 사전 토론 제안을 대대적으로 지지하게 하고 영화 방영일(7월 2일)에 맞추어 《뤼마니테》지 〈레지스탕스 특별호 Spécial Résistance〉를 대량으로 발간, 배포하는 쪽으로 바뀌었다.

이를 위해 《뤼마니테》지는 6월 14일부터 18일까지 연일 "A2에 보내는 글"이라는 제목으로 독자들로 하여금 르데르만의 제안을 지지한다는 문구 아래에 자신의 성명을 적고 서명을 한 뒤에 A2사 사장에게 발송하도록 A2사의 주소가 적힌 작은 박스 양식의 글을 실었다. 또한 그 신문은 역시 6월 14일부터 방영 전날인 7월 1일까지 거의 매일, 7월 2일 자 《뤼마니테》지를 '레지스탕스 특별호'로 발간한다는 공지와 함께 지역별로 그 신문에 대한 주문이 폭주하고 있다는 박스 기사를 게재했다. 6월 28일 자의 《뤼마니테》지는 〈레지스탕스 특별호〉에 대한 추가 주문이 이미 7만 5,000부에 달했다고 발표했는데 실제 배포 부수는 7월 3일 자에 따르면 9만 5,000부, 7월 5일 자에 따르면 10만 5,000부에 달했다.[25]

영화를 방영하기 전에 모스코 감독과 토론하자는 르데르만의 요구

자체는 수용되지 않았지만 최종 확정된 7월 2일의 방송 편성방식은 대체로 공산당이 원하는 방향으로 결정되었다. 6월 26일 A2 방송국의 발표에 따르면 7월 2일 영화 시작 직전에 르데르만이 단독으로 5분간 사전 발언을 하고 영화가 끝난 뒤에는 모두 9명이 토론을 벌일 예정이었는데 이 9명 가운데 공산당원이 르데르만 자신을 포함하여 무려 4명에 달했던 것이다. 일드프랑스île-de-France 지역 프랑스 국내군 FFI(Forces françaises de l'intérieur) 사령관이었던 앙리 롤-탕기Henri Rol-Tanguy, 마누시앙의 측근 대원이었던 아르센 차카리앙, 공산당 역사가 로제 부르드롱Roger Bourderon이 공산주의자였다. 그 밖에 드골파 레지스탕스 출신의 전前 총리 자크 샤방-델마Jacques Chaban-Delmas, 사회당계 레지스탕스 출신의 전前 장관 크리스티앙 피노Christian Pineau, FTP 간부였던 로제 파느캥Roger Pannequin, FTP-MOI 여성대원이었던 아네트 카미에네키Annette Kamienecki, 레지스탕스 출신의 대중적 역사가 앙리 아무루Henri Amouroux가 토론자 명단에 포함되었다. 한 명의 역사가(부르드롱)를 제외하고는 모두가 레지스탕스 출신이었고 그중 4명은 마누시앙의 동료 대원(차카리앙과 카미에네키)이거나 FTP 지도부 출신(롤-탕기, 파느캥)이었다. 그날의 방송 제목은 "망각된 레지스탕스"로 정해졌다.[26]

이러한 토론자 구성에 《르 몽드》지와 《르 피가로》지는 강한 불만을 표명했다. 6월 28일 자 《르 몽드》지의 니콜 장은 르데르만의 단독 사전 발언 편성과, 영화에 참여했던 레지스탕스 인사들과 역사가들을 토론자 명단에 전혀 포함시키지 않은 점을 문제삼았고, 6월 27일 자 《르 피가로》지는 사전 발언에서나 토론자 명단에서 공산당이 "특권적 몫"을 가지게 된 반면 공산당에 적대적인 역사가들은 토론자 구성에

서 배제했다고 질타했다.[27]

결국 실현된 7월 2일의 방송, 특히 영화 방영 직후 이루어진 토론에 대해 공산당 측을 제외하고는 대부분, 만족스럽지 않다는 반응을 내놓았다. 다음날 《르 피가로》지는 "적당히 넘어간 토론"이란 제목의 기사에서 멜리네 마누시앙도, 모스코 감독도 토론에 나오지 않아 "본질에 관한 토론은 이루어지지 않았다"고 주장했다. 같은 날 같은 신문의 논설은 어젯밤 방송이 "핵심적 문제"인 "마누시앙 그룹이 지하 PCF에 의해 의도적으로 희생되었는가" 여부를 해명하지 않았다면서 차라리 "토론 없이 영화가 방영되는 게 더 나았을 것"이라고 진단했다.[28]

7월 4일 자의 《르 몽드》지는 더욱 신랄했다. 그 신문의 에두이 플레넬Edwy Plenel은 "답변 없는 질문들"이란 제목의 논설에서 "그리도 고대했지만 그리도 진부한 토론"이었다고 비판했다. 그에 따르면 왜 공산당이 외국인 전투원들의 역할을 은폐해 왔는지, 1943년 파리에서 외국인 공산주의 투사들이 몰락한 조건들에 관한 "의심과 불확실성"은 왜 생겨났는지, 마누시앙의 마지막 서한에서 배반자와 밀고자의 존재를 암시한 구절이 전후戰後의 공산당 출판물에서 왜 삭제되었는지, 강점기 FTP-MOI에 영향을 미쳤을 "두 번째 권력"인 코민테른의 존재를 공산당은 왜 인정하지 않는지, 이민자 전투원들의 역할을 인정하는 데 왜 1985년까지 기다려야 했는지 등에 대해 7월 2일 저녁의 토론은 아무런 답변도 주지 않았다. 모스코 감독 자신이 방송을 계기로 "터부가 제거"되었고 이제 비로소 "마누시앙 사건이 시작되었다"고 기뻐했지만 토론 자체에 대해서는 "흐릿하고 비일관적이었다"고 평가했다.[29]

반면, 영화를 TV에서 방영하는 데 그리도 반대해 왔고, 일단 영화 방영이 확정된 뒤에는 공산주의자의 독점적 사전 발언과 사후 토론 대거 참여를 관철시킨 공산당은 대체로 그날 저녁의 방송 토론에 대해 만족스럽다는 반응을 보였다. 7월 4일 자《뤼마니테》지에 따르면 모스코의 영화를 통해 "PCF에 해를 입히려는 자들의 작전은 실패"했다.[30]

그러면 보름 전부터《뤼마니테》지가 영화 방영일에 맞추어 발간하겠다고 대대적으로 홍보해 온 〈레지스탕스 특별호〉는 과연 어떤 내용으로 구성되었을까? 약속대로 7월 2일 발행된 〈레지스탕스 특별호〉는 "특별호"답게 레지스탕스와 독일강점기 역사에 대해 무려 총 8면을 할애했는데 이 가운데 마누시앙 그룹이나 그날 방영될 영화와 직접 관련된 지면은 세 면에 불과했다. 이는 사실, PCF와《뤼마니테》지가 애초에 의도한 전략 자체에 따른 것이었다. 즉, 제1면에서부터《뤼마니테》지는 이 '레지스탕스 특별호'가 '공산주의 레지스탕스' 특별호가 아님을 밝히면서 "레지스탕스는 공산주의적이 아니라 국민적"인

〈레지스탕스 특별호〉
"레지스탕스 특별호"로 간행된 《뤼마니테》지
1985년 7월 2일 자의 제1면.

것이었으며 "겨냥된 것은 공산당과 함께 레지스탕스 전체와 그것의 국민적 성격"임을 힘주어 강조했던 것이다.[31] 요컨대 모스코의 영화와 그 TV 방영을 계기로 공격받은 것은 PCF만이 아니라 '레지스탕스 전체와 그것의 국민적 성격'이라는 논리였다.

따라서 그 신문에는 드골 장군의 1940년 6월 18일 항독 촉구 관련 기사, 공산당계 레지스탕스 인사들과 비공산당계 레지스탕스 인사들이 함께 찍은 두 장의 사진("가족사진"이란 제목으로 1944년의 레지스탕스전국회의 단체사진과 41년 뒤의 단체사진), 비공산당계 레지스탕스 출신의 작가 장 카수Jean Cassou와의 인터뷰 기록, 노동자 레지스탕스와 문단 레지스탕스, 공산당을 제외한 정당들의 붕괴, 재계의 대독협력, 상하원의원들이 페탱에게 전권을 위임한 1940년 7월 10일 투표 등을 소개하는 글들이 실렸다. 또한 "살인자들, 공모자들, 희생자들"이란 제목 아래 강점기 프랑스의 독일 경찰 총수 카를 오베르크Karl Oberg와 비시 경찰 총수 르네 부스케의 사진, 몽투아르Montoire에서 히틀러와 페탱이 악수하는 사진, 여성과 아이가 독일군에게 총살당하는 사진, 드랑시Drancy 유대인 수용소 사진이 실렸고, "13명의 순교자들"이란 제목 아래, 처형당하거나 고문사하거나 자결한 레지스탕스 인사들의 사진과 소개 글이 실렸다.[32]

마누시앙 그룹과 관련해서는 제1면 거의 전면全面에 그 유명한 '붉은 포스터'를 실었고, 다른 두 면에 "마누시앙: 진짜 역사"란 제목의 논설, "1942~43년 파리의 '공산주의자 테러리스트들'"이란 제목의 비시 경찰 탄압보고서, "오늘 저녁 A2: 중상中傷"이란 제목의 영화 비판 논설, '명예판정단'을 구성했던 5명의 레지스탕스 인사들이 6월 13일에 영화에 대한 부정적 입장을 재확언했던 성명서, 1944년 2월의 마누시앙 그룹 재판 시기에 PCF 중앙위원회가 레지스탕스전국회의에 나치 독일의 외국인 혐오 선전을 규탄하자고 촉구한 서한 등을 게재했다.[33]

모스코 영화의 TV 방영에 대응하여 6월 중순부터 보름 내내 대대적으로 홍보하고 추가로 10만 5,000부나 배포했다는 이 〈레지스탕스 특별호〉는 정작 내용 면에서는 '마누시앙 사건', 즉 모스코의 영화가 제기한 '마누시앙 그룹의 붕괴에 대한 PCF 지도부의 책임' 문제에 관해서는 그다지 치밀한 답변이나 분석을 내놓지 못했다. '마누시앙 사건'을 직접 다룬 글은 총 8면에 달하는 레지스탕스 관련 지면들에서 단 한 편의 논설(〈마누시앙: 진짜 역사〉)뿐인데 이 글에서조차 마누시앙 그룹의 붕괴 문제와 관련해서는, 이미 잘 알려진 '배반자'인 조제프 다비도비츠Joseph Dawidowitz의 "자백"과 "공모"("배반"이란 단어조차 쓰지 않았다)만 언급할 뿐이었다. 게다가 〈특별호〉에 수록된 유일한 강점기 당대 문서인 비시 경찰 탄압보고서는 마누시앙 그룹의 붕괴 국면에 해당하는 1943년 11월 이후가 아니라 '1942년 7월 1일부터 1943년 5월 31일까지'의 체포만을 다루며 그나마 FTP-MOI만이 아니라 FTP 전체를 함께 집계함으로써 '외국인(이민자/유대인) 레지스탕스'라는 마누시앙 사건의 핵심적 주제를 비껴 가는 듯한 인상을 준다. 이 기간에 체포된 사람 4,433명 중에 "아리안계 프랑스인"이 3,435명에 달한다는 문구를 굵은 글씨로 강조한 것을 보면(그에 비해 "프랑스계 유대인"은 227명, "아리안계 외국인"은 321명, "외국계 유대인"은 450명)[34] 1943년 여름과 가을 파리 지역 레지스탕스에서 '외국인'이 수행했던 중요한 역할을 강조한, '마누시앙 사건'의 핵심적 측면들 가운데 하나를 PCF가 의도적으로 회피(혹은 경시, 축소)하고자 그러한 시기와 범위에 해당하는 문서를 실은 게 아닐까 하는 의구심을 떨칠 수 없다.

기실, 1943년 가을 마누시앙 그룹이 붕괴하는 데 공산당 지도부가 모종의 역할을 한 것이 아니냐는 문제를 제기한 것이 모스코 영화의 핵심 쟁점이라면 프랑스 레지스탕스에서 외국인과 유대인이 수행했던 역할을 강조하는 것이 그에 못지않게 중요한 쟁점이라 볼 수 있는데 이 영화를 둘러싼 양 진영은 이 두 번째 측면을 놓고도 상반된 입장을 드러냈다. 영화의 TV 방영을 적극 옹호한 사람들은 전후 수십 년 동안 프랑스 사회(공산당만이 아니라)가 레지스탕스에서 이민자들과 유대인들이 수행했던 역할을 축소, 은폐, 망각해 왔다는 점을 지적한 반면,[35] PCF와 일부 레지스탕스 인사들('명예판정단'으로 대표되는)은 프랑스 레지스탕스에서 외국인과 유대인의 역할을 강조하는 것은 40여 년 전 나치 독일의 선전전략(바로 '붉은 포스터'가 대표하는)에 부합하며 공산당만이 아니라 레지스탕스 전체의 영웅적 이미지를 훼손하는 것이라고 주장했던 것이다.[36]

누가 마누시앙 그룹을 넘겼는가

모스코의 영화 〈은퇴한 '테러리스트들'〉이 그리도 많은 논란을 야기한 것은 1943년 가을에 파리 지역 FTP-MOI 전투원들이 대거 체포되는데 PCF 지도부가 모종의 역할을 한 게 아니냐는 의혹을 제기한 데 따른 것이어서 1985년의 '마누시앙 사건'은 한동안 "누가 마누시앙 그룹을 넘겼는가?"라는 질문을 중심으로 전개되었다.

그러한 질문이 제기되는 데 중요한 단초를 이루는 문서는 마누시앙이 1944년 2월 21일 처형당하기 직전에 프렌Fresnes 감옥에서 아내에게 쓴 편지였다. 거기서 마누시앙은 "나는 내게 해를 끼쳤거나 해를 끼치고 싶어한 모든 자들을 용서한다. 단, 자신의 목숨을 구하기 위해 우리를 배반한 자와 우리를 팔아넘긴 자들은 제외하고 말이다"라고 썼는데[37] 공교롭게도 이 구절은 1946년에 출간된 《피총살자 서한집》에서 삭제되어서 의혹을 증폭시켰다.[38] 이 구절에서 "자신의 목숨을 구하기 위해 우리를 배반한 자"가 누구인지는 일찍부터 밝혀졌다. 파리 지역 FTP-MOI의 정치위원인 조제프 다비도비츠가 바로 그 자명한 '배반자'로, 그는 1943년 10월 26일 파리 경찰에 체포되어 곧, 자신이 아는 모든 FTP-MOI 대원들과 조직도, 접선 계획 등을 발설한 것으로 알려졌다. 앞서 지적했듯이, 1985년 7월 2일 자 《뤼마니테》지

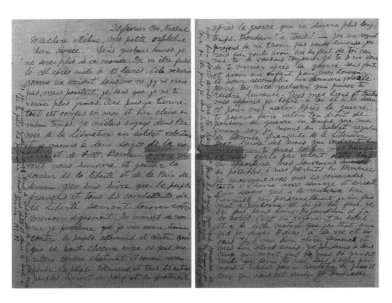

마누시앙의 마지막 서한
마누시앙이 1944년 2월 21일 처형 직전에 아내에게 쓴 편지.

가 마누시앙 그룹의 붕괴 요인과 관련하여 유일하게 거론한 인물 역시 바로 이 다비도비츠였다.[39]

사실, 공산당 측 인물이든, 그에 맞선 입장의 인물이든 마누시앙 그룹의 붕괴 문제를 거론한 사람들 대부분이 '배반자' 다비도비츠의 존재와 역할을 인정한 데다 무엇보다도 그는 공산당 지도부와 무관하게 개인적으로 배반하고 정보를 누설한 것이어서 거의 논란이 되지 않았다. 따라서 논쟁은 '배반자'보다는 "우리를 팔아넘긴 자들"이 누구인가를 중심으로 전개되었다.

맨 처음 제기된 인물은 PCF 간부 장 제롬Jean Jerôme이었다. 모스코 영화 방영 논쟁이 시작되기도 전인 1984년 2월에 역사가 필리프 로브리외가 자신의 저작 《공산당 내사內史》 제4권에서 제롬을 1943년 4월에 체포된 뒤에 마누시앙 그룹을 '넘긴' 인물로 지목했던 것이다.[40] 그러나 4월에 체포된 이가 어떻게 7개월 뒤(1943년 11월)부터 벌어진 본격적인 검거 선풍에 영향을 미쳤는지가 논리적으로 설명이 안 되는 데다 로브리외의 주장을 뒷받침할 만한 다른 증거들이 나오지 않아 '장 제롬' 관련설은 모스코 영화 방영 논쟁 기간에 그다지 부각되지 않았다.

보리스 올반(1908~2004)
1942년 3월부터 1943년 8월까지 파리 지역 FTP-MOI의 군사 책임자였던 그는 마누시앙 그룹이 붕괴하는 데 책임이 있다는 의혹을 샀다.

반면, 파리 지역 FTP-MOI의 군사위원이었던 보리스 올반의 책임을 제기하는 주장은 훨씬 더 파급력이 컸다. 이는 《악튀엘*Actuel*》지 1985년 6월호가 맨 처음 제기하고 곧이어 마누시앙의 아내 멜리네 마누시앙이 6월 14일 기자회견에서 주장한 것이었다. 특히 마누시앙 부인은, 경찰의 포위망이 좁혀 오는 것을 감지한 남편이 마누시앙 그룹이 파리를 떠나는 것을 허락해 달라고 요구한 것을 단호히 거부하고 그럼으로써 마누시앙 그룹의 붕괴에 결정적인 책임이 있는 FTP-MOI 간부 '로제Roger'가 다름 아닌 올반이라고 주장했다. 멜리네 마누시앙에 따르면 '로제'는 심지어 자신의 남편에게 "당신이 파리를 떠난다면 버림받을 것이며 권총 한 발을 맞을 것"이라고 주장했는데 그녀가 올반을 '로제'로 보는 이유로 제시한 것은 남편과의 여러 대화와, '로제'의 필체와 올반의 필체의 유사성이었다. 또한 그녀는 올반이 마누시앙에게 파리에 머물라는 지시를 내린 것이 자신의 의지로 내린 것인지 아니면 상부의 지시를 단순히 전달한 것인지는 모른다고 말하면서도 "남편이 당원"이었으므로 자신이 공산당을 문제삼는 것은 전혀 아니라고 선을 그었다.[41]

멜리네 마누시앙(1913~1989)
마누시앙의 아내 멜리네 마누시앙은
1985년 6월 14일의 기자회견에서
올반의 책임을 강력히 주장했다.

사실, 멜리네 마누시앙이 '로제'라는 가명의 인물을 문제시한 것은 일찍이 1974년에 발간한, 자신의 남편에 대한 전기《마누시앙》에서부터였다. 그녀는 그 책에, 마누시앙과 1944년 1월에 같은 감방을 썼던 조제프 토마시나Joseph Tomasina의 서한을 수록했는데 그 서한에 따르면 마누시앙이 토마시나에게 정치위원(아직 "다비도비츠"로 명시되지는 않았다)뿐 아니라 '로제'도 "유죄"라고 말했으며 그 사실을 아내와 공산당에 전달해 달라고 부탁했다는 것이다. '로제'가 유죄인 이유는, 마누시앙에게 그 정치위원을 소개하면서 함께 일하라고 요구한 자도 '로제'이고, 나아가 로제가 마누시앙에게 FTP 동지들의 본명과 주소를 정치위원에게 알려 줄 것과 주소를 바꾸지 말 것을 요구한 데 있었다. 또한 그 서한은 마누시앙이 경찰에 미행당하고 있다고 말했음에도 로제가 활동 중단을 "단호히 금지했다"는, (11년 뒤 강조될) 문제의 내용 역시 포함하고 있었다.[42]

전후에 고국인 루마니아로 돌아갔다가 1984년부터 파리에 와 있던 올반은 이러한 사태 전개에 가만히 있지 않았다. 1985년 6월 17일 자《르 마탱 드 파리Le Matin de Paris》지에 실린 인터뷰 기사에 따르면 올반은 자신이 '로제'라는 가명을 썼음은 인정했지만 상부에서 새로 권고한 도시 게릴라 전술에 대한 의견 차로 1943년 9월 파리 지역 FTP-MOI의 군사위원직에서 면직되었고 이후 소련군 포로들의 탈주를 돕기 위해 노르Nord 도로 갔기 때문에 자신은 마누시앙에게 파리에서 전투를 계속하라는 지시를 내릴 수 있는 자리에 있지 않았다고 주장했다. 올반에 따르면 자신이 경질된 뒤 파리 지역 FTP-MOI 군사위원직을 맡은 이가 다름 아닌 마누시앙이었고 자신은 11월에 마누시앙이 체포된 뒤에야 다시 파리로 돌아와 군사위원직을 맡았다.[43]

모스코의 영화가 방영된 뒤에도 올반은 루마니아로 돌아가지 않았고 4년 뒤《유언: 파리 FTP-MOI의 군사 지도자가 45년의 침묵 끝에 말하다 ……》(1989)라는 제목의 회고록을 펴내 자신의 레지스탕스 행적에 관해 상세히 밝혔다.[44] 회고록에 따르면 올반이 파리 FTP-MOI의 군사책임자직에서 면직된 것은 (4년 전에 밝힌 '9월'이 아니라) 8월 초였고 다시 그 직위로 복귀한 것은 11월 말이었다. 그때부터 그는 바로 그 조직의 붕괴 원인을 조사하는 작업을 담당했고 특히 그 과정에서 '배반자'로 드러난 다비도비츠를 단죄하는 역할을 수행했다. 올반의 지휘하에 FTP-MOI 대원들이 다비도비츠를 사로잡아 심문하고 처형한 것은 12월 28일이었다.[45]

이 회고록에서 특히 주목할 만한 점은 올반은 1943년 8월부터 11월 말까지 파리 FTP-MOI 군사위원직에서 면직된 상태였기 때문에 마누시앙의 지역 이동(즉, 파리를 떠나겠다는) 요구를 거부할 수 있는 위치에 없었다는 주장만 한 게 아니라 자신이 그 직위를 수행했던 기간에도, 즉 1943년 8월 이전이든, 11월 말 이후든 어떠한 전투원도 자신에게 파리를 떠날 수 있게 해 달라고 요구한 적이 없었다고 주장한 것이었다.[46]

그러한 요구가 없었다는 주장은 FTP 전국군사위원회 간부였던 알베르 우줄리아스Albert Ouzoulias도 반복했다. 1985년 6월 19일 자《르몽드》지에 실린 우줄리아스의 서한에 따르면 "프랑스인이든, 이민자든 어떠한 FTP 대원도 파리 지역을 떠나게 해 달라고 요구하지 않았고" 자신은 1941~44년에 그러한 요구를 전혀 받지 않았다는 것이다.[47]

한편, 맨 처음 도마 위에 올랐던 제롬 역시, 7월 1일 자《뤼마니테》지에 실린 인터뷰에서 올반은 당시 소련군 포로 문제를 담당하기 위해 노르-파드칼레 지역으로 보내졌고 파리 지역 3인 지도부에서 올반의 자리를 대신한 것은 마누시앙 자신이었다고 주장했다. 나아가 제롬은 마누시앙의 직속 상관은 (올반이 아니라) 파리 지역 FTP 책임자였던 조제프 엡스텐Joseph Epstein이었고 마누시앙과 엡스텐의 만남이 성사되었다면(두 사람은 11월 16일 접선 직전에 체포되었다) 마누시앙 그룹의 지역 이동이 결정되었을 수도 있을 것이라는 가설을 제시했다.[48]

한 달 뒤 시사주간지인 《르 누벨 옵세르바퇴르》지(8월 2~8일 자)는 FTP 수장이었던 샤를 티용Charles Tillon—1971년에 공산당에서 출당된—의 인터뷰를 실었는데 그는, 마누시앙의 퇴각 요청을 거부하고 투쟁을 계속하라는 명령을 내린 자가 올반이냐, 제롬이냐를 묻는 인터뷰어의 질문에 확답을 하지 않고 단지 그 명령 배후에 코민테른(공산주의 인터내셔널) 사람들이 있었고 장 제롬은 사실상 '코민테른 사람'이었다고 주장했다.[49]

샤를 티용(1897~1993)
그는 독일강점기에 PCF의 무장 레지스탕스 조직인 FTP의 수장이었다.

가장 먼저 장 제롬을 문제삼았던 로브리외 역시, 1년 뒤 펴낸 《마누시앙 사건》(1986)에서 마누시앙 그룹에 투쟁을 계속하라는 "치명적 지시"를 내린 것은 PCF나 FTP가 아니라, PCF 지도부와 스탈린의 "특별기구"에 동시에 속한 자크 뒤클로Jacques Duclos와 장 제롬, 그리고 소련의 코민테른 고문들이었다고 주장했다.[50] 그 밖에도 강점기 공산당 지도부의 일원이었다가 1955년에 출당된 오귀스트 르쾨르Auguste Lecoeur와 트로츠키주의 정치인 르네

필리프 로브리외의
《마누시앙 사건》
(1986)

르볼René Revol이 비슷하게 '소련의 비밀부서', '이중 지도부' 등을 주장했는데[51] PCF가 소련 정부의 정책을 충실히 따르는 한, 소련이나 코민테른 사람들로부터 모종의 입김이 있었음을 가정할 수는 있겠지만 구체적으로 마누시앙 그룹이 붕괴하는 데 소련/코민테른의 '비밀조직'이 개입했다는 주장에 대해서는 단순한 가설 이상의 어떠한 증거도 없는 실정이다.

한편, 로브리외의 《마누시앙 사건》이 출간된 1986년에는, 마누시앙의 '최측근 협력자'를 자칭했고 1985년 7월 2일의 TV 토론에도 참여했던 차카리앙이 "마누시앙 사건에 관한 폭로와 미공개 진실에 대한 조사"라는 부제를 내걸고 《붉은 포스터의 의용병들》이란 저작을 내놓았다.[52] 공산당계 출판사에서 간행하고 공산당 소속 역사가(로제 부르드룽)가 서문까지 쓴 이 책에서 차카리앙은 올반의 역할을 의심하고

다비도비츠를 처형했다는 올반의 주장조차 의문시하는 듯한 논지를 폈다. 차카리앙은 특히, 1943년 10월 말의 3인 지도부 회의에서 다비도비츠와 '로제'(올반이라고는 명시하지 않은 채)가 마누시앙에게 모든 대원의 명단과 주소를 요구했다는, 앞서 언급한 토마시나의 서한과 유사한 내용을 주장했고, 올반은 마누시앙(군사위원)-다비도비츠(정치위원)-파트리크Patrick(군수책임자)로 구성된 3인 지도부와 MOI 지도부 사이의 '연락요원'이었다고 서술했다. 또한 차카리앙은 1984년 10월 8일 올반과 3시간에 걸쳐 인터뷰를 했는데 그에 따르면 자신이 다비도비츠 처형에 관한 세부사항을 묻자 올반은 답하지 않고 신경질적인 반응을 보였다.[53]

그러나 3년 뒤 올반 자신이 펴낸 《유언》에서 묘사된 인터뷰 장면은 사뭇 달랐다. 올반은 그 책에서 차카리앙의 저작이 과장과 윤색, 그리고 마누시앙에 대한 미화로 점철되어 있고 부정확한 사실이 많다는 점을 지적했는데 특히 1984년 10월의 만남에서 그가 차카리앙에게 1943년 가을에 배급표와 돈이 부족했다는 정보가 어디서 났냐고 물었더니 몹시 불쾌해했다고 서술했다. 올반에 따르면 차카리앙은 1943년 10월에 이미 조직을 떠나서 무장투쟁에 짧게만 참여했고 그 짧은 기간에도 정식 전투원이 아니어서 배급표나 급료를 받을 권리가 없었다.[54]

이렇듯 증언과 폭로, 주장들—종종 근거 없고 상충되는—이 난무하는 가운데 비교적 설득력 있는 증언은 강점기에 MOI의 유대인지부 책임자였던 아담 레스키로부터 나왔다. 6월 19일 자 《르 몽드》지에 기고한 "허구 역사에 반대하여"라는 제목의 장문의 논설에서 레스키는 특히 올반의 책임론을 제시하는 데 주된 근거로 쓰인 문서인 토마시나의 서한 내용이 "거짓말"이라고 주장했다. 그 서한은 앞서 보았듯이 '로제'가 마누시앙에게 '동지들의 본명들과 진짜 주소들'을 다 비도비츠에게 넘기라고 지시했다는 내용을 담고 있는데 레스키에 따르면 레지스탕스 대원이 그러한 본명들과 진짜 주소들을 알 수 있다는 가정 자체가 전적으로 비현실적인 것이었다. 또한 PCF 지도부가 식량, 무기, 돈, 지시도 없이 마누시앙 그룹 전투원들을 버렸다는 (그리하여 체포당하기 쉽게 했다는) 주장에 대해서는[55] 1943년 12월 3일 비시 경찰이 작성한 〈체포 종합보고서〉에 기록된, 레지스탕스 은신처들에서 발견된 다량의 무기, 11월 1~12일에 파리 지역 FTP-MOI 대원들이 (명백히 지시에 따라) 벌인 14건의 행동 등을 반론의 증거로 제시했다. 게다가 마누시앙 그룹은 워낙 여러 종류의 공산당계 레지스탕스 조직들과 연결되어 있었기 때문에 "어느 한 그룹만 따로 떼어서 경찰에 넘긴다"는 발상 자체가 지극히 비합리적이라는 게 레스키의 분석이었다. 요컨대, 레스키에 따르면 PCF 지도부가 마누시앙 그룹을 배반했거나 의도적으로 버렸다는 가설은 전혀 사실에 근거하지 않은 "허구적 역사"였다.[56]

아담 레스키(1913~2008)
그는 독일강점기에
PCF의 이민자 조직인
MOI의 유대인지부
책임자였다.

그렇다고 레스키가 (1985년의 PCF처럼) 마누시앙 그룹이 붕괴하는 데 공산당 지도부의 책임이 없다고 주장하지는 않았다. 사실, 레스키가 이끈 MOI의 유대인지부 지도부는 1943년 5월에 경찰의 탄압을 피하여 남부지구로 이전시킬 것을 당 지도부에 요구했는데 거부당했고 (유대인지부 지도부는 결국 9월에 이동이 허용되었다) 파리 지역 FTP-MOI 역시 경찰의 포위망이 좁혀지는 것을 당 지도부가 인지했음에도 무리하게 투쟁을 계속함으로써 대대적인 피해를 입었던 것이다. 따라서 마누시앙 그룹의 붕괴에 당 지도부의 "정치적 책임"이 있다는 것이 레스키의 입장이었다.[57] 그는 PCF 지도부가 파리에서 게릴라 전투를 계속하는 데 집착한 것은 "심각한 정치적 과오였다"는 표현까지 썼다.[58] 레스키는 《리스투아르》지 1985년 9월호에 실린 인터뷰에서도 이 같은 입장을 거의 그대로 반복했는데 특히 마누시앙의 마지막 서한에서 문제된 구절에 대해 발언한 것이 주목할 만하다. 즉, 그 서한에서 거론된 '배반자'가 누구냐는 인터뷰어의 질문에 레스키는 "다비도비츠"라고 통념에 부합한 답변을 했지만 "팔아넘긴 자들"은 누구냐는 질문에는 (제롬도, 올반도, PCF 지도부도 아니라) 대독협력자들(아마도 비시 경찰)이라고 답했던 것이다. 그에 따르면 "팔아넘기다"는 용어는 워낙 당시 레지스탕스와 지하언론에서는 '대독협력'과 '비시'에 적용되던 용어였다.[59]

사실, "누가 마누시앙 그룹을 넘겼는가?"는 1985년에 '마누시앙 사건'이 한창 언론에 오르내릴 때 자주 제기되었던 질문이었지만 엄밀히 말해서 타당한 질문이 아니다. 우선, '마누시앙 그룹'이란 조직 명칭 자체부터가 적절하지 않다. FTP-MOI 내에 마누시앙이라는 단일 지도자가 이끈 조직이 따로 있었던 것도 아니고, 마누시앙은 단지

1943년 8~11월에 파리 지역 FTP-MOI의 '군사위원'으로서 3인 지도부를 구성했을 뿐이다. 1985년 5~7월에 많이 쓰였던 '마누시앙 그룹'이란 용어는 1944년 2월 나치 독일점령당국이 제작한 '붉은 포스터'에 10명의 FTP-MOI 대원들 사진을 실으면서 마누시앙을 "도당의 수장"으로 표기한 데서 연유한 것이다. 또한 "넘겼다"는 표현은, 1943년 4월부터 수감되어 있던 제롬도, 8~11월에 마누시앙의 상관이 될 수 없었던 올반도, 그 어떤 증거도 없는 '코민테른 사람들'도, 그럴 만한 이유조차 찾기 힘든 PCF 지도부도 마누시앙과 그 동료들을 "넘길" 만한 주체로 보기 어려우므로 역시 부적절한 용어로 보인다. 따라서 "누가 마누시앙 그룹을 넘겼는가?"라는 질문은 '파리 지역 FTP-MOI가 왜 붕괴했는가?'라는 질문으로 바뀌어야 할 것이다.

파리 지역 FTP-MOI의 붕괴 요인

파리 지역 FTP-MOI는 1943년 11~12월에 왜 갑자기 무너졌을까? 1985년 6월 2~3일 자의 《르 몽드》지에서 그 문제에 대한 장문의 논설을 발표한 역사가 스테판 쿠르투아, 그와 함께 파리 지역 FTP-MOI에 대한 거의 유일한 연구서 《외국인의 피》(1989)를 공동 집필한 역사가 드니 페샹스키와 아담 레스키, 그리고 1989년에 앞서 소개한 《유언》을 내놓은 올반은 모두, 그 붕괴 요인들로 (우선순위는 약간씩 다르지만) ① 파리 경찰의 탄압, ② 다비도비츠의 배반, ③ FTP-MOI 대원들 자신의 경솔함, ④ PCF 지도부의 전략을 드는 데 일치하고 있다.[60]

　이상의 4인 모두, 비시 정부에 속한 파리 경찰의 탄압을 가장 중요한 붕괴 요인으로 꼽고 있다. 1943년 가을에 FTP-MOI 대원들이 전적으로 파리 경찰에 체포되어 독일점령당국에 넘겨진 것이므로 이는 당연한 분석이라 하겠지만 1985년의 논쟁과정에서 워낙 PCF 지도부의 책임 문제가 강하게 제기되었기 때문에 이러한 '탄압' 요인을 강조하는 논리는 특히 주목할 만하다. PCF 지도부가 1943년 가을에 파리 지역 FTP-MOI 대원들에게 무기, 식량, 돈, 지시도 주지 않고 버렸다거나 경찰 측에 넘겨 주었다는 주장들이 지극히 비현실적이고 증거에 기반하지 않은 한, 파리 경찰의 치밀하고도 철저한 작업 수행을 강조하는 것은 더더욱 의미 있다고 하겠다.

파리 지역 FTP-MOI에 대한 탄압을 주로 담당한 것은 비시 경찰 중에서도 파리경찰청의 공안경찰이 창설한 특별수사대BS(Brigades spéciales)였다. 1940년 3월에 공산당의 활동을 단속하기 위해 창설된 특별수사대가 1942년부터 공산주의 정치인을 담당한 BS1(제1특별수사대)과 '테러리스트'(즉, 레지스탕스) 진압을 담당한 BS2(제2특별수사대)로 나뉘었는데 FTP-MOI 대원들의 색출과 검거를 수행한 것은 바로 이 BS2였다.[61]

파리 지역 FTP-MOI 대원들에 대한 BS2의 대대적인 검거는 1943년 11월이 아니라 이미 그해 3월에 시작되었다. 즉, 1943년 3월에 첫 타격이 이루어져 57명이 체포되었고, 6~7월의 두 번째 타격에서는 77명의 대원이 체포되었다. 워낙 파리 지역 FTP-MOI는 주로 루마니아 유대인과 헝가리인으로 구성된 제1분대, 유대인(대부분 폴란드 출신)으로 구성된 제2분대, 이탈리아인의 제3분대, 열차 탈선 업무를 주로 담당한 제4분대로 편성되어 있었는데 이상의 두 차례 대검거로 제1, 2분대가 거의 파괴되어서 6월에 FTP-MOI 지도부는 마르셀 레만

Marcel Rayman 등 4명으로 구성된 '특별팀'을 새로 만들어야 했다.[62]

1943년 11월의 대량 검거도 7월 말부터 100일 넘게 여러 대원들을 상대로 BS2가 치밀하게 벌여 온 미행작업의 결과였다. "1943년 7월 26일부터 1943년 11월 15일까지의 이 감시"라는 표현을 쓰고 있는 BS2의 〈1943년 11월 16일 미행의 종합보고서〉는 일찍이 7월 말부터 주요 인물 레만에 대한 미행을 시작했음을 잘 보여 준다.[63] 마누시앙 자신조차 이미 9월 24일부터 BS2에 의해 그 존재와 위치(직위는 모른 채)가 포착된 것으로 보이며 10월 18일에는 BS2가 마누시앙의 위치를 파악한 뒤에 다비도비츠의 위치도 탐지했다.[64] 11월 16일 마누시앙과 엡스텐은 접선장소 부근에서 체포되었는데 이미 다비도비츠의 발설 내용을 통해 BS2 수사관들은 그 두 사람이 매주 화요일에 만난다는 것을 알고 있었고 그전 주 화요일인 11월 9일의 접선도 경찰에 포착된 것으로 보인다.[65]

마르셀 레만(1923~1944)
이 사진은 '붉은 포스터'에 넣기 위해
프렌 감옥 안마당에서 찍은 것이다.

사실, BS2는 마누시앙과 레만뿐 아니라 많은 대원들의 존재를 미리 파악하고도 바로 체포하지 않고 계속 미행하는 수법으로 체포 대상의 범위를 확대해 나가고 은신처를 발견하면서 포위망을 좁혀 나갔다. 이 과정에서 BS2는 밀정들도 활용하고, 체포한 대원들에 대한 심문과정에서 고문을 자행하기도 했다.

본격적인 대량 검거는 독일군 자금수송자에 대한 대원들의 공격이 벌어진 11월 12일부터 시작되어 12월 초까지 이어졌다. 그간의 100여 일에 걸친 미행과정에서 위치가 탐지된 대원 35명 가운데 5명만 체포를 면할 수 있었다.[66] BS2의 〈체포 종합보고서〉에 따르면 이 기간에 총 67명이 체포되었는데 그 가운데 유대계 외국인이 30명, 유대계 프랑스인이 4명, '아리안계' 외국인은 19명(이탈리아인 11명, 아르메니아인 3명 등), '아리안계' 프랑스인은 14명이었다. 일드프랑스 지역 FTP 책임자 엡스텐, 파리 지역 FTP-MOI 지도부를 구성했던 3명 가운데 2명(군사위원 마누시앙과 정치위원 다비도비츠), '특별팀' 대원 4명 가운데 3명, 제3분대 대원 대부분과 제4분대 전원이 체포되었다. 1943년 6월부터 11월까지 활동한 전투원 80명 가운데 체포를 면한 이는 8명뿐이었다.[67]

다음으로, 파리 지역 FTP-MOI의 정치위원 다비도비츠의 역할을 거론하지 않을 수 없다. BS2에 체포된 뒤 "고문받지 않은 채"(플레넬, 우줄리아스) 발설한[68] 다비도비츠는 '3인 지도부'에 속한 정치위원일 뿐 아니라 인사 책임자, MOI 지도부 및 FTP 지도부와의 연락 담당자, 회계관이기도 했으므로 그의 배반은 BS2에 큰 도움을 주었다. 하지만 그의 배반에 너무 큰 비중을 부여해서는 안 될 것이다. 즉, 다비도비츠는 10월 26일에 체포되었는데 파리 지역 FTP-MOI 대원들에 대한 미행작업은 앞서 지적했듯이 일찍이 7월 26일부터 시작되어 이미 석달이나 진행되어 왔고 이를 통해 FTP-MOI의 조직도가 어느 정도 그려졌기 때문에 그의 발설이 결정적인 역할을 한 것은 아니었다.

그럼에도 그의 발설이 비시 경찰에 중요한 도움을 준 것은 사실이다. 그의 도움은 그리다 만 조직도를 완성시켜 주었고, 누가(가명) 누구(직위)이고, 누가 무엇을 했고, 우선적으로 누구를 어디서 감시, 미행, 체포해야 하는지를 알려주었다.[69] 앞서 언급했듯이 군사위원 마누시앙과 FTP 간부 엡스텐이 매주 화요일 접선한다는 것을 경찰이 알게 된 것도 다비도비츠 덕분이었다.

쿠르투아, 페샹스키, 레스키, 올반이 타당하게 지적했듯이 다비도비츠의 배반 못지않게 중요한 역할을 한 것은 FTP-MOI 대원들의 경솔함, 즉 보안수칙을 제대로 지키지 않는 태도와 행위였다. 1943년 11월 말부터 다시 군사위원직을 맡아 FTP-MOI의 붕괴 원인을 규명하는 작업에 들어간 올반은 체포를 면한 대원들을 상대로 조사한 끝에 "보안수칙의 준수가 최근 몇 달 동안 상당히 무뎌졌음"을 토로했다.[70]

1943년 10월 26일에 3명의 대원들이 체포된 사건은 이를 극명하게 보여 준다. 그날 새벽 6명의 대원들이 센에마른Seine-et-Marne 도의 모르망Mormant 부근에서 파리-트루아Troyes 노선의 독일군 열차를 탈선시켰는데 그날의 사건을 묘사한 FTP-MOI의 공식 문건은 이들 가운데 3명이 "퇴각하는 길에 독일 순찰대와 전투를 벌이다가 쓰러졌다"고 서술했지만 사실은 현장을 즉각 떠나지 않고 배회하다가 프랑스 경찰관들의 검문에 걸려 체포된 것이었다.[71] 항독행위(폭탄 투척이든, 철로 파괴든) 직후 현장을 즉각 떠나지 않은 것은 명백한 보안수칙 위반이었다.

10월 초에는 MOI의 전국 간부 책임자인 페테르 모드Peter Mod가 일부 아르메니아 출신 대원들이 공공장소에서 너무 수다를 떨고 서로의 집에 자주 모이는 등 보안을 소홀히 한다는 정보를 입수하고, 마누시앙을 만나 "그렇게 가벼운 행동을 계속한다면 그들이 잡혀 가도록 내버려둘 것"이라고 경고하기까지 했다.[72] 올반의 진단에 따르면 마누시앙 자신조차 이러한 경솔함을 드러냈다. 즉, 멜리네 마누시앙의 진술에 따르면 체포당하기 전날인 11월 15일 저녁 마누시앙이 세 동지들과 함께 카페에 모여 "낮은 목소리로" 토론하고 무기를 주고받았다는데 올반은 어떻게 이 엄중한 시기에 "수도 한복판에서" 이토록 경계심이 없을 수 있냐고 질타했다.[73] 쿠르투아는 이렇듯 대원들이 보안을 소홀히 한 이유들 가운데 하나로, 이민자 조직의 속성상 대체로 혈연이나 친교관계로 묶인 인적人的 유대관계망이 각 조직 단위 간의 철저한 칸막이 구조(레지스탕스 조직에 꼭 필요한)가 유지되기 어렵게 만들었다는 점을 제시했다.[74]

대원들의 이러한 경솔한 태도와 행동방식이 BS2 수사관들로 하여금 FTP-MOI 대원들의 위치를 탐지하고, 미행하고, 은신처를 발견하고, 조직도의 빈칸을 채워 넣고, 포위망을 좁혀 나가는 데, 그리하여 결국 대량 검거에 성공하는 데 일조했음은 분명하다.

끝으로, 일반 대원들의 경솔함과는 별개로, PCF 지도부가 대원들에 대한 포위망이 갈수록 좁혀지고 있음을 분명히 인지했음에도 투쟁을 중단하지도, 이들을 다른 지역으로 이동시키지도 않았다는 사실을 지적할 수 있다. 이는 단순히 '경솔함'으로 볼 수 없는 문제로, 당시 PCF의 근본적인 전략과 관련된 문제다. 또한 마누시앙의 퇴각 및 지역 이동 요구를 당 지도부가 '무자비하게' 거부했다는 가설을 떠올리게 하는 문제이기도 한데, 앞서 지적했듯이 마누시앙이 그러한 요구를 했다는 증거는 없는 실정이다. 사실, 레스키가 언급한 1943년 5월 유대인지부 지도부의 요구를 제외하면, 앞서 밝혔듯이 올반과 우줄리아스는 마누시앙만이 아니라 다른 어느 누구도 그러한 요구를 지도부에 하지 않았다고 증언했다. 레스키 자신을 포함한 《외국인의 피》 저자들도 마누시앙이 FTP 지도부나 MOI 지도부에 지방으로의 이동을 요구했다는 것을 입증하는 것은 전혀 없다고 주장했다.[75]

이렇듯 밑으로부터의 지역 이동 요구가 없었다 해도 PCF 지도부 자체가 경찰의 포위망을 분명히 인지했으면서도 파리 지역에서 FTP-MOI의 무장투쟁을 계속 이어 나가는 전략을 고집했다는 문제는 여전히 남는다. 이와 관련하여, 당시 PCF가 왜 그러한 전략을 유지했는지에 대한 쿠르투아의 설명은 꽤 설득력이 있어 보인다. 1985년 6월의 《르 몽드》지 논설에서 처음 제기하고 4년 뒤 《외국인의 피》에서 그대로 반복한 쿠르투아의 설명에 따르면 PCF의 그러한 전략은 1943년 9~11월 드골과 공산주의자들 사이에 벌어진 정치투쟁과 관련이 있었다. 즉, 1943년 9월에는 레지스탕스전국회의의 의장직을 둘러싸고, 10~11월에는 파리해방위원회의 구성을 둘러싸고, 11월에는 알제 Alger의 드골 정부에 공산주의자들을 입각시키기 위한 협상을 둘러싸고 양 세력 간에 힘싸움이 벌어졌는데 그러한 상황에서 PCF는 "가장 역동적이고 가장 영웅적이고 가장 애국적인" 레지스탕스 정당이라는 이미지가 특히나 필요했던 것이다. "수도 한복판에서의 가시적인 행동", 즉 파리에서 FTP-MOI 대원들이 벌인 무장투쟁은 그러한 이미지에 가장 부합하는 것이었다.[76]

'무시무시한 테러리스트'의 인상을 주고자 제작되어 프랑스 전국 도처의 벽에 붙여졌던 나치 독일의 '붉은 포스터'는 그 강렬한 이미지에도 불구하고 전후 수십 년 동안 프랑스인들의 집단적 기억에서 사라졌다. 포스터에서 묘사된 레지스탕스 대원들이 독일군에 총살당한 지 41년 만에 한 TV 영화를 계기로 프랑스 언론에 떠들썩하게 복귀했을 때 주된 쟁점은 수십 년 동안 잊혔던 이들 외국인들의 프랑스 레지스탕스에 대한 기여를 상기하자는 게 아니라 기묘하게도, 이들이 속한 프랑스 공산당의 지도부가 이들을 버렸거나 경찰에 넘긴 게 아닌가 하는 것이었다. 결국, PCF가 '마누시앙 그룹'(파리 지역 FTP–MOI에 대한 잘못된 명칭)을 무기, 식량, 돈, 지시도 없이 버렸다는 주장도, PCF 지도부나 몇몇 간부(제롬이든, 올반이든)가 이들을 경찰에 넘겼을 것이

'붉은 포스터' 투사들의 마지막 모습
이 사진은 '붉은 포스터' 제작과 언론 공개를 위해 프렌 감옥 안마당에서 찍은 것으로,
이들의 사형선고 및 처형 직전 일간지(《르 마탱》지 1944년 2월 19~20일 자)에 실리기도 했다.
왼쪽에서 여섯 번째 인물이 마누시앙이다.

라는 가설도, '로제'라는 인물이 마누시앙의 지역 이동 요구를 묵살했다는 주장도 근거 없는 것으로 드러났지만 1985년의 '마누시앙 사건'은 잘못된 쟁점에 잘못된 대응으로 진행되었다. 언론은 누가 '마누시앙 그룹'을 프랑스 경찰에 넘겼는지를 둘러싸고 떠들썩한 논쟁을 벌였고, 프랑스 공산당은 이것이 정부와 사회당과 반공세력이 공산당을 음해하려는 '정치적 작전'이라고 과열된 반응을 보였다.

1943년 11~12월에 파리 지역 FTP-MOI 대원들이 대거 체포된 것은 누군가가 이들을 경찰에 넘기거나 PCF 지도부가 이들을 버려서가 아니라 비시 정부의 공안경찰이 창설한 '특별수사대'가 수개월간의 집요하고도 치밀한 작업 끝에 이룬 성과였다. 그러한 작업 말미에 체포된 FTP-MOI 간부 다비도비츠의 '배반'은 이 조직을 붕괴시킨 원인이 아니라 제2특별수사대의 작전을 완성시킨 요인일 뿐이었다. 게다가 FTP-MOI 대원들(마누시앙 자신을 포함한)의 경솔한 태도와 보안수칙 위반은 경찰의 작업을 더욱 수월하게 해 주었다. 보다 근본적으로, PCF 지도부가 파리 지역에서 경찰의 포위망을 인지했음에도 무장투쟁을 지속시킨 것은 그 이유가 어떻든지 간에 파리 지역 FTP-MOI가 무너진 데 어느 정도 책임이 있다고 할 것이다.

사실, 이 장의 주제는 1943년의 마누시앙 사건(이라기보다는 '파리 지역 FTP-MOI 사건'이라 해야 할)이 아니라 1985년의 '마누시앙 사건'이므로 이들이 어떻게, 왜 체포되었는가 못지않게 중요한 것은 1985년에 논쟁과 논란이 왜 그러한 양상으로 벌어졌고 그것이 프랑스의 레지스탕스 기억에서 차지하는 위치가 무엇인가 하는 것이 될 것이다.

분명, 모스코의 영화를 둘러싸고 제기된 핵심 쟁점은 누가 마누시앙 그룹을 넘겼는가, 혹은 PCF 지도부가 이 조직이 무너지는 데 어떠한 역할을 했는가였지만 그와 별개로, 이 영화의 TV 방영을 촉구한 사람들이 그 이유로 그동안 레지스탕스 기억에서 경시되어 온 외국인/이민자/유대인의 역할을 강조했다는 점에 주목할 필요가 있다. 전후戰後 프랑스는 극소수의 레지스탕스, 분열된 레지스탕스 등의 측면을 의도적으로 축소하고 '전 국민적으로 일치단결한 레지스탕스, 국민 대부분이 지지한 레지스탕스'라는 레지스탕스 신화를 구축했는데 이는 레지스탕스의 국민화國民化를 수반하는 것이어서 외국인/이민자/유대인 레지스탕스에 대한 기억은 들어설 여지가 없었다. 외국인 레지스탕스에 대한 본격적인 최초의 역사연구서가 1989년에야 나온 것《외국인의 피》자체가 이를 잘 보여 준다. 그러한 상황에서 모스코의 영화 〈은퇴한 '테러리스트들'〉은 프랑스 레지스탕스에 대한 외국인-이민자들(종종 유대인이기도 한)의 기여를 프랑스인들의 집단적 기억 속에 되살리는 데 크게 기여했던 것이다.

또한 반대편에서 그 영화를 탐탁하게 여기지 않고 TV 방영을 저지하고자 했던 이들 가운데 공산당에 전혀 속하지 않은 레지스탕스 인사들의 입장에도 주목할 필요가 있다. 시청각통신고위당국이 자문을 구한 레지스탕스 출신의 '명예판정단' 5명은 어느 누구도 공산당원이 아니었음에도 영화 방영에 반대했는데 이들이 반대한 이유가 그 영화를 레지스탕스의 '영웅적' 이미지를 훼손하는 영화로 보았기 때문이라는 점은 의미심장하다. 또한 이들은 그 영화가 독일강점기 파리에 "주로 유대인들인 무국적자 소집단"을 제외하고는 다른 공산주의 레지스탕스도, 다른 레지스탕스 일반도 존재하지 않은 양 묘사했다고 불만을 토로했는데 이는 국민적 레지스탕스 신화가 1980년대 중반까지도 얼마나 강한 생명력을 유지했는가를 잘 보여 주는 대목이다. 프랑스 공산당과《뤼마니테》지가 영화 방영에 맞서 편 전략도 공산당계 레지스탕스만이 아니라 레지스탕스 일반을 강조하고, 피검자 중에 '아리안계 프랑스인'이 압도적 다수를 차지한 강점기 경찰보고서를 의도적으로 게재함으로써 여전히 '국민적' 레지스탕스를 강조하는 것이었다.

끝으로, 1985년의 마누시앙 사건은 프랑스 공산당이 자신이 '레지스탕스 정당'('피총살자 7만 5,000명의 당'이라는 구호로 대표되는)임을 강력히 주장하는 마지막 순간이기도 했음을 강조할 필요가 있다. 1985년은 아직 소련과 동구권의 공산주의 체제가 무너지기 전이지만 이미 국내 정치구도에서도 PCF가 쇠락의 길을 걷던 시기였고 따라서 더더욱 '마누시앙 사건'에 민감하게 반응했던 것으로 볼 수 있다. 사양길에 접어든 지 여러 해 되었지만 여전히 일정 세력의 지지층을 유지했던 시기, 드골주의 세력과 함께 국민적 레지스탕스 신화를 떠받쳤던 양대 지주 가운데 하나로서 그러한 신화를 고집하고 열렬히 주창한 마지막 순간이었음을 1985년 5, 6, 7월의《뤼마니테》지(7월 2일의 〈레지스탕스 특별호〉로 정점에 달한)는 잘 웅변해 준다.[77]

II

전수하기

어느 시대 어느 나라 어느 사회든 자신의 부끄러운 과거사는 감추거나 축소하고 영광스럽고 자랑스러운 역사는 후대 사람들에게 널리 오래도록 기억되게끔 전수하고 싶어하기 마련이다. 지난 세기 프랑스 역사에서 가장 수치스럽고 암울했던 시기가 독일강점기 4년간(1940~1944)이었다면 가장 자랑스럽고 널리 전수하고 싶은 주제 역시 같은 시기에 벌어진 레지스탕스의 역사가 될 것이다. 1940년 5월 갑자기 침공한 독일군에 6주 만에 패배하고 6월의 굴욕적인 휴전협정을 맺으면서 시작된 독일강점기는 패전의 산물로 비시 정부가 들어서고 그 정부가 '국가적 대독협력'을 추구함으로써 수십만 명의 대독협력자를 양산했다. 이러한 군사적 패배와 그에 따른 나치 독일의 점령과 지배에 동의하지 않고 독일점령당국과 비시 정부에 맞서 끝까지 투쟁한 이들의 존재와 역사가 없었더라면, 이들이 존재했더라도 정치적·이데올로기적 분열을 극복하지 못하고 끝내 통합을 이루지 못했다면, 나아가 1940년 6~11월의 해방전투에서 (결정적인 역할은 아니더라도) 조금이라도 연합군의 승리에 기여하지 못했더라면 독일강점기 4년간의 프랑스는 '순응과 묵종과 협력의 프랑스'로만 기억되고 해방 직후 몇 년간은 극심한 혼란(어쩌면 내전에까지 이를 수 있는)과 연합군의 점령 및 군정을 피할 수 없었을 것이다.

이러한 레지스탕스에는 모두 몇 명이나 가담했을까? 2008년까지 프랑스 정부가 '레지스탕스 전투원'에게 공식적으로 발급한 증명서는 모두 26만 2,730장이었다. 많은 역사가들은 레지스탕스 참여자의 수를 이보다는 약간 높게 30만~50만 명으로 추산한다. 최대 50만 명으로 잡아도 전체 인구 대비 1.2퍼센트 정도에 불과하다. 그나마 이러한 수치는 강점기 말기에 급속히 불어난 결과이고 1942년 11월에만 해도 3만 명, 1943년 가을에 5만~6만 명, 1944년 초까지도 17만 5,000~20만 명 정도로 추산된다.[1]

이러한 수치와 비율을 밝히는 것은 전후 수십 년 동안 프랑스인들이 믿고 싶었던 신화, 즉 '2차 세계대전 시기 내내 프랑스 전 국민이 단결하여 레지스탕스를 지지했다'는 레지스탕스주의 신화의 허구성을 드러내기 위해서만이 아니다. 그만큼 레지스탕스에 참여한다는 것 자체가 얼마나 고통스럽고 위험하고 가치 있는 행위인지를 다시 한번 강조하기 위함이기도 하다.

II부는 이러한 레지스탕스의 역사를 후속 세대에 전수하는 대표적인 두 매체로 역사책과 역사교과서를 다룬다. 4장에서는 전후 60년간 프랑스에서 발간된 레지스탕스 관련 문헌의 수와 추이, 시기별 특징을 살펴보고 대표적인 레지스탕스 개설서 5종을 분석했다. 5장은 프랑스 고등학교 역사교과서에 실린 레지스탕스 관련 서술과 각종 자료를 다루었다. 1962년부터 2015년까지 간행된 고2, 고3 역사교과서 23종을 분석했다.

독일강점기의 레지스탕스가 프랑스 역사에서 매우 독보적인 위치를 차지한다는 점을 부인하는 이는 거의 없을 것이다. 레지스탕스는 1940년 6월의 급작스런 패전이 야기한 충격과 굴욕, 그러한 패전의 산물인 비시 정권(과 대독협력자들)이 안겨 준 치욕, 그러한 충격과 치욕이 남긴 상처를 극복하고 명예를 회복시켜 준 강점기의 유일한 체험이자, 끊길 뻔했던 공화국 전통을 다시 이어 주고 전후戰後에 프랑스의 새로운 국민적 정체성의 기반이 됨으로써 오늘날의 프랑스가 존재하게 한 역사적 현상이었던 것이다.

그럼에도 레지스탕스는 장밋빛 경험만은 아니었다. 즉, 레지스탕스는 강점기 내내 언제나 소수였고, 국외 레지스탕스와 국내 레지스탕스 사이에, 국내에서는 공산당계와 비공산당계 사이에, 심지어 같은 조직 내에서도 언제나 분열과 대립, 경쟁과 알력에 시달렸으며, 배반과 이중 첩자가 존재했고, 유대인 박해를 저지하는 데 미온적이었고, 1944년의 해방전투에서 결정적인 역할을 한 것도 아니었고, 레지스

레지스탕스 역사쓰기
(1946~2013)

탕스가 꿈꾸었던 정치-사회적 변혁은 해방 후에 실현되지 않았다.

이렇듯 현대 프랑스를 사는 사람들에게 구원자-명예회복자로서의 절대적 의미를 갖는 동시에 복잡미묘한 측면을 가지는 레지스탕스는 그만큼 역사를 서술하기가 어려운 주제이기도 했다. "이 나라에서 한 역사가가, 레지스탕스가 대표하는 것과 레지스탕스를 행한 사람들에 대해, 감정이나 열정의 어떠한 흔적에도 초연하며 이야기할 수 있다고 가정한다면 사기詐欺나 웃음거리가 될 것"[1]이라는 역사가 피에르 라보리Pierre Laborie의 진단은 그래서 타당하다.

또한 역사가들이 해방(1944)으로부터 거의 40년이 지난 1980년대에 "전설과 망각 사이의 레지스탕스"라는 제목의 글을 발표하고,[2] 레지스탕스 역사가는 "전설을 유지할 위험"이 있지만 "망각을 피하고 기억을 영속화"해야 하는 동시에 "가장 무자비한 비판의 필터로 사실을 분석"해야 한다고 주장하고[3] 1990년대까지도 레지스탕스 역사가는 "학문적 쟁점과 시민적 쟁점 둘 다에 관여할 수밖에 없다"고 토로한 것[4]도 레지스탕스 역사학의 특수성을 잘 말해 준다.

이 장은 바로 이러한 레지스탕스에 대한 역사서술의 역사를 살펴본 것이다. 우선, 전후 프랑스에서 발간된 레지스탕스 관련 문헌의 수를 연도별로 집계하여 그 추이를 분석하고, 레지스탕스 역사서술의 시기별 특징을 검토할 것이다.[5] 이어서 전후 프랑스에서 현재까지 발간된 레지스탕스사 개설서들, 즉 "레지스탕스의 역사"나 "프랑스 레지스탕스의 역사"란 제목으로 나온 총 5종의 역사서들을 분석할 것이다. 〈크 세주Que-sais je?〉 문고로 나온 2종의 역사서인 앙리 미셸Henri Michel의 책(1950)[6]과 장프랑수아 뮈라시올Jean-Francois Muracciole의 책(1993),[7] 다섯 권 분량의 방대한 역사서인 앙리 노게르Henri Noguères의 책(1967~81),[8] 그리고 역사가들의 냉대를 받은 프랑수아-조르주 드레퓌스François-Georges Dreyfus의 역사서(1996)[9]와 가장 최근에 나온 올리비에 비비오르카Olivier Wieviorka의 역사서(2013)[10]가 분석 대상이다. 필자가 이 다섯 종의 역사서를 택한 이유는 전후 프랑스에서 출간된 수천 종의 레지스탕스 관련 문헌들 가운데 오직 이 책들만이 '레지스탕스사'라는 일반적 제목을 내걸었고, 레지스탕스사 전반을 다룬 개설서가 특정 조직, 특정 지역, 특정 주제만을 다룬 역사서들에 비해 당대 프랑스 레지스탕스 역사서술의 전반적 수준을 더 잘 대표한다고 보았기 때문이다.

레지스탕스 역사서술의 역사

2차 세계대전이 끝난 뒤부터 오늘날까지 프랑스에서 레지스탕스에 대한 역사서는 모두 몇 권이나 출간되었을까? 이와 관련한 수치를 처음으로 집계하고 분석한 이는 레지스탕스 출신의 대표적인 레지스탕스 역사가 앙리 미셸이었다. 그는 해방 20주년(1964)을 맞아 《레지스탕스의 비판적 참고문헌》(이하 《비판적 참고문헌》)을 내놓았는데, 여기서 지난 20년간 레지스탕스를 다룬 문헌 총 1,200종을 조사, 분석했다. 1,200종 가운데 단행본과 소책자가 약 1,000종이었고 나머지 200종은 각종 잡지와 신문에 실린 논문과 논설이었다. 미셸의 분석에 따르면 단행본과 소책자 1,000종 가운데 가장 많은 수를 차지한 것은 '회고록'으로, 이러한 종류의 저작이 절반(500종)에 달했다. 다음으로 많은 수는 '전기'로, 150종이나 되었고 그중 3분의 1이 샤를 드골

앙리 미셸(1907~1986)
레지스탕스 출신의 미셸은 전후 30여 년간
프랑스의 레지스탕스 역사학을 대표하는 인물로
왕성한 활동을 벌였다.

Charles de Gaulle을 다루었다. 한편, 미셸은 이러한 회고록이나 전기와
달리 "진정한 연구"는 100종에 불과하다는 사실에 안타까움을 표했
다. 그 밖에 40종은 사료를 간행한 것이었다.[11]

또한 미셸은 1944년부터 1963년까지 연도별로 저작의 수를 밝혔는
데 〈그래프 1〉[12]이 잘 보여 주듯이 해방 직후인 1945년에 205종으로
최고치를 기록했다가 1949년까지 계속 줄어들었고 이후로는 대체로
20~40종 선에서 등락을 반복했다.

그러면 미셸의 이러한 집계가 발표된 1964년 이후에는 레지스탕스
를 다룬 문헌이 몇 종이나 나왔을까? 그로부터 30여 년 뒤이자 2차 대
전 종전終戰 50주년에 해당하는 1995년에 역사가 장마리 기옹Jean-
Marie Guillon은 "레지스탕스, 50년과 2,000종 이후"란 제목의 논문을
발표했다. 기옹의 분석에 따르면 1944년 말부터 1963년까지 '국내 레
지스탕스'를 다룬 문헌이 모두 495종이었고 1964년부터 1990년까지
그러한 문헌이 약 1,500종 더 나왔다. "2,000종"이란 제목의 수치는 이
두 수치를 더한 것으로 보인다. 기옹이 제시한 수치는 프랑스어로 된

논문과 책을 집계한 것으로, 1963년까지는 미셸의《비판적 참고문헌》을, 1964년부터는 매년 발간되는《프랑스사 연간 참고문헌*Bibliographie annuelle de l'histoire de France*》을 분석하여 나온 것이다.[13] 그로부터 10년 뒤(2005), 역사가 로랑 두주Laurent Douzou는 역시《프랑스사 연간 참고문헌》을 분석하여, 1964년부터 2001년까지 출간되거나 발표된 '국내 레지스탕스' 관련 문헌을 모두 약 3,250종으로 집계했다.[14]

이상의 수치들을 시기별로 비교하면 1944년부터 1963년까지는 495종으로 연간 26종, 1964년부터 1990년까지는 1,500종으로 연간 55.6종, 1991년부터 2001년까지는 1,750종으로 연간 159종이라는 평균 수치가 나온다. 요컨대 레지스탕스 관련 문헌의 출간 및 발표가 해를 거듭함에 따라 갈수록 늘었고 1990년대에 이르면 1964년 이전에 비해 연평균 수치가 무려 6배에 달했음을 알 수 있다.

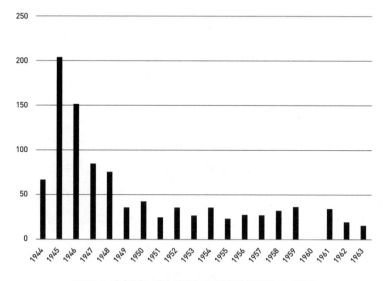

〈그래프 1〉 레지스탕스 관련 저작의 연도별 간행 종수(1944~1963)

그런데 이상의 수치들은 레지스탕스 출신 인사들의 회고록과 역사
가들의 역사서/연구서를 한데 섞은 것이라서 필자는 양자를 분리해
다시 집계해 보았다. 우선, 회고록의 경우 필자는 두주의 《프랑스 레
지스탕스: 위험한 역사》 말미에 실린 참고문헌을 대상으로 분석했다.
그 참고문헌에서 "5. 레지스탕스의 당사자들 및 동시대인들이 낸 저
작" 항목의 문헌들 가운데 프랑스 밖에서 출간된 책들은 제외하고 총
194종의 저작들을 초판 출간연도를 기준으로 연도별로 집계하여 〈그
래프 2〉를 작성했다.[15]

이 그래프는 해방 직후인 1945~47년에 잠시 회고록이 봇물을 이루
었다가(연 13~16종) 이후 급감했다는 것, 그러다가 1968년(6종), 1970
년대 중반(1974~76년에 매년 6종), 1986년(5종), 2000년(6종)에 간헐적
으로 높은 수치를 보이며 2004년까지 꾸준히 출판되었다는 사실을

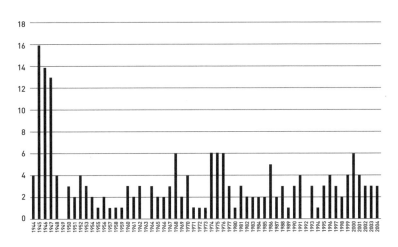

〈그래프 2〉 레지스탕스 당사자/동시대인 회고록의 연도별 간행 종수(1944~2004)

보여 준다. 또한 이 그래프는 앞서 본 〈그래프 1〉의 추세와도 일치하는데 이는 〈그래프 1〉에서 1945~48년의 이례적으로 높은 수치가 대부분 이때 폭증한 회고록에 기인함을 말해 준다. 해방 직후에 레지스탕스 출신 인사들이 앞다투어 회고록을 내놓은 것은 강점기의 레지스탕스 경력이 해방 후에 크게 보상받고 찬미되던 상황, 그리고 레지스탕스 내의 이데올로기적 분열과 대립, 경쟁 관계 등으로 자신의 투쟁 경험을 더더욱 알려야 했던 상황에서 비롯된 것이었다.

다음으로, 필자는 역시 두주의 같은 책 참고문헌을 주된 기반으로 하여 총 195종의 레지스탕스 관련 역사서/연구서를 출간 연도별로 집계했다. 195종 가운데 170종은 두주의 책 참고문헌에서 "4. 레지스탕스 역사를 다룬 저서들과 논문들" 항목에 수록된 문헌 가운데 논문들을 제외한 것이다. 두주의 책은 2005년에 나온 것이어서 그 이후에 간행된 저작들은 2013년에 출간된 올리비에 비비오르카의 《레지스탕스의 역사, 1940~1945》 말미에 수록된 참고문헌을 참조했다. 비비오르카의 책에서 17종을 추가했고 이 두 책에 누락되었는데 필자가 중요하다고 판단한 저서 8종을 추가하여 총 195종을 분석했다. 이 분석결과를 연도별로 도시한 것이 〈그래프 3〉인데, 이 그래프는 레지스탕스 관련 역사서/연구서가 특히 해방 30주년인 1974년(15종)과 해방 50주년인 1994년(10종), 종전 50주년인 1995년(9종)에 많이 발간되었고, 전반적으로 해를 거듭함에 따라 연간 출간 규모가 증가하는 추세였음을 보여 준다.[16]

〈그래프 3〉을 〈그래프 2〉와 비교해 보면, 회고록은 해방 직후 몇 년간 급증했다가 다시 급감한 이후 반세기 넘도록 별 증감이 없었던 반면, 역사서/연구서는 갈수록 늘어나는 추세였음을 알 수 있다. 한편, 앞서 소개한 미셸(1964), 기옹(1995), 두주(2005)의 수치들인 '1,200종', '2,000

종', '3,250종'이 모두 해당 시기에 나온 거의 모든 레지스탕스 관련 문헌을 집계한 데 비해 필자가 집계, 분석한 것(회고록 194종과 역사서/연구서 195종)은 (두주의 책 참고문헌에 주로 기반한 것이므로) 어느 정도 중요한 문헌들만을 대상으로 했다는 점에 주의해야 할 것이다. 그러한 점에서 〈그래프 2〉와 〈그래프 3〉은 레지스탕스 문헌의 온전한 규모를 보여 주지는 않지만 시기별 출간 추세의 변화를 알려 주는 데에는 별 문제가 없다고 생각한다. 또한 필자의 집계 대상은 (기옹과 두주의 수치와 달리) 논문은 제외한 것이며, 기옹의 '495종', '1,500종', 두주의 '3,250종'에는 포함되지 않았던 국외 레지스탕스도 포함한 것임을 밝혀 둔다.

두주는 1964년부터 2001년까지 출간된 2차 세계대전기 프랑스 관련 문헌을 모두 1만 1,600종 이상으로 집계했는데 그중 3,250종은 오직 국내 레지스탕스에만 관련되는 문헌의 수이고, '해방' 관련 문헌은 1,800종으로, 국외 레지스탕스에 해당하는 '자유 프랑스' 관련 문헌은 1,070종으

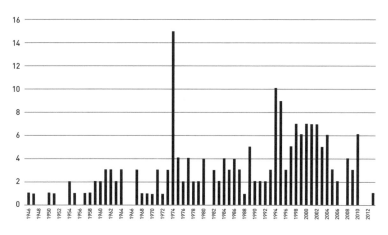

〈그래프 3〉 레지스탕스 관련 역사서/연구서의 연도별 간행 종수(1946~2013)

로 각기 따로 집계했다. 반면, 필자가 집계, 분석한 195종의 저서에는 '해방' 관련 문헌 26종과 '자유 프랑스' 관련 문헌 9종도 포함되어 있다.

그러면 레지스탕스 역사서술의 역사는 시기별로 어떠한 특징을 보였을까? 이 역사와 관련하여 일종의 시대구분을 제시한 역사가들은 아제마와 베다리다(1994), 기용(1995), 두주(2005)였다. 이들은 서로 약간 다른 시대구분을 제시하고 있는데, 우선 아제마와 베다리다는 함께 쓴 〈레지스탕스의 역사화〉란 논문에서 ① 1944~1947: "위엄 있고 위협받는 외관", ② 1947~1958: "냉전사태", ③ 1959~1969: "드골주의 궁전과 공산주의 별장의 시대", ④ 1970년대: "비순응적 기억들의 구축", ⑤ 1980년대 초부터 1990년대 초까지: "마천루 건설"로 시기를 나누었다.[17]

한편, 기용은 ① 1944~1951: "열광", ② 1952~1957: 퇴조, ③ 1958~1963: "여전히 제한적"인 생산, ④ 1964년부터 1970년대 중반까지: "밤이 끝날 것이다", ⑤ 1970년대 중반부터 1984년까지: "영웅주의 없는 레지스탕스", ⑥ 1985~1995: "외국인의 피"로 시대를 구분했다.[18]

첫 시기의 경우, 기용은 레지스탕스 출신 인사들의 회고록을 중심으로 레지스탕스 관련 문헌들이 급증한 것("열광")을 중시한 반면, 아제마와 베다리다는 레지스탕스 세력이 전후戰後에 일찍부터 분열을 겪고 정치적으로 실패함으로써 "위엄" 있지만 "위협"받았음을 강조했다. 이어서 아제마와 베다리다는 냉전(②)과 드골의 권력 복귀(③의 시작)를 거치며 레지스탕스 기억의 양대 축으로 드골주의와 공산주의의 지배를 부각시켰고, 기용은 해방 20주년인 1964년이 레지스탕스 연구가 다시 부흥하는 분기점이 되었음을 강조했다.

다음 시기들로 말하자면, 기용은 그 시기의 대표적인 저작들 제목(④, ⑤, ⑥)으로 해당 시기의 이름을 정했다. 레지스탕스 조직 콩바

Combat의 지도자 앙리 프르네Henri Frenay의 회고록 《밤이 끝날 것이다》(1973)[19]가 과연 그 시기의 대표작이 될 수 있을지 의심스럽고, "영웅주의 없는 레지스탕스"[20]와 "외국인의 피"[21]가 각기 주요 인물 중심의 역사서술에서 탈피하려는 경향과 레지스탕스의 탈민족주의(혹은 비민족주의) 측면을 강조하려는 추세를 나타낸다는 점에서는 타당한 명칭이지만 딱히 1970년대 중반과 1984/85년이 분기점이 될 수 있는지에 대해서는 그다지 설득력이 없어 보인다. 반면, 아제마와 베다리다가 이전까지 지배적이었던 드골주의/공산주의/레지스탕스주의 기억이 무너지기 시작한 1970년대(④)를 "비순응적 기억들의 구축"으로, 레지스탕스 연구가 급증한 1980년대부터 90년대 초까지의 시기(⑤)를 "마천루 건설"로 명명한 것은 전적으로 타당하다.

한편, 두주는 "너무 엄격한 시기구분은 역사연구가 워낙 오래 걸린다는 사실을 무시"하는 것이라며 이상의 시대구분들에 반대했는데[22] 그가 자신의 책 《프랑스 레지스탕스: 위험한 역사》에서 제시한 것은 오직 두 시대였다. 즉, 1978년을 분기점으로 그전 시기인 "작업 중인 클리오"(1944~1978)와 그 후 시기인 "다시 문제되고 쇄신된 역사서술"(1978~2002)이 그것인데 1978년은 바로, 그때까지 레지스탕스 역사서술을 주도한 기구인 '2차세계대전사위원회CHDGM(Comité d' histoire de la Deuxième Guerre mondiale)'의 뒤를 이을 '현재사연구소 IHTP(Institut d'histoire du temps présent)'가 창설된 해다.[23]

2차세계대전사위원회(이하 2차대전사위원회)에서 현재사연구소로의 이행은 후자가 전자를 흡수통합한 1980년 12월 31일에 완수되었다.[24] 이 이행은 두 기구의 성격이 근본적으로 달랐다는 점에서, 그리고 무엇보다도 2차대전사위원회가 그전 30년간 레지스탕스사 역사가들에게 행사한 막강한 영향력을 감안할 때 정말 중요한 계기라 할 만했다.

2차대전사위원회는 해방 직후인 1944년 10월과 1945년 6월에 임시정부가 잇달아 창설한 두 기구인 '프랑스점령-해방사위원회CHOLF(Commission d'histoire de l'occupation et de la libération de la France)'와 '전쟁사위원회CHG(Comité d'histoire de la guerre)'가 1951년 12월에 통합되어 총리실 소속으로 만들어진 기구였다. 이후 그 위원회는 계간지인 《2차세계대전사평론Revue d'histoire de la Deuxième Guerre mondiale》[25]을 계속 발간했고, 1954년부터 1968년까지는 〈레지스탕스 정신Esprit de la Résistance〉이란 제목의 총서(총 17종)를, 1973~75년에는 〈프랑스 해방Libération de la France〉 총서(총 14종)를 잇달아 간행했으며, 그 밖에도 레지스탕스 관련 연구서들을 여러 권 출간했다.[26]

또한 레지스탕스 관련 사료가 프랑스 국내외 각지에 분산되어 있고 (레지스탕스 활동 자체가 적군 치하의 지하운동이었다는 점에서) 입수하기가 극히 힘든 상황에서 2차대전사위원회는 전시戰時의 레지스탕스 간행물들과 전후戰後의 레지스탕스 관련 증언록들을 수집하고, 전국 각도의 위원회 통신원들을 통해 설문지를 발송하거나 직접 인터뷰하는 방식으로 전前 레지스탕스 대원들의 증언을 모았다. 앞서 소개한 《비판적 참고문헌》에서 앙리 미셸은 그러한 방식으로 위원회가 지금까지 "약 2,000건의 증언을 채록"했다고 밝혔다.[27] 역사연구와 서술을 가능케 하는 첫 번째 전제조건이 1차 사료의 존재인데 해방 후에 그러한 사료가 극히 부족했으므로 2차대전사위원회의 이러한 사료 및 증언 수집 활동은 레지스탕스 연구에 엄청난 중요성을 가지는 것이라 하겠다.

문서사료가 절대적으로 부족한 상황에서 전前 레지스탕스 대원들의 증언이 역사연구에서 가지는 중요성은 이론의 여지가 없는 것이었지만 2차대전사위원회는 여기서 한 걸음 더 나아갔다. 마르크 블로크 Marc Bloch와 함께 아날학파의 공동 창시자로 더 유명하지만 2차대전 사위원회의 위원장이기도 했던 뤼시앙 페브르Lucien Febvre는 1954년 에 〈레지스탕스 정신〉 총서의 첫 권으로 출간된 《레지스탕스의 정치─ 사회 사상들》의 서문에서 "1940~44년의 비극적인 싸움에 직접 참여 한 세대의 사람들이 자신들의 진실을 사람들에게 표현"하는 것은 "권 리만이 아니라 의무, 절대적 의무, 긴급한 의무"라고 주장했던 것이 다. "2000년의 사람들인 역사가들에게 …… 1950년의 사람들인 우리 가 정직하게 사건들에 대한 우리의 진술을 제공해야 한다"는 게 페브 르의 주장이었다.[28]

"사건들에 대한 우리의 진술"에서 "진술"은 'version'을 번역한 것인 데 이 단어는 '설명'으로도 해석할 수 있다. 10년 뒤 2차대전사위원회 총서기 앙리 미셸은 동일한 주장을 펴면서 이 'version'이 단순히 '증언' 에 머무는 것이 아니라 '설명'에 가까운 뜻임을 보다 명확히 했다. 즉,

뤼시앙 페브르(1878~1956)
아날학파의 창시자 뤼시앙 페브르는
1950년대에 2차대전사위원회의
위원장이기도 했다.

미셸은 《비판적 참고문헌》의 〈결론〉에서 "레지스탕스를 겪은 세대가 자신의 진술version을 제공"해야 하는데 이 진술을 "회고록의 형태로만이 아니라 결산 시도, 사실의 해명mise au point과 설명explication"으로도 제공해야 한다고 역설했던 것이다.[29]

또한 페브르와 미셸 둘 다, 아직 레지스탕스 역사를 쓰기에는 너무 이르다고 보는 견해에 대해 강력한 반론을 폈는데 이는 레지스탕스 출신의 인물들이 단지 '증인'의 지위에 머무는 게 아니라 '역사가'의 역할도 수행해야 함을 암시하는 데까지 이어지고 있다. 이는 무엇보다도 레지스탕스 경험자들의 독보적 지위에 연유한다. 미셸에 따르면 레지스탕스가 프랑스사에서 가지는 "독창성"은 "그 전투에 참여하지 않은 이들"은 이해하기가 어려울 것이고 후속 세대들은 "훨씬 더 어려울 것"이었다. 한마디로 "당사자들"은 레지스탕스에 대해 "대체 불가능한 지식을 보유"했다.[30] 게다가 페브르에 따르면 이들의 진술은 높은 도덕성까지 지녔다. "우리 진술"은 "자신의 순교자들"을 가지고 "수천 명의 희생이 부서付書"된 것이었다.[31]

이렇듯, 증언이 단지 사료로서 가지는 가치를 넘어, 증인이 역사가보다 우위에 서고, 나아가 증인이 스스로 역사가의 역할까지 수행해야 함을 암시하는 이 두 역사가(2차대전사위원회의 위원장과 총서기)의 발언은 전후 30여 년간 2차대전사위원회가 레지스탕스 역사서술을 주도했던 시기의 지배적 분위기를 잘 보여 준다. 국가가 주도했다고까지 볼 수는 없지만, 총리실에 소속되고 국립학술연구센터CNRS (Centre national de la recherche scientifique)로부터 보조금을 받는 기구가 레지스탕스 연구자들에게 막강한 영향력을 미치던 시대는 국가의 역할이 컸던 시대임에는 틀림없다.

아제마와 베다리다의 평가에 따르면 2차대전사위원회가 "뛰어난 임무를 수행"하고 의심할 바 없이 학문적 성과를 내기는 했지만 "레지스탕스 세계의 영광스런 기억"이란 노선 안에 머물렀던 시대는[32] 1980년에 그 위원회가 해체되고 그 활동을 현재사연구소가 인수하면서 끝났다. 이 신설 연구소는 국립학술연구센터에만 속해 있어서 두 주의 표현을 빌면 "행정권력과의 탯줄을 끊었던" 것이다.[33]

1980년대 들어서 레지스탕스 역사서술은 여러 면에서 변화를 보였다. 우선, 양적으로 연구성과들이 급증했고, 연구분야도 이전에는 군사적 측면과 (그러한 측면이 가장 잘 드러난) 해방전투 시기(1944) 그리고 주요 조직들에 집중되었다면 이제 민간 레지스탕스, 인도주의적 레지스탕스, 각 개인의 레지스탕스 참여 동기, 레지스탕스 사회학, 여론과 기억 등 새롭고도 다양한 주제들로 확산되었다. 또한 이전까지는 그다지 주목받지 못했던 여성, 유대인, 외국인 등 새로운 범주들의 역할에 대해서도 많은 연구가 이루어졌다.

그 밖에 레지스탕스 세력이 극도로 미약했던 초기 국면이라든가, 국외 레지스탕스와 국내 레지스탕스의 갈등, 국내 레지스탕스 내 각 세력 간의 경쟁과 알력, 해방 전후에 레지스탕스가 주도한 폭력적인 대독협력자 숙청, 비시 정부 및 페탱에 대한 일부 레지스탕스의 우호적 태도, 강점기 초기 프랑스 공산당과 독일점령당국의 모호한 관계, 유대인 박해를 저지하는 데 미온적인 레지스탕스 등 한마디로 레지스탕스의 신화화된 이미지, 미화되고 과대포장된 이미지를 무너뜨리는 데 일조할 수 있는 거의 모든 주제들이 활발하게 연구되었다.

이러한 양상은 모든 권위와 기성세대에 도전한 68운동의 여파, 드골의 정계 은퇴(1969), 영화 〈슬픔과 연민Le Chagrin et la Pitié〉(1971년 개봉)이 가한 문화적 충격 등으로 '독일강점기 전 국민의 일치단결한 레지스탕스'라는 레지스탕스주의 신화가 무너진 것이 1980년대에 들어와 레지스탕스 역사서술에도 반영된 것으로 볼 수 있다. 또한 독일 강점기가 끝난 지 이미 40~50년이나 지남에 따라 레지스탕스 세대의 비중이 크게 줄고 그 시기를 전혀 경험하지 못한 세대(들)가 역사가들의 다수를 차지하게 되었기 때문이기도 하다.

1990년대는 그야말로 레지스탕스 연구의 전성기라 할 만했다. 해방(1944)/종전(1945) 50주년에 해당하는 1990년대 중반에 국내외의 레지스탕스 연구자들 다수가 참여한 학술대회가 무려 여섯 차례나 잇달아 열렸던 것이다. 이 대회들에서 발표된 연구성과는 곧 《장 물랭과 1943년의 레지스탕스》(1994), 《레지스탕스와 프랑스인들: 도시들, 중심지들, 결정의 논리들》, 《기억과 역사: 레지스탕스》, 《레지스탕스와 프랑스인들: 전략 쟁점들과 사회적 환경》(이상 모두 1995), 《공화주의 합법성의 회복(1944)》(1996), 《레지스탕스와 프랑스인들: 새로운 접근들》(1997)이란 제목의 편서들로 출간되었다.[34] 제목들 자체가 이미 새로운 연구 경향들을 잘 보여 준다.

그러면 레지스탕스 역사서술은 이제 진정으로 새로운 국면에 접어든 것일까? 많은 역사가들은 이 점에 대해 그다지 낙관적이지 않았다. 현재사연구소가 2차대전사위원회를 대체한 뒤인 1982년까지도 앙리 루소는 "전설과 망각 사이의 레지스탕스"라는 의미심장한 제목의 글에서 "17세기 프랑스 농촌의 인구상태, 중세 농민이나 19세기 노동자의 정신세계에 대중이 열정을 보이는 시기에 …… 레지스탕스의 역사가 몇몇 철 지난 성인전 작가들과 수없이 들은 증인들에 의해 독점되는 것은 비정상"이라고 질타했고,[35] 그로부터 12년 뒤인 1994

년까지도 아제마와 베다리다는 레지스탕스 역사서술은 "과학과 신화의 교배"를 완전히 피할 수 없었으며 "창립-구원 신화의 유혹과 역사적 지식 사이의 갈등"은 여전하다고 진단했다.[36] 심지어 역사가 피에르 라보리는 자신의 1994년 논설 제목을 "엄중한 감시를 받는 역사가들"이라고까지 달았다.[37] 이는 레지스탕스사 역사가들은 언제나, 레지스탕스 출신의 증인/당사자들의 감시를 받기 마련이라는 진단을 표현한 것인데, 결국 역사가에 대한 증인의 우위를 주장한 해방 10주년(1954년의 페브르)과 20주년(1964년의 미셸)의 지침 아닌 지침이 알게 모르게 해방 50주년까지도 지속되고 있음을 말해 준다.

레지스탕스사 개설서들

프랑스에서 쓰인 최초의 레지스탕스 역사서술은 무엇일까? 극히 짧은 분량(총 25쪽)이기는 하지만 1946년 1월 30~31일 정부 간행물 《기록문서와 연구Notes documentaires et études》 제225, 226호에 실린 〈프랑스 레지스탕스 역사 개요Esquisse d'une histoire de la Résistance française〉였다. 이 글은 프랑스점령-해방사위원회의 총서기인 에두아르 페루아 Édouard Perroy 혹은 같은 위원회의 부총서기인 오데트 메를라-기타르 Odette Merlat-Guitard가 집필한 것으로, 역사가들로부터 "기준이 되는 첫 연구"(아제마와 베다리다), "첫 종합"(두주) 등의 평가를 받고 있다.[38] 특히 쥘리앙 블랑Julien Blanc은 이 글이 "엄격한 연대기"와 "구성이 충실한 해석틀"을 제시하고 레지스탕스에 대해 "처음으로 총체적인 해석을 제공"함으로써 이전까지 증언록 수준에 머물던 레지스탕스 역사

서술과 "결정적인 단절"을 이룬다고 높이 평가했다.[39]

하지만 이 글은 너무 간략하다는 점말고도 불과 1년 동안 프랑스점령–해방사위원회가 수집한 전前 레지스탕스 대원들의 증언에만 기반하여 작성된 것이고, 레지스탕스의 양대 조직 유형 가운데 정치조직인 '운동mouvement'들만 다루고 군사조직인 '망réseau'들은 거의 다루지 않은 점, 장 물랭의 1942년 활동이 완전히 누락되고 레지스탕스 통합의 주도자를 장 물랭이 아니라 피에르 브로솔레트Pierre Brossolette로 잘못 파악한 점 등에서 온전한 역사서술로 보기 어려운 게 사실이다.[40]

따라서 필자는 그로부터 4년 뒤에 〈크세주〉 문고로 나온 첫 레지스탕스사 개설서인 앙리 미셸의 《레지스탕스의 역사(1940~1944)》(1950)부터 분석했다. 이 책을 포함하여 모두 다섯 종의 레지스탕스사 개설서, 즉 "레지스탕스의 역사" 혹은 "프랑스 레지스탕스의 역사"라는 제목을 내걸고 출간된 다섯 종의 역사서들을 여기서 다룰 것이다.

앙리 미셸의 《레지스탕스의 역사》(1950)

첫 개설서 《레지스탕스의 역사》(1950)의 저자 앙리 미셸(1907~1986)은 그 자신, 레지스탕스 활동가였다. 1933년에 역사교수 자격을 취득하고 툴롱Toulon의 고등학교 교사가 된 미셸은 다음해 사회당SFIO(Section française de l'Internationale ouvrière)에 입당하고 독일강점기에 매우 일찍부터 레지스탕스 활동에 참여했다. 1943년 가을에 사회당의 바르Var 도 부서기가 된 그는 비공산당계 레지스탕스 통합조직인 '레지스탕스 통합운동MUR(Mouvements unis de Résistance)'의 마르세유 지역 기관지인 《자유 프로방스Provence libre》지 편집에도 참여했으며, 해방기에는 바르 도 해방위원회에서 사회당을 대표하기도 했다.

이러한 이력을 지닌 미셸은 1946년에 프랑스점령-해방사위원회의 서기(다음해에는 총서기)가 된 이래 전후戰後 30여 년간 단연 레지스탕스 역사학을 대표하는 인물로서 왕성한 활동을 벌였다. 즉, 1951년에 창립된 2차대전사위원회를 총서기로서 1980년에 해산될 때까지 이끌었고, 《2차세계대전사평론》을 창간하고 (세상을 떠난) 1986년까지 간행을 주도했으며, 〈레지스탕스 정신〉 총서(1954~68)와 〈프랑스 해방〉 총서(1973~75)의 발간도 주도했다.[41]

또한 미셸은 앞서 소개한 《비판적 참고문헌》과 여기서 분석할 《레지스탕스의 역사》 외에도 자신의 국가박사학위논문을 책으로 낸 《레지스탕스의 사조들》(1962), 《유럽의 지하운동들》(1961), 《자유 프랑스의 역사》(1963), 《그림자 전쟁: 유럽의 레지스탕스》(1970), 《통합자 장 물랭》(1971), 《레지스탕스 파리》(1982) 등 다수의 연구서를 출간했다.[42]

레지스탕스 출신이자 이후 30년간 레지스탕스 역사학을 주도할 인물이 쓴 첫 레지스탕스사 개설서는 어떤 책이었을까? 종전終戰으로부터 불과 5년밖에 지나지 않은 역사서술답게 저자는 책 〈서문〉에서 그리 큰 야심을 표하지 않고 겸허한 자세를 보였다. 즉, 이 책은 "설명보다는 몇몇 사실들의 묘사"가 될 것이고 "현실을 풍부하게 포착할 수 없어서, 진지하고도 객관적으로 주된 윤곽들을 표시하고자 하는 그림으로 몇몇 전체를 파악하고자" 했으며 "적어도 레지스탕스의

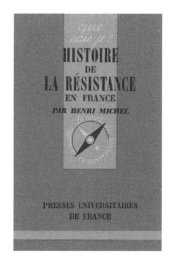

앙리 미셸의
《레지스탕스의 역사》(1950)

동기들과 레지스탕스 행동의 방식들을 밝히고자" 한 것이었다.[43]

또한 미셸은 레지스탕스 역사서술의 어려움을 언급하면서 특히 레지스탕스 출신이 아닌 사람들의 역사 인식의 어려움을 강조했다.

레지스탕스의 역사는 되새겨 이야기하기가 쉽지 않다. 그것만큼 열정으로 불타는 주제도 거의 없고, 그것만큼 가장 알려지지 않은 점들에 대해 자료가 드문 분야도 없다. ······

레지스탕스를 경험해 보지 않은 프랑스인들, 그리고 승리의 환희―와 무질서―속에서만 레지스탕스에 합류한 프랑스인들은 레지스탕스의 탄생과 전개의 수수께끼를 간파하기가 매우 어렵다.[44]

여기서 '승리의 환희/무질서 속에서만 레지스탕스에 합류'한 사람들은 진정으로 레지스탕스 활동에 참여했다기보다는 단지, (독일강점기가 거의 끝난 시점인) 1944년 6~11월에 와서야 해방의 기쁨을 누리며 레지스탕스를 지지한 사람들을 의미하므로 이 구절은 14년 뒤에 《비판적 참고문헌》에서 미셸 자신이 거듭 강조한, 레지스탕스 출신의 당사자/증인들의 독보적 위치("대체 불가능한 지식")와 일맥상통하는 것으로 볼 수 있다.

책의 구성은 다음과 같다.

서문
I. 자유 프랑스의 탄생과 발전
II. 1942년 말까지 남부지구의 운동들
III. 1942년 말까지 북부지구의 운동들

IV. 정당들과 노조들

V. 통합을 위하여

VI. 북아프리카의 레지스탕스

VII. 연락

VIII. 망들

IX. 지하 언론

X. 유격대

XI. 프랑스 국내군

XII. 조국 해방에서의 레지스탕스

XIII. 레지스탕스의 순교

결론

우선, 눈에 띄는 것은 국내 레지스탕스가 아니라 국외 레지스탕스인 드골의 조직 '자유 프랑스'에 대한 서술(1장)로 시작했다는 점이다. 국내 레지스탕스에 대한 서술(운동, 정당, 노조)은 다음 장들(2, 3, 4장)에 배치되었다. 드골의 국외 레지스탕스에 우위를 부여하는 것은 단지 장들의 구성에서만 드러나는 것이 아니라 서술 자체에서도 보인다. 미셸은 본론의 첫 장 첫 단락에서 1940년 6월 18일 드골의 런던 BBC 라디오 연설("프랑스 저항의 불꽃은 꺼져서도 안 되고 꺼지지도 않을 것")을 인용하며 "바로 이 순간 레지스탕스가 탄생했다"고 서술했던 것이다.[45]

미셸이 직접 인용한 바로 그 문구("프랑스 저항의 불꽃")가 '저항 résistance'이라는 보통명사가 '레지스탕스Résistance'라는 역사용어가 되는 시발점인 것은 사실이지만, 그리고 레지스탕스의 역사에서 드골의 6·18 호소 연설이 차지하는 중요성이 크다는 것도 이론의 여지가 없지만 그렇다고 그 연설로 "레지스탕스가 탄생했다"는 주장은 그리 타당한 역사 인식으로 볼 수 없다. 1940년 6월 18일 당시 프랑스 국내에서 그 연설을 들었던 사람들은 극소수인 데다가, 그 연설을 듣고 드골의 자유 프랑스에 합류한 이는 더더욱 적었고, 무엇보다도 국내 레지스탕스 대부분은 드골의 그러한 호소와 무관하게 독자적으로 탄생했던 것이다.

그럼에도 기실, 미셸의 이러한 인식과 서술은 (레지스탕스 담론에서) 익숙한 편이다. 시작은 미약했지만 결국 국내 레지스탕스의 통합을 이루고 프랑스 레지스탕스 전체의 대표성까지 획득하는 데 성공한 드골이 해방 후 프랑스 공화국의 첫 수반이 된 상황에서, 그리고 1958년에 드골의 권좌 복귀로 제5공화정이 시작되면서는 더더욱, 드골의 호소로 프랑스 레지스탕스가 시작되었다는 드골주의적 레지스탕스 담론은 프랑스 내에서 꽤 오랫동안 우세했던 것이다. 그러한 의미에서 미셸의 인식은 그러한 담론을 전형적으로 보여 주는 한 예가 될 것이다.

다음으로 논의할 수 있는 두드러진 특징은 미셸이 특히 조직들을 중시하고 조직들 위주로 서술했다는 점이다. 자유 프랑스(1장), 운동들(2, 3장), 정당들과 노조들(4장), 망들(8장), 유격대(10장), 프랑스 국내군(11장) 모두 조직의 형태이거나 명칭이고, 통합과 "연락"을 다룬 5장과 7장도 국내 레지스탕스 조직들 간의 통합과정과 국내외 레지스탕스 조직들 간의 연락 활동을 서술한 것이며, 지하언론을 다룬 9장도 각 조직이 발간한 기관지들에 대해 소개한 것이다.

물론, 레지스탕스 활동 자체가 조직들 중심으로 이루어진 것도 사실이고, 조직들이 레지스탕스에서 차지하는 중요성도 부인할 수 없지만 조직들 밖에서 조직과 무관하게 벌어진 여타의 저항 활동이나, 조직들 중심으로 편성된 틀에서 논의될 수 없는 다른 많은 측면들을 이 책이 경시하거나 간과했다는 점은 지적할 수 있을 것이다.

이러한 특징은 어느 정도는 책의 분량과 책이 나온 시점에 연유하는 것으로 봐야 좀 더 공정한 평가가 될 것이다. 이 책은 기본적으로 〈크세주〉 문고, 즉 128쪽(모든 〈크세주〉 문고 책에 균일하게 부과되는)이라는 극히 제한된 분량으로 나온 데다 독일강점기가 끝난 지 불과 6년, 2차 세계대전 종전으로부터 5년밖에 지나지 않은 시점에 나왔다. 이렇듯 적은 분량으로 집필되고 이렇듯 이른 시점에 나온 역사서가 가장 가시적이고 가장 역할이 큰 '조직'이란 측면을 중심으로 서술했다는 것은 어찌 보면 당연하다 할 것이다.

사실, 이러한 두 가지 조건(분량과 집필 시기)을 감안하면 책의 구성 자체도 꽤 균형 잡힌 것으로 보인다. 레지스탕스 전개과정의 시기 순서(탄생에서 통합을 거쳐 해방에 이르기까지)를 대체로 지키면서 레지스탕스의 모든 주요 조직과 그 활동을 망라했던 것이다.

그 밖에 강점기 초기 '페탱 신화'의 존재와 영향에 대한 언급(2장), 레지스탕스 통합에서 장 물랭의 역할에 대한 강조(5장) 등도 주목할 만하다. 즉, "남부지구에서는 페탱 신화가 오랫동안, 많은 수의 용감한 사람들을 속여, 어느 정도 공식적으로 레지스탕스를 조직할 수 있다고 상상하도록 했다"[46]라는 서술은 1990년대에 들어와서야 많이 부각되고 연구된 주제인 '비시파 레지스탕스'의 존재를 강력히 암시하는 것이었다. 또한 앞서 언급했듯이 4년 전에 발표된 〈프랑스 레지스탕스 역사 개요〉가 레지스탕스 통합의 주역을 브로솔레트로 잘못 인지했던 것과 달리, 미셸의 책은 장 물랭의 역할을 온전히 회복시켜 주었다. "레지스탕스의 통합은 특히 장 물랭의 업적이었다"[47]라고 운을 뗀 미셸은 통합을 다룬 5장 곳곳에서 1942년 초부터의 장 물랭의 활동을 상세히 서술했던 것이다.

한편, "북부지구 독일인들의 존재(남부지구와 달리 독일군이 점령한 사실을 말한다-필자)는 …… 몇몇 반역자들을 제외하고는 전 국민을 거의 만장일치로 그 존재에 맞서게 했다"라는 서술[48]은 해방 후부터 줄곧 존재하다가 1970년대 초에 와서야 무너진 '레지스탕스주의 신화', 즉 '독일강점기 프랑스 전 국민의 일치단결한 레지스탕스'라는 드골주의적 인식을 연상시킨다.

본론의 말미와 〈결론〉에 이르면 이 책이 레지스탕스라는 역사적 현상으로부터 불과 5~6년밖에 지나지 않은 시점에서 레지스탕스 출신 역사가가 집필한 것임이 보다 잘 느껴진다. 레지스탕스가 받은 탄압과 그 희생을 서술한 본론의 마지막 장(13장)은 제목부터가 종교적 색채를 띠는 "레지스탕스의 순교"였고, 〈결론〉은 통상적인 역사서에서는 보기 힘들 정도로 자신의 연구 및 서술 대상에 대한 헌사로 가득 찼던 것이다.

즉, 미셸의 표현에 따르면 "레지스탕스의 길은 순교자들로 점철되었고, 그것의 무사공평, 그것이 요구한 용기, 그것이 야기한 헌신은 이론의 여지가 없으며, 도덕적으로 레지스탕스는 숭고하고 아름다운 사업이었다." 결국 레지스탕스는 "군사사의 가장 아름다운 페이지들 중 몇 페이지"를 썼고, "프랑스사의 가장 훌륭한 에피소드들 중 하나"를 이루었다.[49]

미셸의 책으로부터 삼사십 년 뒤에 후속 세대 역사가들이 "전설과 망각 사이"(앙리 루소), "과학과 신화의 교배", "신화의 유혹"(아제마와 베다리다), "전설과의 분리"(기옹) 등을 거론할 때 '전설'과 '신화'란 용어는 분명 레지스탕스 역사서술이 벗어나야 할 것이란 의미로 쓰였을 터이다. 하지만 1950년의 '전설'은 달랐다. "그것(레지스탕스-필자)의 전설이 그것의 역사에 직접 들어가는 것을 사람들은 이해한다"라고 미셸은 당당히 썼던 것이다.[50]

앙리 노게르의 《프랑스 레지스탕스의 역사》(1967~1981)

두 번째로 살펴볼 레지스탕스 역사서의 저자 앙리 노게르(1916~1990)는 사회당 소속의 레지스탕스 출신이라는 점을 제외하고는 앙리 미셸과 여러 면에서 달랐다. 역사교수 자격자이자 국가박사학위논문까지 쓴 미셸과 달리 노게르는 전문역사가라기보다는 언론인, 출판인, 변호사, 방송작가였다.

《프랑스 레지스탕스의 역사》 자체도 미셸의 책과 여러 면에서 대조적인 모습을 보였다. 총 128쪽의 작은 문고판이었던 《레지스탕스의 역사》와 달리 노게르의 책은 무려 다섯 권, 총 3,593쪽에 달하는 방대한 저작이었고, 미셸의 책이 단독 저작이었던 것과 달리 이 책은 노게르, 마르셀 드글리암-푸셰Marcel Degliame-Fouché, 장루이 비지에르Jean-Louis Vigier의 공저였다. 노게르가 사회당계 레지스탕스였던 것과 달리

앙리 노게르(1916~1990)
레지스탕스 출신의 역사가로,
총 다섯 권에 걸쳐 레지스탕스사를 저술했다.
이 사진은 1940년에 찍은 것이다.

드글리암-푸셰는 공산주의자로서 비공산당계 레지스탕스 조직인 '콩바'에서 활동했고,[51] 비지에르는 드골파 레지스탕스 이력을 보유했는데 이렇듯 서로 다른 정파였다는 점은 다양한 정파의 레지스탕스 출신 인물들로부터 증언과 문서를 수집하는 데 유리하게 작용했다. 사실, 드글리암-푸셰와 비지에르는 바로 그러한 증언 및 자료 수집작업을 주로 담당했고 집필은 거의 노게르의 몫이었던 것으로 보인다.[52]

이 방대한 저작의 구성은 의외로 단순했다. "제1부: 1940년", "제1장-1940년 6월", "제2장-1940년 7월", "제3장-1940년 8월" …… 식으로 처음부터 끝까지 모든 부와 장의 제목이 오직 연도와 월로만 이루어져 있다. 제1권(1967)은 "첫 해"라는 제목으로 1940년 6월부터 1941년 6월까지, 제2권(1969)은 "그림자 군대"라는 제목으로 1941년 7월부터 1942년 10월까지, 제3권(1972) "그리고 북부에서 남부까지 ……"는 1942년 11월부터 1943년 9월까지, 제4권(1976) "당신의 대대를 편성하라!"는 1943년 10월부터 1944년 5월까지, 제5권(1981) "해방의 광명"은 1944년 6월부터 1944년 5월 15일까지를 각각 다루었다.[53]

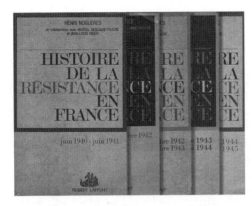

앙리 노게르의
《프랑스 레지스탕스의 역사》
(1967~1981)

이러한 구성은 미셸의 책만이 아니라 여기서 살펴볼 나머지 3종의 역사서와도 구별되는 것으로, 구성만 놓고 보면 역사서라기보다는 연대기가 아닌가 하는 생각까지 들게 한다. 사실, '연대기'는 어느 정도 노게르 자신이 의도한 것이기도 했다. 그는 〈머리말〉에서 "사실을 이야기하며 우리는 가치판단을 하지 않는다. 이 레지스탕스의 '연대기 chronique'를 통해 프랑스에서의 레지스탕스가 소소한 행동들과 대사업 …… 의 끊임없는 병치의 산물임을 보이는 것이 우리에게 중요해 보였다"라고 썼던 것이다.[54]

그럼에도 이 저작을 단순히 연대기로 보기는 어렵다. "사실을 이야기하며 …… 가치판단을 하지 않는다"라는 저자의 진술은 믿기 어려울 뿐 아니라 공산당의 레지스탕스 활동에 대한 서술을 놓고 의견이 갈려 공저자 중 한 사람인 비지에르가 제3권부터 작업에 참여하지 않았다는 사실 자체가 이 저작이 무미건조한 연대기가 아님을 잘 말해 준다.

"프랑스 레지스탕스의 역사"라는 제목을 당당히 내걸은 점도 이미 저자의 야심을 드러내고 있지만 노게르는 〈머리말〉 서두에서 "역사가로서의 작업을 우리가 하는 게 가능하다는 것을 입증하는 것"이 "우리의 의도"임을 밝히고 있다.[55] 〈레지스탕스 재단〉의 역사부장인 브뤼노 르루Bruno Leroux가 잘 분석했듯이 사실, 노게르의 의도는 당시 레지스탕스 역사학을 주도하던 앙리 미셸의 2차대전사위원회에 맞서 그 위원회와 '경쟁 관계' 속에서 하나의 대안적 서술을 내놓는 것이었다.[56]

즉, 세 명의 공저자는 이 책을 쓰기 위해 1962년부터 레지스탕스 경력자들을 인터뷰하고 이들에게 설문지를 발송하여 서면 증언을 받고 이들로부터 각종 문서자료를 수집했는데 이러한 활동은 바로 프랑스 점령−해방사위원회와 2차대전사위원회가 1945년부터 줄곧 해 오던 것이었다. 〈머리말〉에서 노게르는 '레지스탕스의 역사'라는 제목을 사용하는 것을 "허락"해 준 데 대해 (이미 《레지스탕스의 역사》를 출간한) 미셸에게 "감사"를 표했지만[57] 정작 미셸은 2차대전사위원회가 이미 수집, 보유한 약 2,000개의 증언과 기록들을 노게르가 열람하는 것을 허락하지 않았다.[58] 노게르 역시 〈머리말〉에서 2차대전사위원회가 출간한 저작들을 단 한 권도 언급하지 않았고, 전권에 걸쳐 《2차세계대전사평론》에 실린 학술 논문들과 2차대전사위원회의 전문역사가들이 낸 연구서들보다는 레지스탕스 출신 인사들의 증언을 더 신뢰하고 더 많이 인용했다.

이렇듯 노게르의 역사서술은 당시까지 지배적인 '주류' 역사학과 대립구도에 있었는데 흥미롭게도 그가 〈머리말〉에서 주장하는 바는 1954년의 페브르에서 1964년의 미셸에 이르기까지 주류 레지스탕스 역사학이 주장하던 것과 정확히 동일한 것이었다. 즉, 노게르는 국립 기록보관소가 자료 열람을 허용하는 시한인 '50년'이 지날 때까지 레지스탕스 역사를 쓰지 않는다면 "그 역사가 그것을 겪은 사람들에 의해 쓰일 뿐 아니라 토론―되고 통제―되는 것을 포기하는 셈이 될 것"이라고 썼는데,[59] 이는 당장 레지스탕스 역사를 써야 하며 레지스탕스 출신의 당사자들이 그 역사에 대한 진술과 설명을 해야 한다는 페브르와 미셸의 주장과 일맥상통한다. 여기서 노게르는 더 나아가 레지스탕스를 경험한 사람들이 레지스탕스의 역사(즉, 역사서술)를 "통제"할 것까지 암시했는데 이는 27년 뒤에 라보리가 "엄중한 감시를 받는 역사가들"이란 표현을 쓴 것을 연상케 한다.

사실, 이 책의 두드러진 특징은 레지스탕스 출신 증인들에게 특권적인 지위를 부여했다는 데 있다. 1권부터 5권까지 이 책은 말미에

〈참고문헌〉을 수록하지 않고 각 장별로 후주後註 형식의 출처를 달았는데 레지스탕스 경력자들로부터 받은 구술/서면 증언과 이들이 출간한 회고록이 출처의 압도적인 비중을 차지했던 것이다. 이는 어느 정도는 레지스탕스 관련 사료 자체가 워낙 적었던 탓도 있었지만 당대 기록과 전문역사가의 연구보다 증인들의 증언을 훨씬 더 신뢰한 노게르의 의식적 선택에 기인하는 것으로 봐야 할 것이다.

다음으로, 노게르의 책은 당시까지 팽배해 있던 드골주의적 시각에 반대한다는 특징을 보이고 있다. 이 점에서 미셸의 책과 확연히 대조되는데 미셸이 드골의 자유 프랑스를 (국내 레지스탕스에 앞서) 본론 첫 장에서 다루고 드골의 6·18 호소로 "레지스탕스가 탄생했다"고 썼던 것과 달리 노게르의 책에서는 6·18 연설이 본론의 여섯 번째 쪽에 가서야 나온다. 그의 서술에 따르면 레지스탕스의 "탄생"은 오히려 그 전날인 6월 17일(페탱이 전투 중지를 선언한 날), 코셰Cochet 장군이 병사들에게 첫 저항 지시를 내리고, 장 물랭 지사가 독일군의 부당한 서명 지시를 거부한 뒤 자살을 기도하고, 베오그라드 공사公使 레몽 뷔젠Raymond Bugène이 사직 의사를 표하는 순간 이루어졌다.[60] 또한 노게르는 강점기 4년 동안 레지스탕스 간부가 될 인물들 가운데 드골의 6·18 연설을 "첫 방송 때부터 들은 이는 거의 없었으며" 이들의 레지스탕스 참여는 그 연설의 결과가 아니었음을 강조했다.[61]

이러한 첫 국면에서만이 아니라 노게르의 역사서술은 전권에 걸쳐 자유 프랑스보다는 국내 레지스탕스의 역할을 훨씬 더 강조하고 중시했다. 즉 드골과 무관하게 탄생하고, 이어서 드골과 동등한 파트너로서 협상하고, 지로Giraud 장군의 위협을 받아 부득이하게 드골을 지지하고, 결국 드골파 조직들의 무능과 비효율성에도 불구하고 해방의

주역이 된 레지스탕스가 노게르가 그리고자 한 국내 레지스탕스의 모습이었다.[62]

레지스탕스 출신의 증언에 대한 과도한 의존이 레지스탕스 역사서술의 역사에서 과거 국면의 특징을 보여 준다면 드골주의에 대한 반대는 새로운 국면을 (제1권의 경우) 미리 보여 주는 동시에 (68운동 이후에 나온 제2권부터는) 그러한 국면을 반영한다.

장프랑수아 뮈라시올의 《프랑스 레지스탕스의 역사》(1993)

세 번째로 살펴볼 책은 노게르의 책과 동일한 제목이지만 형식과 분량은 미셸의 책과 같은 〈크세주〉 문고다. 미셸의 《레지스탕스의 역사》 초판(1950)이 나온 지 무려 43년 만에, 그리고 같은 책의 마지막 판(제10판, 1987)[63]이 나온 지 6년 만에 새로 나온 〈크세주〉 문고 레지스탕스사의 저자는 잘 알려지지 않은 역사가 장프랑수아 뮈라시올이었다. 그는 레지스탕스를 전혀 경험하지 못한 전후戰後 세대일 뿐 아니라 이 책을 처음 출간했을 때 나이가 놀랍게도 만 28세(1965년생)였다.[64]

책의 구성은 다음과 같다.

I. 초기의 레지스탕스들

II. 1942년 말까지의 운동들

III. 북아프리카에서의 레지스탕스

IV. 통합

V. 정당들과 노조들

VI. 투쟁 형태들

VII. 레지스탕스 활동가들

VIII. 미래를 준비하기

IX. 해방에서의 레지스탕스

X. 레지스탕스는 통치하지 않을 것이다

우선, 눈에 띄는 것은 40여 년 전에 나온 미셸의 책과의 유사성이다. 10개 장 중에 절반인 5개 장(2, 3, 4, 5, 9장)의 제목이 미셸의 책과 거의 같았던 것이다. "1942년 말까지의 운동들"(2장)이 남부지구(2장)와 북부지구(3장)로 나뉘고, "북아프리카에서의"(3장)와 "북아프리카의"(6장), "해방"(9장)과 "조국 해방"(12장) 정도가 두 책의 차이였다. 게다가

장프랑수아 뮈라시올(1965~)
현재는 몽펠리에 제3대학교의
현대사 교수로 재직 중이다.

장프랑수아 뮈라시올의
《프랑스 레지스탕스의 역사》(1993)

"VI. 투쟁 형태들"을 구성하는 4개 절인 "1. 지하언론", "2. 망들", "3. 비밀군에서 프랑스 국내군으로", "4. 유격대"가 미셸의 책 4개 장(9, 8, 11, 10장)과 그대로 일치하는 것까지 감안하면 두 책의 유사성은 더욱 두드러져 보인다. 즉, 뮈라시올의 책 10개 장 가운데 6개 장이 미셸의 책 13개 장 가운데 무려 10개 장의 제목을 그대로 반복했던 것이다. 이는 〈크세주〉 문고라는 동일한 형식이라는 점, 그리고 신참역사가가 앙리 미셸의 권위를 존중했을 가능성에 연유하는 것으로 볼 수 있지만 그만큼 1950년 저작의 구성이 균형 잡히고 적절했음을 말해 주는 것일 수도 있다.

그러면 이제, 미셸의 책과 다른 장들(1, 7, 8, 10장)을 살펴보자. 우선, 레지스탕스의 시작을 다룬 1장("초기의 레지스탕스들")에서는 드골의 6월 18일 라디오 연설로 시작한 미셸과도 다르고, 그 전날 몇몇 고위직 인물들(장군, 지사, 외교관) 개인의 영웅적 행위로 레지스탕스 탄생을 서술한 노게르와도 다르게, 뮈라시올은 "초기의 거부"라는 소제목 아래 물랭의 자살 시도 외에도 소뮈르Saumur 사관학교 생도들의 투쟁, 제1식민지 보병연대의 세네갈인들의 전투, 일드생île de Sein섬 주민들의 대거 영국행 같은 집단적 움직임을 맨 처음 소개했다.[65]

드골의 6월 18일 연설과 자유 프랑스가 첫 장의 두 번째 절("2. 자유 프랑스의 탄생")[66]에 가서야 등장하는 것도 미셸의 책과 다른 점이다. 그러한 점에서 뮈라시올은 미셸보다는 노게르의 입장에 가까운데 이는 그가 노게르의 반反드골주의 성향을 지지해서라기보다는 그만큼 전반적인 역사적 지식이 발전한 상태를 반영하는 것으로 봐야 할 것이다.

1941년 6월 독일의 소련 침공 이전에 프랑스 공산당이 비시 정권에는 반대했지만 정작 독일점령당국과는 모호한 관계를 유지한 사실도 그간의 연구성과들에 힘입어 잘 서술하고 있다.[67] 이는 미셸의 책에는 누락되고 노게르의 책에서도 명확하게 서술되고 있지 않아(바로 그 점이 비지에르가 결국 제3권부터 노게르와 작업을 하지 않게 된 이유다) 이 두 책과 구별되는 점이다.

아마도 전후 반세기의 연구성과들을 가장 잘 반영하는 장은 7장인 "레지스탕스 활동가들"이 될 것이다. 이 장에서는 레지스탕스의 사회적 구성에서부터 여성의 비중, 유대인의 역할, 활동가들의 전체 수, 지하운동가로서의 실제 활동방식, 동조자들의 공모, 체포·고문·처형 등의 탄압에 이르기까지 레지스탕스의 구조, 실제 작동방식, 생활세계와 관련된 거의 모든 문제가 다루어졌던 것이다.[68]

역시 미셸의 책에는 없던 장인 8장 "미래를 준비하기"는 프랑스 레지스탕스가 단지 전쟁에서의 승리와 해방을 추구하는 데 그치지 않았음을 잘 보여 준다. 여기서는 전후/해방 후의 국가 건설을 준비한 기구들과 간행물들, 레지스탕스의 혁명적 특성, 전후에 실시할 국유화·교육개혁·국가개혁을 둘러싼 논쟁이 다루어졌다.[69] 8장이 전후에 대한 준비를 다룬다면 마지막 장인 "레지스탕스는 통치하지 않을 것이다"는 아예 전후의 레지스탕스를 다룬다. 1944~45년에 레지스탕스의 정치적 기획이 무산되는 과정이 서술되었다.[70]

1950년의 첫 〈크세주〉 문고가 레지스탕스 출신의 전문역사가가 연구-서술 대상으로부터 5~6년밖에 안 된 시점에서 얼마 안 되는 사료들을 기반으로 최소한의 역사학적 규칙들을 준수하며 집필한 첫 레지스탕스사 개설서라는 의의를 가진다면, 1993년의 두 번째 〈크세주〉 문고는 그때까지 반세기 동안 축적되어 온 역사 연구성과들을 충분히 반영하여 전후 세대 역사가가 내놓은 첫 개설서라는 점에서 그 의의를 찾을 수 있을 것이다.

프랑수아-조르주 드레퓌스의 《레지스탕스의 역사》(1996)

스트라스부르대학교와 파리 제4대학교에서 잇달아 교수직을 담당한 드레퓌스(1928~2011)의 역사서는 128쪽의 〈크세주〉 문고도 아니고 다섯 권의 방대한 저작도 아닌, 총 653쪽의 단행본이란 점에서 적절한 분량 면에서나 저자의 전문역사가로서의 역량 면에서나 '전후 프랑스 최초의 온전한 레지스탕스 종합 개설서'라는 평가를 받을 수도 있었을 것이다.

그럼에도 어찌된 일인지 최근에 나온 레지스탕스 관련 주요 서적들, 즉 두주의 《프랑스 레지스탕스: 위험한 역사》(2005), 《레지스탕스 역사사전》(2006), 비비오르카의 《레지스탕스의 역사》(2013) 각각 말미에 수록된 참고문헌 어디에도 드레퓌스의 책은 포함되지 않았다. 이렇듯 의도적인 무시는 아마도 드레퓌스의 정치적 성향과 6년 전의 또 다른 저작 《비시의 역사》(1990)[71]가 야기한 논란에서 그 이유를 찾을 수 있을 것이다.

정치적으로 드골주의자였던 드레퓌스는, 우파와 극우파 사이 정도의 노선을 취하는 사상모임인 〈시계 클럽club de l'Horloge〉 회원이었고, 극우 정당인 민족전선FN(Front national)에 다소 우호적인 성향을 보였는데, 자신의 저작 《비시의 역사》에서 극우파의 전통적인 입장과 유사하게 비시 체제를 복권하려는 듯한 서술을 했던 것이다. 이는 역사가들의 격렬한 반발을 야기했고 특히, 앙리 루소는 드레퓌스의 저작은 "학술적 영역에서는 완전히 고립"된 것으로, "신빙성과 지적 엄격성, 게다가 대학교수로서의 직업윤리는 그의 이데올로기적 편향성

에 반비례한다"고 혹평했다.[72]

뮈라시올처럼 전후 세대는 아니지만 강점기에 레지스탕스를 경험하기에는 너무 어렸던(1928년생) 드레퓌스의 레지스탕스사에는 대신, 레지스탕스 출신의 신부이자 해방훈장 보유자인 르네 드 노루아René de Naurois의 〈서언〉이 실렸다. 드 노루아 신부는 드레퓌스가 "명확하고 공평한 동시에 가능한 한 완벽한 종합"[73]을 제공하고자 했다는 찬사를 보냈지만 정작 역사가들의 반응은 냉담했다. 6년 전의 격렬한 논란과 달리 이번 책에 대해서는 너무 반응이 없었는데 그렇다고 서평이 전혀 안 나온 것은 아니었다. 필자가 이 책 바로 다음에 다룰 책

프랑수아-조르주 드레퓌스
(1928~2011)

프랑수아-조르주 드레퓌스의
《레지스탕스의 역사》(1996)

의 저자이자 17년 뒤 자신의 참고문헌에는 포함시키지도 않을 비비오르카가 한 역사학술지에 드레퓌스의 책을 평하는 글을 실었다.[74]

비비오르카의 논평에 따르면 6년 전 저작에서 보였던 '이데올로기적 편향성'은 이 저작에서도 그대로 반복되었다. 즉, 비시 체제하에서 활동한 군인들의 레지스탕스를 "신성시"하고, 비시 체제와 이후 공화정들 사이의 연속성과 유사성을 강조함으로써 비시에 대한 저자의 우호적 입장이 드러났던 것이다. 비비오르카는 이러한 편향성 외에도 저자가 최근의 연구성과들을 참조하지 않아 레지스탕스의 사회학, 드골파 레지스탕스와 국내 레지스탕스 사이의 갈등, 해방 시 봉기 문제 등에 대한 논의가 누락된 점, 레지스탕스의 부정적 측면들(해방 전후 숙청의 폭력성, 초기 레지스탕스의 페탱주의 성향, 일부 레지스탕스의 반유대주의)을 지나치게 강조한 점 등을 문제삼았다. 결국 그가 내린 결론은 "성급하고 파당적인 책"이었다.[75]

책의 구성은 다음과 같다.

서론
제1부. 레지스탕스의 탄생, 1940~1941
1. 패전의 무게
2. 레지스탕스의 시작
3. 비시와 레지스탕스, 혹은 비시의 레지스탕스
4. 운동들의 형성
5. 망들
6. 공산주의자들과 레지스탕스의 시작(40~42)
7. 초기 레지스탕스의 정치사상(40~42)

8. 자유 프랑스와 레지스탕스(40년 7월~41년 12월 31일)

9. 레지스탕스 통합의 추구와 북아프리카 상륙

제2부. 레지스탕스의 대전환, 1942년 가을~1944년 봄

10. 레지스탕스의 통합

11. 비극적인 칼뤼르 회합

12. 전투가 계속되고 확대되다

13. 레지스탕스 앞에서의 교회와 유대교

14. 사실상 합병된 도들에서의 레지스탕스

제3부. 저항에서 해방으로, 1943/44년 겨울~1944년 여름

15. 1944년 레지스탕스의 조직과 사상

16. 진압세력

17. 상륙 전의 레지스탕스

18. 상륙에서 파리 해방까지의 레지스탕스(1944년 6~8월)

19. 전투 종결을 향하여(1944년 가을)

20. 44년 가을과 44~45년 겨울의 마지막 전투들

21. 레지스탕스와 공화국

결론

이상의 구성에서 우선 눈에 띄는 것은 초기 국면의 비중이 크다는 점이다. 즉, (강점기 첫 1년 반을 다루는) "레지스탕스의 탄생"이란 제목의 제1부가 총 21개 장 가운데 거의 절반에 해당하는 9개 장이나 차지한다. 레지스탕스의 규모와 활력이 오히려 후반부로 갈수록 커진 것을 감안하면 이러한 구성은 다소 불균형해 보인다. 이는 국내 레지스탕스가 비시 정부와 페탱에게 가장 우호적이었던 국면이 바로 이 첫

국면(1940~41)이었다는 사실과 연관성이 있어 보인다. 앞서 지적했듯이 비시 체제에 어느 정도 우호적인 성향의 저자로서는 그러한 시기가 꽤 중요하게 보였을 것이다.

다음으로는 1944년 6월부터의 해방전투에 세 장(18, 19, 20장)이나 할애한 점이 눈에 띈다. 이는 책 전권에 걸쳐 레지스탕스의 군사적 측면을 가장 중시하는 저자의 입장과 깊은 관련이 있다. 드레퓌스는 레지스탕스 활동가들 중에서도 바로 군인들을 가장 중시하는데 그러한 인식은 책 곳곳에 드러나 있다. 즉, 레지스탕스를 시작한 인물(혹은 범주)로 드골을 내세운 미셸과도 다르고, 몇몇 고위직 인물들을 제시한 노게르나, 다양한 범주의 집단적 움직임을 소개한 뮈라시올과도 다르게 드레퓌스는 첫 저항 주체들이 "군인들"이었다고 단호히 주장한다. 1940년 9월 6일부터 저항을 촉구한 코세 장군, 6월부터 점령지구에서 항독 세포들을 조직할 것을 지시한 리베Rivet 대령, 휴전협정이 발효되기 전에 무기를 은닉한 알프스 지역 부대 등이 저자가 제시한 사례들이다.[76] 또한 6월 말부터 "적극적 레지스탕스의 첫 핵심"이 조직된 것도 국방부장관 베강Weygand 장군의 고무하에 "군대를 중심으로" 이루어졌고,[77] 남부지구 레지스탕스 조직들의 사례로 가장 먼저 언급된 것도 앙리 프르네 대위의 조직이었다.[78] 마지막 〈결론〉에서도 드레퓌스는 "초기 레지스탕스는 본질적으로 군인들의 행위"였음을 다시 한번 강조했다.[79]

이렇듯 유독 군인들의 레지스탕스를 강조하는 것도 사실, 저자의 친親비시 성향과 관련 있어 보인다. 레지스탕스 내에서 우파적 성향이 가장 강하고 비시 정부와 페탱 원수에게 가장 우호적이었던 범주가 다름 아닌 군인들이었던 것이다.

저자의 친비시 성향이 가장 잘 드러난 장은 3장 "비시와 레지스탕스, 혹은 비시의 레지스탕스"다. 사실, 강점기 초기(1940~41)에 레지스탕스 내에서 비시 정부에 적대적이지 않은 세력이 처음부터 반反비시적이었던 세력보다 많았다는 것은 오늘날 프랑스 역사학계에서는 비교적 잘 알려져 있다.[80] 그런데 드레퓌스가 3장에서 얘기하는 것은 그러한 논의가 아니라 비시 정부 자체가 레지스탕스에 그리 적대적이지 않고 종종 반反독일적이었다는 것이다. 즉, (6년 전의《비시의 역사》에서 개진했던) 비시 정부의 '이중 플레이'(독일에 협력하는 동시에 비밀리에 영국과도 협상을 벌였다는) 명제를 거듭 반복했을 뿐 아니라 비시 정부의 경찰과 헌병 상당수는 비공산당계 레지스탕스 활동에 눈을 감아 주었고, 내무부, 재정경제부, 공업생산부, 노동부, 교육부의 공직자 상당수가 반反독일적인 태도를 보였으며, 비시주의 청년조직인 〈프랑스의 벗들Compagnons de France〉은 항독 중심지 역할을 했다는 것이 드레퓌스의 주장이었다.[81]

전통적으로 프랑스의 극우파는 비시 체제와 페탱을 복권시키고자 하면서 동시에 (그 반대 진영인) 레지스탕스의 폭력성을 부각시켜 왔는데 그러한 측면이 가장 잘 드러난 국면이 바로 해방 전후의 대독협력자 숙청이었다. 드레퓌스의 책은 바로 그 주제에 대해서도 극우파와 유사한 논지를 폈다. 즉, 본론의 마지막 장인 21장 "레지스탕스와 공화국"에 포함된 '숙청' 부분에서 드레퓌스는 숙청의 가장 폭력적인 양태였던 '약식처형'의 규모를 보여 주는 사망자 수를 거론하며 현재사연구소가 집계한 '8,142명'이 아니라 대중적 역사가인 필리프 부르드렐Philippe Bourdrel이 제시한 '1만 6,000~2만 명'을 옹호하면서 "야만적 숙청"임을 강조했던 것이다.[82]

사실, 드레퓌스는 이러한 성향 때문만이 아니라 학문적 정직성 문제 때문에도 종종 논란을 야기해 왔다. 1992년에 그는 역사가 파스칼 오리Pascal Ory의 대표작인 《대독협력자들, 1940~1945》(1976)[83]을 "부분 표절"한 혐의로 유죄를 선고받았고,[84] 같은 해 한 동료 역사가는 드레퓌스의 또 다른 저작 《현대 독일(1815~1990)》(1991)[85]이 그 자신의 21년 전 저작(《독일사》) 182쪽부터 440쪽까지를 통째로 자기 표절했을 뿐 아니라 여러 명의 다른 역사가들의 책들을 표절했다는 서평을 발표했던 것이다.[86]

이러한 일련의 상황들과 문제점들은 드레퓌스의 레지스탕스사 개설서가 그 번듯한 형식에도 불구하고 왜 그리도 역사가들의 냉대를 받고 참고문헌들에서 아예 제외되었는지 잘 설명해 준다.

올리비에 비비오르카의 《레지스탕스의 역사》(2013)

끝으로 살펴볼 《레지스탕스의 역사》(2013)의 저자 올리비에 비비오르카는 뮈라시올처럼 전후 세대(1960년생)이고, 다른 네 저자 중 어느 누구와도 달리 책 출간 당시 이미 레지스탕스 및 2차 세계대전사 전문 연구자로서의 지위를 굳힌 상태였다. 즉, 그는 박사논문(1992)으로 북부지구의 유력한 레지스탕스 조직들 중 하나인 〈프랑스의 방위Défense de la France〉에 대한 연구논문을 썼고, 이것을 책으로 출간한 《어떤 레지스탕스 사상: 프랑스의 방위, 1940~1949》(1995)를 비롯해서 《공화국의 고아들. 프랑스 상하원의원들의 운명(1940~1945)》(2001), 《노르망디 상륙의 역사》(2007), 《반목하는 기억: 해방기부터 오늘날까지 암울한 시기에 대한 정치적 기억》(2010) 등 레지스탕스와 2차 세계대전(독일강점기) 역사에 대한 연구서들을 다수 출간했던 것이다.[87]

드골의 6·18 호소로 논의를 시작한 미셸과도 다르고, 군인들의 레지스탕스부터 강조한 드레퓌스와도 달리 비비오르카는 〈머리말〉 첫 페이지를 1940년 6월 20일 공군기지의 전화선을 끊었다가 체포되어 총살당한 농업노동자, 같은 해 12월 22일 자유 프랑스의 정보망을 건설하려 프랑스에 잠입했다가 체포되어 총살된 대위, 6월 27일 포로수용소에서 탈출하여 유력한 레지스탕스 조직 '콩바'를 만들게 된 앙리 프르네, 1942년까지 비시 체제 안에 머물며 정규군 안에서 항독활동

올리비에 비비오르카(1960~)
현재 카샹 고등사범학교 교수로 재직 중이다.

올리비에 비비오르카의
《레지스탕스의 역사》(2013)

을 벌인 루이 리베Louis Rivet 대령을 소개하는 데 할애했다.[88] 이러한 다양한 사례들은 레지스탕스를 하나의 개념으로 정의하기가 그만큼 어렵다는 것을 말하기 위해 제시한 것이었다.

이어서 비비오르카는 이 책에서 다루려는 것은 "운동으로서의 레지스탕스résistance-mouvement"가 아니라 "조직으로서의 레지스탕스 Résistance-organisation"임을 명확히 했다. 혼동을 피하기 위해 설명을 덧붙이자면 여기서 "운동"은 군사조직인 '망réseau'과 대비되는 것으로서의 '정치-선전조직'이라는 기존의 의미가 아니라 '레지스탕스를 둘러싸고 있으면서 레지스탕스를 지원하는 동조자들'을 가리킨다.[89] 즉, 저자는 불필요하게 레지스탕스의 범위를 너무 넓게 잡지 않겠다고 미리 선을 그은 셈인데 이는 드레퓌스가 비시 정부 안에 머물면서 레지스탕스를 도운 많은 사례들을 포함시킨 것과 대조되는 대목이다.

책의 구성은 다음과 같다.

머리말

1. 호소

2. 정당들과 노조들: 레지스탕스의 전위?

3. 운동들의 탄생

4. 참여하기

5. 새로운 정세

6. 공조와 합류

7. 동일한 전투를 위한 두 레지스탕스?: STO에 충격 받은 프랑스인들의 동원에 대하여

8. 유대인 박해에 직면하여

9. 1943년: 국내 레지스탕스의 발전

10. 오랜 통합과정

11. 유산 없는 계승. 칼뤼르와 그 여파

12. 알제 싸움과 그 결과

13. 전투 명령

14. 전투부대를 구성하라!

15. 사회학들

16. 탄압

17. 미완의 승리

18. 분열된 기억

결론

가장 먼저 눈에 띄는 것은 미셸의 책과 동일하게도 본론이 드골의 6·18 호소("1. 호소")로 시작된다는 점이다. 레지스탕스 역사서술이 63년 만에 결국 드골주의로 돌아간 것일까? 그러나 1장의 내용을 읽어 보면 그러한 생각은 기우에 불과한 것으로 드러난다. 비비오르카는 6·18 호소를 "레지스탕스의 창립행위"로 보는 것은 "드골주의적 시각"이며 그러한 시각이 "현실에 거의 부합하지 않음"을 명확히 했던 것이다. 1940년 8월 말까지 자유 프랑스는 지원자들을 1만 1,000명밖에 모으지 못했으며 드골 자신이 초기에는, 민간 레지스탕스를 주조함으로써 프랑스 국민을 동원하자는 생각도, 게릴라식 무장투쟁을 추진하자는 생각도 하지 못했고 오직 전통적 군대를 다시 만들고자 했다는 것, 따라서 "드골을 국내 레지스탕스의 창조자나 고무자로 간주하는 것은 지나치다"라는 것이 저자의 평가였다.[90]

다음으로 주목할 만한 장들은 "4. 참여하기", "7. 동일한 전투를 위한 두 레지스탕스?: STO에 충격받은 프랑스인들의 동원에 대하여", "8. 유대인 박해에 직면하여", "11. 유산 없는 계승. 칼뤼르와 그 여파", "15. 사회학들", "18. 분열된 기억"이다. 이 장들의 존재 자체가 1990년대 이후의 새로운 연구 동향들을 잘 반영하고 있다.

우선, 4장("참여하기")은 다양한 레지스탕스 참여 동기, 투쟁의 효율성, 다양한 투쟁방식, 지하투쟁의 일상세계 등 1980년대까지는 그다지 연구되지 않았던 레지스탕스 활동의 구체적인 세계를 보여 준다. 유별나게 긴 제목이 돋보이는 7장은 STO(Service du travail obligatoire, 의무노동제) 도입의 충격이 자동적으로 유격대 형성으로 이어지지는 않았다는 새로운 연구성과들을 잘 반영하고 있고, 유대인 문제를 다룬 8장 역시 1980년대 이후 유대인-홀로코스트 기억의 부상을 반영하여 레지스탕스가 유대인 박해를 막는 데 미온적이었다는 점과 그 의미를 분석하고 있다.

1943년 6월 21일 장 물랭이 체포된 '칼뤼르 사건'을 한 장(11장)으로 독립시켜 논의한 것은 드레퓌스의 책("11, 비극적인 칼뤼르 회합")과 동일하다. 이는 다니엘 코르디에Daniel Cordier가 두 차례 장 물랭 전기(1989, 1999)[91]를 통해 이 사건에 대한 본격적인 연구를 발표하고 1993년의 장 물랭 소련첩자설 논쟁과 1997년의 오브락 사건이 잇달아 칼뤼르 사건을 다시 환기시켰던 상황을 반영한다.[92] 비비오르카가 이 사건에 대한 책임으로 르네 아르디René Hardy 개인의 배반 여부에만 집중하지 않고 "운동들에 속하든, BCRA(자유 프랑스의 정보부서-필자)에 속하든 장 물랭의 경쟁자들이 개진한 전략"을 문제삼은 것은 주목할 만하다.[93]

레지스탕스에 대한 새로운 연구 동향이 가장 돋보이는 장은 15장

("사회학들")과 18장("분열된 기억")이다. 15장에서는 레지스탕스의 계급 구성, 농민층과의 관계, 정치문화, 종교별 구성, 세대 문제, 여성의 비중, 수數 논쟁 등의 주제들이 분석되고, 18장에서는 2차 세계대전기의 레지스탕스 자체가 아니라 전후 프랑스에서 레지스탕스를 둘러싼 기억의 문제가 논의되었다.

끝으로, 비비오르카의 〈결론〉은 63년 전 미셸이 내린 결론과 여러 점에서 유사했다. "드골과 국내 레지스탕스가 획득한 적법성"은 비시 체제에서 레지스탕스 출신 행정관들로의 "권력 이행을 용이하게" 했고 레지스탕스가 "그리스도, 이탈리아도 경험하지 않은 평화적 이행"을 보장해 주었다는 비비오르카의 평가[94]는 레지스탕스가 "정치 지도 계급들의 부분적 교체"와 "고위 행정인원의 변화"를 가능케 하고 "해방기에 내전을 면하게" 해 주었다는 미셸의 주장[95]과 일맥상통한다. 또한 레지스탕스 투쟁을 벌인 사람들이 "본보기를 통해 시민성에 대한 강하지만 고통스런 요구를 가르쳐 주기 때문에 우리에게 남겨 준 흔적을 통해 우리의 가슴과 우리의 의식 속에 여전히 살아 있다"라는 결론의 마지막 문장[96]은 1950년에 미셸이 자신의 책 결론을 레지스탕스에 바치는 찬사로 끝맺은 것을 그대로 연상시킨다.

———

레지스탕스라는 역사적 현상이 종결되고 나서 반세기나 지나고도 그 주제에 대한 종합적 역사서가 아직 나오지 않은 데 아쉬움을 표한 1994~95년의 아제마, 베다리다, 기용, 라보리 등의 진단[97]은 이제 더 이상 되풀이되지 않을 것이다. 〈크세주〉 문고(1950, 1993)처럼 너무 간략하지도 않고, 노게르의 방대한 저작(1967~81)처럼 증언에 대한 의 존도가 너무 크지도 않고, 언제나 논란을 야기하는 드레퓌스의 책(1996)처럼 정치적 편향성이나 학문적 부정직성이 문제되지도 않은 저작이 2013년에 나온 것은 그만큼 의의가 크다. 어떤 새로운 명제를 담고 있지는 않지만 전후 60여 년간 축적된 연구성과, 특히 1990년대 이후의 새롭고도 다양한 연구성과들을 종합적으로 잘 반영하고 있다는 점만으로도 비비오르카의 《레지스탕스의 역사》는 높은 평가를 받을 수 있을 것이다.

레지스탕스 역사서술의 역사에서 종전 이후 30~40년간은 '증인-당사자의 시대'라 해도 과언이 아니었다. 아날학파의 창시자 뤼시앙 페브르(1954)와 2차대전사위원회 총서기 앙리 미셸(1964)은 레지스탕스 출신 증인의 (역사가에 대한) 우위와 증언의 의무, 나아가 이들이 직접 역사서술에 나설 필요성까지 거론했고, 그러한 2차대전사위원회의 '주류' 역사학에 맞서 대안적 역사서술을 내놓은 (그리고 현재까지도 가장 방대한 레지스탕스 역사서의 저자로 남을) 노게르는 더더욱 증인-당사자의 비중을 높였다.

또한 미셸과 노게르 자신이 레지스탕스 출신이었고, 1990년대 들어서 가장 뛰어난 레지스탕스 관련 연구서를 내놓은 것으로 평가받는 두 저자인 장루이 크레미외-브릴락Jean-Louis Crémieux-Brilhac[98]과 다니엘 코르디에[99]도 학계의 전문역사가가 아니라 레지스탕스 출신 인사였다. 물론 이 두 사람 모두 '증인'으로서의 역할이 아니라 철저히 1차 사료 문서들에 입각한 연구로 높은 평가를 받은 것이지만 레지스탕스 출신인 것은 사실이다.

인간의 자연적인 수명을 고려할 때 앞으로도 계속 레지스탕스 경험자가 증언을 하고 역사를 직접 서술하거나 역사가들을 "통제"(노게르)

하고 "감시"(라보리)하는 것은 원천적으로 불가능할 것이다. 1990년대 들어서 레지스탕스 관련 주제들이 보다 새로워지고 다양해진 것도 어느 정도는 레지스탕스 세대의 영향력이 줄어든 데 따른 것이며 이러한 추세는 갈수록 커질 것이다.

그럼에도 프랑스에서 현재의 공화국 전통이 계속 유지되는 한, 아니 그러한 전통이 끊기더라도 외세의 지배에 저항하고 인간의 자유와 존엄을 위해 투쟁한다는 것 자체가 시공간을 떠나 보편적 가치를 잃지 않는 한, 그러한 주제를 연구하거나 서술하는 데에는 여전히 망각에 맞선 기억의 의무, 시민적 의무라는 측면을 배제할 수 없을 것이다. 통제하고 감시할 레지스탕스 세대가 더이상 존재하지 않아도 '자기검열'은 계속될 것이며 그러한 검열이 신화화로 이어지지 않고 철저히 비판적인 사실 분석을 방해하지 않는 한, 어느 정도는 필요하다고 본다. 망각과 신화화의 위험을 동시에 경계해야 한다는 30년 전 역사가들의 발언은 여전히 유효하다.

독일강점기 프랑스(1940~44)를 '순응과 대독협력의 프랑스'로만 규정지을 수 없는 것은 무엇보다도 패전과 독일의 지배를 인정하지 않고, 독일점령당국과 그에 협력하는 비시 정부에 끝까지 저항한 사람들이 존재했기 때문이다. 이들이 비록 초기에는 지극히 세력이 미미했고, 종종 개인적·고립적 행위에 그쳤고, 점차 조직을 결성한 뒤에도 정치적·이데올로기적 갈등과 분열에 시달렸지만 결국 통합을 이루어 내고 1944년 6월 이후의 해방전투에서는 무시할 수 없는 기여를 함으로써 프랑스의 명예를 구했다. 2차 세계대전이 끝난 뒤 프랑스가 연합국들에게 나치 독일의 속국이나 패전국이 아니라 승전국으로 대우받고 프랑스 정부가 스스로 과거사 청산과 새로운 국가 건설을 이끌 수 있었던 것도 바로 이러한 레지스탕스의 존재와 역할 덕분이었다.

이 장은 이러한 레지스탕스의 역사가 전후 프랑스의 중등교육기관들에서 어떻게 교육되고 있는가를 알아보기 위해 1960년대부터 오늘

역사교과서 속의 레지스탕스

(1962~2015)

1962~2015년
프랑스에서 발간된
고등학교 2, 3학년 역사교과서들

날까지의 고등학교 역사교과서를 분석한 것이다. 2차 세계대전의 역사가 처음으로 다루어지기 시작한 1962년부터 2015년까지의 교과서들이 필자가 분석 대상으로 삼은 범위다. 필자는 1962년의 교과서 4종, 1968년, 1979년, 1987년은 각각 1종, 1998년과 2003년은 각각 2종, 2007년은 3종, 2011년은 6종, 2015년은 3종, 이렇게 총 23종의 고등학교 2학년 혹은 3학년 역사교과서를 분석했다.[1]

먼저 이들 교과서를 집필하는 데 기준이 된 프랑스 교육부의 〈교과목 지침〉과 그에 따른 구성이 어떻게 바뀌어 갔는지를 검토했고, 각 교과서의 프랑스 레지스탕스 관련 서술 분량과 그 비중이 어떠했고 시기별로 어떻게 달라졌는지를 분석했다. 이어서 각 교과서의 레지스탕스 관련 서술 내용과 방식이 시기의 변화에 따라 바뀌는 점과 바뀌지 않는 점이 무엇인지를 고찰했고, 끝으로 교과서에 실린 사료, 사진, 포스터 등의 보조자료를 분석했다.[2]

교과목 지침과 구성의 변화

프랑스 중등교육과정의 역사교과서는 국정교과서도, 검정교과서도 아닌 자유발행제 교과서이지만 그렇다고 집필자들에게 무제한의 자유가 주어지지는 않았다. 주기적으로 교육부 산하의 '전국교과위원회 Conseil national des programmes'가 '교과목 지침programme'을 작성하여 《교육부 관보Bulletin officiel de l'Education nationale》에 발표했는데, 각 출판사의 저자들은 이 지침에 명시된 주제들, 주제별로 기본적으로 다루어야 할 내용, 각 주제에 할당된 연간 수업시간 등에 의거하여 교과서를 집필했던 것이다.

'레지스탕스'란 기본적으로, 2차 세계대전기 점령국에 맞선 저항을 가리키므로 '2차 세계대전(1939~1945)'이란 항목하에서 다루어지기 마련인데, 이 전쟁이 프랑스 고등학교의 역사교과서에 처음 등장한 것은 1961~1962년이 되어서였다.[3] 이후 교과목 지침의 변화는 1982년, 1988년, 1995년, 2002년, 2010년에 이루어졌다. 1961~1962년의 교과서에 처음 적용된 지침이 1981년까지 무려 20년간이나 유지되었던 것과 달리 이후에는 6~8년에 한 번씩 개정된 셈이다.

지침의 변화에 따라 레지스탕스가 포함된 2차 세계대전기는 고등학교 2학년 과정에서 다루어지기도 하고 고등학교 3학년 과정에서 다루어지기도 했다. 1961~1987년에는 고3, 1988~1994년에는 고2, 1995~2001년에는 다시 고3, 그리고 2002년에 다시 고2 과정에 포함되어 오늘날에까지 이르고 있다.

2차 세계대전기가 처음 다루어진 1961년 이후 고3 역사교과서들에 적용된 교과목 지침은 크게 두 부분으로 이루어졌는데, 첫 부분은 "현대 세계(1914년부터 오늘날까지)의 탄생"이란 제목으로 1차 세계대전의 발발(1914)부터 2차 세계대전 종전(1945)까지의 역사를 다루었고, 두 번째 부분은 "현대 세계의 문명들"이란 제목으로 세계 각지의 문명들을 차례대로 다루었다. '레지스탕스'는 첫 부분의 네 번째 장이자 마지막 장인 "2차 세계대전(1939~1945)과 그 결과들"에서 다루어졌다.[4] 필자가 분석한 6종의 교과서, 즉 1962년의 교과서 4종(Delagrave, Hatier, Masson et Cie, Nathan), 1968년(Bordas)과 1979년(De Gigord)의 교과서들이 모두 이 지침을 따랐다.

이상의 교과서들이 '1914년부터 오늘날까지'를 범위로 삼았다면

1982년부터는 새로운 지침에 따라 '1939년부터 오늘날까지'를 고3 역사교과서의 범위로 규정했다. 필자가 분석한 1987년판 교과서는 이 지침에 따라 제목부터가 "1939년부터 오늘날까지 현재의 역사"였다.[5] 즉, 1961년부터 1981년까지는 1차 세계대전이 발발한 1914년을 고3 역사교과서의 기점으로 삼았는데 2차 세계대전의 발발로부터 이미 40여 년이 지난 1982년에 이르러서는 세월의 흐름을 감안하여 같은 교과서의 기점을 2차 세계대전(1939~1945)으로 변경한 것으로 볼 수 있다.

이어서 1988년의 교과목 지침에서는 기점이 2차 세계대전의 발발(1939)에서 종결 시기(1945)로 또 한 번 바뀌었다가 1995년의 지침에서는 다시 1939년으로 돌아갔다.[6] 따라서 2차 세계대전기 자체는 1988~1994년에는 고2의 역사교과서에 들어갔다가 1995년에 다시 고3의 교과서에서 다루어지게 되었다. 필자가 분석한 1998년의 교과서 2종(Bordas, Hachette) 역시 고3 과정의 것으로, 1995년의 지침을 그대로 따랐다. 1995년에 발표된 고3 역사교과서 교과목 지침의 구성은 다음과 같다.

I. 2차 세계대전(7~9시간)
1. 대국면들
2. 전쟁 속의 유럽과 프랑스
3. 전쟁의 결산
II. 1945년부터 오늘날까지의 세계(21~23시간)
1. 1945년 이후 세계의 경제적·사회적 변화
2. 세계의 대大이데올로기 모델들과 그 변화

3. 양대 세력 간의 대립과 진영들의 해체

4. 종속민들의 해방과 제3세계의 등장[7]

위의 지침을 1961년의 지침(1981년까지 쓰였던)과 비교해 보면 가장 두드러진 특징은 2차 세계대전의 비중이 대폭 커졌다는 점이다. 즉, 34년 전의 지침에서는 11개 장(1부 4개 + 2부 7개) 중의 하나("2차 세계대전과 그 결과들")에 불과했던 '2차 세계대전'이 1995년도에는 두 개 부 중의 하나, 7개 장 중 3개 장에 달했던 것이다. 이는 2차 세계대전이 끝나고 나서 반세기가 지난 시점(1995)에서 그 사건의 역사적 중요성이 (34년 전에 비해) 오히려 더욱 커졌음을 말해 준다.

한편, 교과목 지침에는 각 장의 제목만이 아니라 각 장에서 다루어야 할 세부적인 학습요목도 명시되어 있었다. 1995년도의 지침에서 '레지스탕스'는 "I. 2차 세계대전"의 "2. 전쟁 속의 유럽과 프랑스"에서 다루어졌는데 그중에서도 프랑스와 관련된 부분을 보면, "'기묘한 전쟁', 패전, 비시 체제, 해방"에 대한 학습은 "비시 체제의 성격과 역할, 협력[대독협력을 지칭-필자]의 다양한 형태, 국내 레지스탕스와 자유 프랑스[드골의 국외 레지스탕스를 지칭-필자]의 역할"을 분석할 수 있게 해 준다고 되어 있다.[8]

그로부터 7년 뒤인 2002년부터는 2차 세계대전기가 다시 고2 교과과정에서 다루어지게 되었다. 즉, 1988년의 지침에서 그러했듯이 2002년의 지침에서도 2차 세계대전이 종결된 1945년이 고2와 고3을 가르는 분기점이 되었던 것이다. "19세기 중반부터 1945년까지의 세계, 유럽, 프랑스"를 제목으로 내건 2002년도 고등학교 2학년 역사교과서의 교과목 지침은 크게 세 부("I. 19세기 중반부터 1939년까지의 산업시대와 그 문명", "II. 19세기 중반부터 1914년까지의 프랑스", "III. 전쟁, 민주주의, 전체주의(1914~1945)")로 구성되었고, 그 가운데 2차 세계대전이 속한 3부는 다음과 같이 구성되었다.

III. 전쟁, 민주주의, 전체주의(1914~1945)
서론. 1850년과 1914년 유럽의 정치지도들: 국가들, 정치 체제들, 민족주의의 요구
1. 1차 세계대전과 유럽의 격변
2. 1930년대의 자유민주주의: 프랑스의 사례
3. 전체주의
4. 2차 세계대전[9]

이제 2차 세계대전의 역사는 고3의 첫 단원이 아니라 고2의 마지막 단원으로 배우게 되었다. 그런데 3부의 "4. 2차 세계대전"의 세부적인 학습요목을 보면 1995년도의 것과 별 차이가 없다. 특히 "2차 세계대전에 들어간 프랑스" 항목에는 "비시 체제의 역할, 협력의 다양한 형태, 국내 레지스탕스와 자유 프랑스의 구성요소 및 행동"을 분석할 수 있게 해 준다고 되어 있어서 7년 전의 것과 문구까지 거의 유사하다. 필자가 분석한 2003년도의 교과서 2종(Bréal, Hatier)과 2007년도의 교과서 3종(Hachette, Magnard, Nathan)은 이상의 지침을 철저히 따랐다.

끝으로, 2010년의 교과목 지침은 가장 파격적인 변화를 보였다. 그 구성은 다음과 같다.

I. 19세기 중반 이후의 경제성장, 세계화, 사회변동(9~10시간)

II. 20세기의 전쟁(16~17시간)

III. 전체주의의 세기(10~11시간)

IV. 식민화와 탈식민화(7~8시간)

V. 프랑스인들과 공화국(15~16시간)[10]

2010년 이전의 역사교과서들에서는 언제나 '레지스탕스'라는 항목이 '2차 세계대전'이란 주제 안에서 다루어졌던 반면, 이번 지침에서는 그 항목이 2차 세계대전으로부터 완전히 분리되었다. 즉, 레지스탕스는 2차 세계대전이 포함된 "II. 20세기의 전쟁"이 아니라 "V. 프랑스인들과 공화국"에서 다루어졌던 것이다. 2010년의 교과목 지침은 "V. 프랑스인들과 공화국"에서 다룰 학습요목을 다음과 같이 제시했다.

공화국, 세 공화정

– 공화주의 문화의 정착(1880년대와 1890년대)

– (나치 점령국과 비시 체제에 맞선) 레지스탕스의 전투와 공화국 재건

– 1958~1962년, 새로운 공화정

공화국과 프랑스 사회의 변화

– 공화국과 노동자 문제: 인민전선

– 1880년대 이후의 공화국, 종교들, 세속성

– 20세기 프랑스 정치와 사회에서의 여성의 지위[11]

레지스탕스가 이전까지는, 기본적으로 2차 세계대전이라는 군사적 사건의 틀 안에서 다루어지고 외세/점령국인 독일에 대한 저항이자

(대독)협력과 대비되는 것으로 서술되었다면 이제는 무엇보다도, **공화국**을 무너뜨린 **나치** 독일과 **비시** 체제에 대항한 것이자 **공화국**을 다시 세우려는 행위로 규정되었던 것이다.

이는 프랑스 레지스탕스를 공부하고 가르치는 데 주안점이 군사적·민족적 측면에서 정치적(민주적·공화주의적) 측면으로 바뀐 것으로 볼 수 있다. 필자가 분석한 2011년도 교과서 6종(Bordas, Belin, Hachette, Hatier, Magnard, Nathan)과 2015년도 교과서 3종(Belin, Hachette, Hatier) 모두 이러한 틀을 충실히 따르고 있다.

서술 분량과 비중의 변화

프랑스 고등학교 역사교과서에서 레지스탕스에 대한 서술 분량은 어느 정도나 되었을까? 이 장의 주제는 어디까지나 '프랑스의 레지스탕스'에 대한 교과서의 서술이므로 필자는 2차 세계대전기의 유럽 레지스탕스 전체가 아니라 프랑스 레지스탕스에 국한해서 그 분량과 비율을 각 교과서별로 계산해 보았다.

필자가 분석한, 1962년부터 2015년까지 발간된 역사교과서 23종은 교과서 전체 분량이 적게는 228쪽(Delagrave, 1962)에서 많게는 408쪽(Bordas, 2011)에 달했는데, 프랑스 레지스탕스에 대해 서술한 지면은 0~0.7쪽(Masson et Cie, 1962; De Gigord, 1979)에서 많게는 12.5쪽(Nathan, 2007)까지 교과서별로 다양한 비중을 보였다. 프랑스 레지스탕스에 10쪽 이상이나 할애한 교과서는 단 3종(Nathan, 2007; Belin, 2011; Belin, 2015)에 불과했고, 절반에 가까운 교과서(10종)가 5~6쪽을 이 주제에 할당했다.

각 교과서별로 그 비율을 계산하면, 2007년판 나탕 사의 교과서가 3.27퍼센트로 가장 높았고, 1962년판의 마송에씨 사와 1979년판의 드지고르 사 교과서가 각각 0퍼센트와 0.25퍼센트로 가장 낮았다. 대부분의 교과서(23종 중 15종)는 1~3퍼센트의 지면을 프랑스 레지스탕스에 할애했다. 이를 연도별로 도시하면 〈그래프 1〉과 같다.[12]

대표적인 레지스탕스 출신 인물인 드골이 정부를 이끌었던 시기이자 '전 국민의 일치단결한 레지스탕스 지지'라는 레지스탕스주의 신화가 지배적이었던 시기인 1960년대에 역사교과서의 레지스탕스 비중이 오히려 작았다는 점은 놀랄 만하다. 이는 당시의 교과서들이 2차 세계대전이란 주제를 서술하는 방식이 철저히 군사적 측면에 집중했다는 점, 그러니까 이후 시기의 교과서들이 전쟁 자체보다는 나치 독

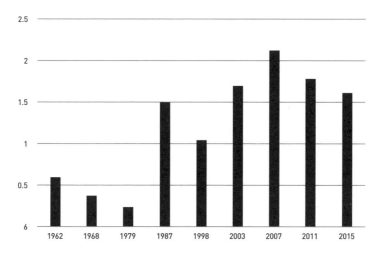

〈그래프 1〉 프랑스 역사교과서의 연도별 레지스탕스 지면 할애율(단위: 퍼센트)

일의 지배와 홀로코스트를 강조하고 협력 대 저항 식으로 접근한 것과 달리 이때만 해도 오직 2차 세계대전의 진행과정 자체, 즉 독일의 침공과 승리, 이어서 전세의 반전과 연합군의 승리라는 군사적 전개과정 일변도로 서술한 데 따른 것이다. 이러한 서술방식에서는 군사적 기여도가 미미한 레지스탕스가 거론될 여지가 그만큼 적었던 것이다.

게다가 2차 세계대전이 끝난 지 아직 그리 긴 세월이 흐르지 않아서 레지스탕스에 대한 연구 자체가 그다지 진척되지 않은 점도 어느 정도 작용한 것으로 보인다. 1979년에 그러한 비율이 더욱 내려간 것은 그때까지도 1961년의 교과목 지침이 그대로 적용되었던 데다가(따라서 군사적 측면 중심의 서술방식은 바뀌지 않았다) '레지스탕스주의' 신화까지 깨진 뒤였다는 점에 연유한 것으로 볼 수 있다.

1987년에 갑자기 그 비율이 높아진 것은 레지스탕스에 대한 관심이 그 시기에 급증해서라기보다는 필자가 분석한 그해의 교과서가 공산당 중심으로 서술한 데 따른 것으로 봐야 할 것이다. 즉, 해당 교과서를 낸 에디시옹소시알Éditions sociales 사는 공산당계 출판사로서, 2차 세계대전에서 프랑스 공산당이 행한 역할을 강조하다보니 (워낙 공산당이 두드러진 역할을 한) 레지스탕스에 대한 서술 분량이 그만큼 늘었던 것이다.

이후 1998년부터 2007년까지 갈수록 레지스탕스 서술 비율이 올라간 것은 레지스탕스에 대한 연구가 다각도로 많이 진행되던 상황을 반영하는 동시에 2차 세계대전 종전으로부터 반세기를 넘어서며 레지스탕스라는 자국의 소중한 역사적 경험이 갈수록 잊히고 있는 추세에 적극 대응한 것으로 볼 수 있다. 이어서 2011년과 2015년에 다시 그 비율이 내려간 것은 앞서 보았듯이 2010년에 크게 바뀐 교과목 지침에 따른 것으로 보인다. 즉, 레지스탕스가 2차 세계대전에서 분리되고 오직 "프랑스인들과 공화국"이란 주제의 6개 학습요목 중 하나로만 다루어지면서 양적 비중은 다소 줄었던 것이다.

지금까지 살펴본 레지스탕스 관련 서술 분량을 같은 시기 반대 진영인 비시 정부 및 대독협력 관련 서술 분량과 비교하면 어떤 결과가 나올까? 2차 세계대전기 프랑스 혹은 독일강점기 프랑스는 나치 독일에 대한 태도를 놓고 크게 '협력의 프랑스'와 '저항의 프랑스'로 나눌 수 있으므로 이런 양자의 비교는 중요하다.

필자가 분석한 23종의 교과서가 대독협력 정부인 비시 정부와 협력 및 협력주의자들에 할애한 비율은 레지스탕스의 경우와 크게 다르지 않았다. 낮게는 0퍼센트(Nathan, 1962)와 0.18퍼센트(Delagrave, 1962)에서 높게는 3.01퍼센트(Nathan, 2007)에 달했고, 전체 평균은 1.03퍼센트로, 레지스탕스의 경우(1.39퍼센트)보다 약간 낮았다.

연도별로 평균을 계산하면 좀 더 의미 있는 결과를 볼 수 있다. 〈그래프 2〉는 연도별로 레지스탕스 지면 할애율과 비시 정부 및 대독협력 관련 지면 할애율을 함께 표시한 것이다. 자국의 청소년들에게 수치스러운 대독협력의 역사보다 자랑스러운 저항의 역사를 더 강조할 법도 한데 1962년, 1968년, 1979년, 1998년, 2007년의 경우 오히려 비시-협력 관련 서술의 비중이 레지스탕스 서술의 비중보다 더 컸다. 이는 어찌 보면 당연한 결과일 수도 있는데, 강점기 당시 프랑스 본토의 공식적인 합법 정부(정통성은 없지만)가 대독협력 정부인 비시 정부였다는 점과, 목숨을 걸어야 하는 레지스탕스 활동가의 수보다 대독협력자의 수가 훨씬 많았다는 점에서 비롯된 것일 수 있다. 게다가 1962~1979년의 경우, 지하활동이라는 속성상 사료 부족 등의 사정으로 레지스탕스 쪽에 대한 연구가 공식 정부인 비시 정부에 대한 연구보다 미흡할 수밖에 없었던 점도 작용했다.

1987년에 이례적으로 레지스탕스 쪽의 비중이 큰 것은 앞서 지적한 것과 동일한 이유로 설명될 수 있을 것이다. 즉, 필자가 분석한 그해의 교과서가 공산당계 출판사에서 간행된 것이어서 비시-협력에 대한 서술보다 공산당의 역할이 유난히 컸던 레지스탕스(특히 국내 레지스탕스)에 대한 서술을 훨씬 중시했던 것으로 볼 수 있다. 2011년, 2015년에 와서 그간의 경향이 역전된 것은 이제 레지스탕스에 대한 연구성과의 축적 정도가 비시-협력에 대한 연구를 넘어서게 되었다는 점과, 공화주의를 특히 중시하는 2010년의 교과목 지침에 따라 반

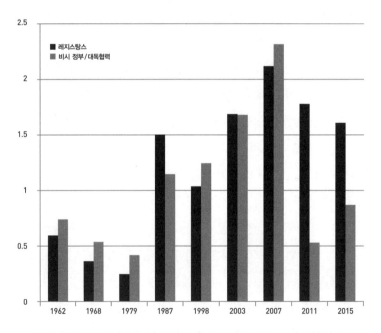

〈그래프 2〉 프랑스 역사교과서의 연도별 레지스탕스 및 비시-협력 지면 할애율(단위: 퍼센트)

反공화주의인 비시-협력주의보다 공화국 재건과 직결된 레지스탕스의 서술 비중이 훨씬 컸다는 점을 반영한 것으로 보인다.

한편, 프랑스 레지스탕스는 프랑스 본토의 '국내 레지스탕스'와 드골 장군이 이끄는 '해외(혹은 국외) 레지스탕스'('자유 프랑스'로 대표되는)로 나뉘는데 각 교과서에서 양자의 비중은 어떠했을까? 두 진영을 구분 없이 서술한 교과서들이나, 워낙 국내 레지스탕스의 비율이 압도적일 수밖에 없는 공산당계 교과서(1987)를 제외하고 모두 17종의 교과서를 분석했는데 대부분(17종 가운데 12종)의 경우 국내 레지스탕스의 비중이 해외 레지스탕스보다 훨씬 컸다. 몇몇 교과서의 경우 국내 레지스탕스의 서술 분량이 해외 레지스탕스의 6~7배에 달하기까지 했고[13] 나머지 교과서들 대부분도 1.3~3.75배로 국내 레지스탕스 쪽이 많았다. 프랑스 영토 자체에서 독일점령군이나 비시 정부에 직접 맞서 싸우는 것이 훨씬 위험하고 '저항' 본연의 의미에 보다 잘 들어맞으므로 국내 레지스탕스의 서술 비중이 더 컸던 것은 어찌 보면 자연스런 현상일 것이다.

레지스탕스 서술: 변화와 연속성

1962년부터 2015년까지 프랑스 역사교과서의 레지스탕스 서술은 어떠한 점에서 연속성을 보이고 어떠한 점에서 바뀌었을까? 우선, 변화의 측면을 보자면 크게 1962년부터 1981년까지의 시기와 1982년 이후의 시기로 나눌 수 있다. 두 번째 시기에는 6, 7, 8년에 한 번씩 교과목 지침이 개정되었던 반면, 첫 시기에는 무려 20년 동안 동일한 지침이 계속 유지되었는데 필자가 분석한 교과서들 중에서는 1962, 1968, 1979년의 교과서가 이에 해당한다. 이 교과서들에서는 '프랑스 레지스탕스'가 독립된 절이 아니라 언제나 '유럽 전체의 레지스탕스' 중 한 구성요소로서만 다루어져서 분량 자체가 매우 적었고 무엇보다도 '2차 세계대전'의 군사적 전개양상의 일환으로만 서술되어서 철저히 군사적 역할과 (그러한 역할을 할 수 있는) 주요 조직들 중심으로 서술되는 양상을 보였다. 일례로 1962년의 들라그라브 사 교과서는 콩바, 남부해방Libération-Sud, 북부해방Libération-Nord, 프랑티뢰Franc-Tireur 등의 조직들이 CNR(레지스탕스전국회의)에 의해 통합되었다는 것과 1944년 2~7월에 국내 레지스탕스가 독일군과 전투를 벌인 것만을 프랑스 레지스탕스에 관한 사실로 서술했고, 같은 해의 나탕 사 교과서도 1943년 5월 CNR의 창설과, 국내 레지스탕스 통합 군사조직인 FFI(Forces Françaises de l'Intérieur, 프랑스 국내군)와 공산당계 레지스탕스 군사조직인 FTP(의용유격대)만 거론했다.[14] 같은 해의 아티에 사 교과서는 1944년 6월 노르망디 상륙작전 이후 FFI가 독일군의 이동을 방해한 것과 8월 19일의 파리 봉기만을 서술했고,[15] 1968년의 보르다스 사 교과서는 국내 레지스탕스로 비점령지구의 3대 조직(콩바, 남부해방, 프랑티뢰)과 점령지구의 3대 조직[북부해방, 민간군사기구OCM(Organisation Civile et Militaire), 민족전선FN(Front National)]만 소개했다.[16]

공산당계 출판사에서 간행한 1987년 교과서도 PCF(프랑스 공산당) 및 공산당계 항독조직들의 역할과 활동 일변도로 서술하느라 조직 중심의 서술방식에서 벗어나지 못했지만 1998년 이후의 교과서들은 훨씬 다양한 서술방식을 보여 주었다. 즉, 레지스탕스 활동을 시작하게 된 다양한 동기, 레지스탕스를 구성하는 사람들의 다양한 범주, 레지스탕스로 규정될 수 있는 다양한 활동 등에 대한 서술이 1990년대 이후 교과서들 상당수에서 발견되었다.

일례로, 1962년 나탕 사의 교과서가 레지스탕스를 "본질적으로 애국운동의 산물"이라고만 규정한 반면,[17] 2003년 아티에 사의 교과서는 레지스탕스 참여 동기를 "점령의 거부, 나치즘이나 비시에 맞선 투쟁"으로,[18] 2007년 마냐르 사의 교과서는 "패전과 독일 점령의 거부, 비시 체제와 협력의 거부, 억압이나 반反유대주의 조치에 대한 반대"로[19] 각각 서술했다.

레지스탕스의 구성 면에서도 1998년과 2007년의 아셰트 사 교과서들은 레지스탕스 활동가들이 "모든 계층, 모든 정당"에서 나왔음을 강조했고,[20] 2003년의 브레알 사 교과서도 "우파 민족주의에서 좌파 공산주의까지 정치적 경향이 다양했음"을,[21] 2007년의 마냐르 사 교과서도 레지스탕스가 "모든 연령대, 모든 사회계층 출신, 모든 성향의 남자와 여자를 끌어들였음"을 강조했다.[22]

활동 면에서는 1960, 1970년대의 교과서들이 주로 군사활동 위주로 서술했다면, 1980년대 이후의 교과서들은 그 외에도 정보 수집, 전단 제작과 지하신문 배포 등의 대국민 선전, 연합군 병사의 탈주 돕기, 박해받는 유대인 돕기, 레지스탕스 대원에게 숙식 제공하기, 강제이송에 대한 항의 등 매우 다양한 종류의 활동들을 소개했다.[23]

그러면 1960년대부터 2015년까지 거의 모든 교과서의 레지스탕스 관련 서술에서 발견되는 공통점은 무엇일까? 최대의 공통점은 단연 드골 장군의 6·18 촉구였다. 1940년 6월 18일 드골 장군이 런던의 BBC 라디오 방송 연설을 통해, 아직 전쟁이 끝나지 않았으며 끝까지 독일에 맞서 저항할 것을 촉구한 사실이 필자가 분석한 23종의 교과

서 가운데 무려 20종에서 언급되었던 것이다.[24]

드골의 이 연설은 여기서 쓰인 '저항résistance'이라는 보통명사가 '레지스탕스'라는 역사용어가 되는 출발점이었다는 점에서나 나중에 레지스탕스 전체를 대표하고 해방 후 임시정부를 이끌 인물의 첫 항독 선언이라는 점에서 대부분의 교과서가 이를 중시한 것은 당연한 이치일 것이다. 그런데 주목할 만한 점은 이 6·18 촉구 연설이 등장하는 순서였다. 이 연설을 언급한 교과서들 대부분(20종 가운데 14종)이 드골의 6·18 촉구와 그가 조직한 '자유 프랑스'의 탄생 다음에 국내 레지스탕스의 시작을 서술했던 것이다.[25]

초기에 6·18 촉구 연설이 미친 영향력은 극히 미미했고 국내 레지스탕스의 탄생은 드골의 이 행위와 전혀 무관하게 이루어졌다는 것이 명백한 역사적 사실이다. 그럼에도 이러한 서술 순서는 마치 드골의 6·18 촉구와 '자유 프랑스'의 영향으로 국내 레지스탕스가 탄생한 것으로 잘못 인식하게 할 위험이 있다. 이러한 순서로 서술하면서도 국내 레지스탕스가 드골 및 '자유 프랑스'와 "무관하게" 발전했음을 적시한 교과서는 오직 2종뿐이었고,[26] 23종 가운데 단 한 종(Bordas, 1998)만 국내 레지스탕스의 시작 다음에 드골의 6·18 촉구를 서술했다.[27]

1982년 이전과 이후의 교과서들 사이에 별 변화 없이 연속성을 보이는 또 다른 점은 1943년 5월 전국의 레지스탕스 조직들이 CNR로 통합된 사실과, 1944년 6월 이후의 프랑스 해방전투에서 국내외 레지스탕스가 행한 역할을 서술했다는 것이다. 23종 가운데 18종의 교과서가 CNR 창설을 언급했고[28] 이들 대부분(16종)이 장 물랭이 이러한 레지스탕스 통합을 주도했거나 적어도 CNR의 초대 의장임을 밝혔다. 사분오열되었던 국내 레지스탕스 조직들이 CNR의 창설을 계기로 처음 통합된 것이고 뿐만 아니라 드골의 대표성까지 인정함으로써 국내외 레지스탕스가 공식적으로 결합된 첫 사건이어서 이를 대부분의 교과서가 거론한 것은 전혀 놀랄 만한 일이 아닐 것이다.

반면, 통합과 반대되는 측면, 즉 국내 레지스탕스 자체 내의 분열에 대한 서술과, 국내 레지스탕스와 국외 레지스탕스 사이의 어려운 관계에 대한 서술은 최근 들어서 줄어드는 경향이 있다. 국내 레지스탕스 조직들 간의 정치적·이데올로기적 분열과 대립은 1962년의 교과서 2종(Delagrave, Hatier), 1968년, 1979년, 1987년의 교과서들, 1998년의 교과서 1종(Bordas)에서 거론되었던 반면 2003년, 2007년, 2015년의 교과서들에서는 전혀 거론되지 않았고 2011년의 교과서들 중에서는 6종 가운데 1종(Bordas)에서만 발견되었다. 국내 레지스탕스와 '자유 프랑스' 사이의 관계가 적어도 1942년까지는 모호하거나 미약했다는 서술은 1968년, 1987년의 교과서들, 1998년의 교과서 1종(Hachette), 2003년의 교과서 1종(Bréal), 2007년의 교과서 1종(Nathan)에서 나타났던 반면, 2011년과 2015년의 교과서들에서는 더이상 나오지 않았다. 이러한 변화는 정치적 분열이라는 측면 자체가 주로 '조직'들 간의 문제인데 레지스탕스에 대한 연구가 심화, 확장되면서 조직 중심의 접근과 서술에서 갈수록 탈피하는 추세(역사서와 교과서 둘 다)를 반영하는 것으로 볼 수 있다.

끝으로, 1944년의 해방전투에 대한 프랑스 레지스탕스의 기여를 서술한 것이 1962년부터 2015년까지 변함없는 공통점을 이룬다. 연합군의 1944년 6월 6일 노르망디 상륙과 8월 15일 프로방스 상륙 전후에 FFI와 항독유격대가 사보타주와 전투를 통해 독일군의 이동을 방해했고, 프랑스 남서부의 상당 지역은 국내 레지스탕스의 힘만으로

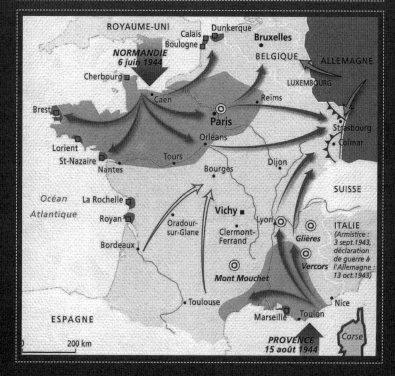

①

G-B

Dunkerque
Boulogne-
Calais
Lille
4 sept.
BRUXELLES
4 sept.
Liège
4 sept.
BELGIQUE
ALLEMAGNE

Rouen
30 août
Reims
31 août
LUX.
Metz
20 nov.
Strasbourg
23 nov.

Îles
Anglo-
Normandes
Falaise
PARIS
25 août
2e DB
Avranches
31 juillet
Mulhouse
21 nov.
Colmar
2 févr.
Brest
19 sept.
2e DB
Orléans
17 août
Dijon
11 sept.
1re AF
SUISSE
Lorient
Rennes
3 août
Jura
Glières
Saint-Nazaire
Lyon
3 sept.
Grenoble
22 août
ITALIE

Rochefort-
La Rochelle
Oradour-
sur-Glane
Limoges
24 août
1re AF
Vercors
Royan-
Pointe-de-
Grave
Tulle
Mont
Mouchet
Bordeaux
28 août
Nîmes
25 août
Toulouse
25 août
ESPAGNE
Marseille
28 août

0   100   200 km

②

ROYAUME-UNI

Calais
Dunkerque
Boulogne
Bruxelles
BELGIQUE
ALLEMAGNE

NORMANDIE
6 juin 1944
Cherbourg
Caen
Reims
LUXEMBOURG

Brest
Paris
Strasbourg
Colmar
Lorient
St-Nazaire
Orléans
Nantes
Tours
Bourges
Dijon
SUISSE

Océan
Atlantique
La Rochelle
Royan
Oradour-
sur-Glane
Vichy
Clermont-
Ferrand
Lyon
Glières
ITALIE
(Armistice :
3 sept. 1943,
déclaration
de guerre à
l'Allemagne :
13 oct. 1943)
Bordeaux
Mont Mouchet
Vercors

Toulouse
Marseille
Toulon
Nice
ESPAGNE
Corse
200 km
PROVENCE
15 août 1944

해방전투(1944) 지도

1944년 6월부터 11월까지 벌어진 프랑스 해방전투의 전개과정을 묘사한 지도는 역사교과서 들에 자주 실렸다. ①의 지도(2003년도 브레알 사)가 "FFI에 의해 해방된 지역"과 "연합군과 FFI 에 의해 해방된 지역"을 표시한 반면, ②의 지도(2011년도 나탕 사)는 오직 "연합군에 의해 해방 된 지역"만 표시하고 있다. 게다가 ①에서 "연합군과 FFI에 의해" 해방된 지역으로 표시된 영 역이 ②에서 "연합군에 의해" 해방된 지역과 거의 일치하는데 이렇듯 두 교과서가 국내 레지 스탕스의 해방전투 기여도를 서로 다르게 평가하고 있다는 점이 눈에 띈다.

해방되었으며, 8월 25일의 파리 해방은 국내 레지스탕스 및 파리 시 민의 봉기와 국외 레지스탕스 부대(르클레르의 제2기갑사단)의 합작품 이었다는 서술은 23종 가운데 19종의 교과서들에 등장했다.[29]

1944년 프랑스 영토를 독일의 지배로부터 해방시키는 데 결정적인 역할을 한 것은 연합군이었지만 프랑스 국내외 레지스탕스가 이 전투 에서 "무시할 수 없는"[30] 기여를 한 것은 사실이고 바로 그 기여가 '대 독협력 프랑스' 4년간의 불명예를 씻고 프랑스를 승전국의 대열로 격 상시켰으므로 1960년대의 교과서든, 2015년의 교과서든 변함없이 이 점을 강조한 것은 당연하다 할 것이다.

보조자료로 본 레지스탕스

역사교과서가 오직 문자로 된 역사서술로만 구성된다면 청소년들에게 효과적인 역사교육의 성과를 제대로 거두기 어려울 것이다. 따라서 어 느 나라나 역사교과서에 많은 사진자료와 그림자료, 그리고 당대에 쓰 인 1차 사료를 수록하고 있으며 이러한 추세는 갈수록 커지고 있다.

프랑스 레지스탕스의 경우도 마찬가지 경향을 보인다. 1960년대, 1970년대 교과서들의 경우 1종(Nathan, 1962)을 제외하고는 사진자료와 1차 사료를 전혀 싣지 않거나 1~2개씩만 포함시켰다. 사진을 6개 수록한 1962년의 나탕 사 교과서도 사료는 단 한 개(드골의 6·18 촉구)만 실었고 사진자료들도 모두 군사적 레지스탕스에 관한 것(철교 파괴, 낙하산을 통한 무기 보급, 파리 해방전투 등)이거나 주요 인물(드골과 장 물랭)을 담은 것이었다.[31]

1987년의 에디시옹소시알 사 교과서는 프랑스 레지스탕스에 관해 사진자료는 단 한 컷도 싣지 않았지만 1차 사료는 7개나 실었다. 드골의 6·18 촉구, 1941년 6월 노르 도지사의 레지스탕스 관련 보고서, PCF 중앙위원회가 CNR 의장에게 보낸 서한, 공산당 기관지인 《뤼마니테》지의 항독시위 기사(1943년 2월 12일), 1944년 3월의 CNR 강령, 드골의 《전쟁 회고록》과 북부해방 지도자 크리스티앙 피노의 회고록 발췌문이 그것이다.[32]

역사교과서에서 1차 사료의 종류가 다양해지고 사진자료와 그림자료가 많이 실리게 된 것은 1990년대에 와서였다. 필자가 분석한 1998~2015년의 교과서 16종 모두 프랑스 레지스탕스에 관련된 사료와 사진을 다수 실었다. 한 교과서에 사료는 많게는 10개(Hachette, 2007; Nathan, 2007)까지 실렸고, 사진 역시 많게는 12컷(Belin, 2015)까지 실렸다. 16종에 실린 프랑스 레지스탕스 관련 사료와 사진의 평균 개수는 각각 6.2개와 5.3개였다.

이 가운데 가장 빈번하게 수록된 사료는 무엇일까? 앞서 보았듯이 필자가 분석한 23종의 교과서들의 레지스탕스 관련 서술에서 나타난 최대의 공통점이 드골 장군의 6·18 촉구를 언급했다는 것인데 1차 사료 역시 가장 많이 실린 것이 바로 이 촉구 연설이었다. 23종 가운데 모두 14종의 교과서에 이 연설문이 실렸으며 1962년의 나탕 사와 아티에 사 교과서의 경우에는 이 연설문이 프랑스 레지스탕스와 관련하여 수록된 단 하나의 사료이기도 했다. 14종 가운데 7종은 연설문의 일부가 아니라 전문을 그대로 실었고 나머지 7종도 원문의 내용 대부분을 실었다.[33] 1998년의 아셰트 사 교과서는 〈사료 연구〉라는 항목 하에 이 연설문을 분석하는 데 한 쪽 전체를 할애하기까지 했다.[34]

특기할 만한 점은 2011년 마냐르 사 교과서의 경우인데, 이 교과서는 "1940년 6월 18일의 촉구"라는 제목으로 실제와 다른 문건의 사진을 올렸다. 이 문건은 "모든 프랑스인들에게"라는 머리글로 시작하여 "프랑스 만세!"로 끝나고 샤를 드골의 서명을 담은 벽보 형식의 글인데 "이 전쟁은 세계 전쟁"이므로 아직 프랑스는 전혀 진 게 아니라는 문구를 담고 있어서 흔히 6·18 촉구문으로 오인되는 사료이기도 하

2011년 마냐르 사 교과서에서
'6·18 촉구문'으로 잘못 표기된 문건
이 문건은 실제로는
1940년 7월 14일에
발표된 것이다.

다.[35] 이 문건이 6·18 촉구문과 동일한 취지를 담고 있기는 하지만 내용 자체도 원래의 촉구문보다 훨씬 빈약하고(요약이라고 볼 수도 없다) 무엇보다도 정확성을 추구해야 하는 역사교과서에서 이러한 오류는 시정되어야 할 것이다. 이 교과서와는 달리 1998년과 2007년의 아셰트 사 교과서들은 동일한 사료를 실으면서 각각 "1940년 7월 14일 드골 장군의 촉구"(1998)와 "1940년 7월 14일 휴전의 거부"(2007)라는 제목을 달았다.[36] 즉, 6월 18일이 아니라 7월 14일에 발표된, 다른 글이었던 것이다.

2015년의 블랭 사 교과서는 또 다른 점에서 주목할 만하다. 다른 모든 교과서가 6·18 촉구문의 원문 전체나 일부를 실었던 반면 이 교과서는 6·18 촉구 연설 다음날인 6월 19일 프랑스 국내의 한 지방 신문에 실린 기사를 발췌하는 방식으로 이 촉구문의 내용을 실었다.[37] 이는 드골이 런던의 라디오 방송에서 행한 6·18 촉구가 정작 프랑스 국내에서는 거의 들리지 않았다는 게 정설이지만 그렇다고 프랑스에서 전혀 인지되지 않은 것은 아니었음을 보여 준다는 점에서 중요한 사료라 할 것이다.

사실, 드골은 이상에서 본 6·18 촉구문말고도 역사교과서들에 가장 많이 실린 1차 사료의 저자였다. 즉, 이 촉구문을 제외하고도 드골이 말하거나 쓴 것이 1987년부터 2015년까지 무려 22번이나 교과서들에 수록되었던 것이다. 1940년 6~7월과 1941년 12월의 런던 라디오 방송 연설들, 1942년 6월 23일 프랑스 국내 레지스탕스 조직들을 대상으로 한 선언문, 같은 해 10월과 다음해 5월 자신의 밀사 장 물랭에게 보낸 서한, 1944년 8월 25일 파리 해방 시의 연설, 1950년대의 《전쟁 회고록》 등이 그것이다.[38]

다음으로 많이 실린 사료는 1944년 3월 15일에 발표된 CNR 강령이었다. 1987년부터 2015년까지의 교과서 17종 가운데 모두 10종에 이 강령의 발췌문이 수록되었다.[39] 이 강령은 보통선거의 회복, 사상·양심·언론의 자유 수호 등을 통한 "최대 민주주의의 확립", 해방 후에 시행할 사회적·경제적 대개혁 조치 등을 규정한 것으로, 프랑스 레지스탕스가 단지 독일점령당국 및 비시 정부에 맞서 싸우는 데 그치지 않고 해방 이후 새로운 국가와 사회를 건설할 것을 꿈꾸었으며 어떠한 국가와 사회를 추구했는지를 보여 준다는 점에서 중요한 사료라 하겠다.

그 밖에도 교과서들은 장 물랭이 '자유 프랑스' 정보부에 보낸 보고서(1943년 6월 4일),[40] 콩바 지도자 앙리 프르네의 회고록, 프랑스 공산당의 태도 변화를 보여 주는 《뤼마니테》지 기사들,[41] 역사가 마르크 블로크가 레지스탕스 신문에 발표했던 글,[42] 기독교 레지스탕스 신문에 실린 논설과, 유대인 박해에 항의하는 툴루즈Toulouse 대주교의 서신[43] 등 실로 다양한 종류의 사료를 실었다.

특히 주목할 만한 경향은 최근 들어(2007, 2011, 2015), 주요 레지스탕스 지도자들의 글이나 공적 성격이 강한 문서들만이 아니라 알려지지 않은 일반 레지스탕스 대원들의 글들도 많이 실리고 있다는 점이다. 드골의 레지스탕스 부대인 FFL(Forces Françaises Libres, 자유 프랑스군)에 들어가게 된 동기를 설명한 레지스탕스 대원의 일기, FFL의 입대과정을 밝힌 젊은 교사의 글,[44] 한 영국 역사가가 1940년 현재 극우가톨릭 신자, 21세의 공산주의자, 33세의 시청 직원, 34세의 철도원, 38세의 지주, 43세의 사회당 당원 등이었던 레지스탕스 출신 인물들의 증언을 수집한 것,[45] 망슈Manche 도의 한 여성 레지스탕스 대원의 증언, 1941년 5~6월 파드칼레 도 광부 파업상황에 대한 증언,[46] 독일군당국에 체포되어 사형선고를 받고 총살당하기 직전에 부모나 지인들에게 보낸 레지스탕스 활동가들의 편지들[47]이 바로 그러한 예다. 수뇌급 레지스탕스 지도자들의 선언문이나 회고록, 레지스탕스 신문의 논설, 전국조직의 강령 등만 읽어서는 절대 알 수 없는, 개개인들의 레지스탕스 가담 동기와 직접적인 투쟁 경험을 생생하고도 절절하게 보여 준다는 점에서 이상의 사료들은 특히나 중요하다 할 것이다.

그러면 프랑스 레지스탕스와 관련된 사진으로는 어떤 종류가 가장 많이 수록되었을까? 사진 역시 드골 장군이 나오는 사진들이 가장 빈번하게 실렸다. 1962년, 1998년, 2003년, 2007년, 2011년, 2015년의 교과서들 총 12종에서 무려 18번이나 등장했다. 다음으로 많이 실린 인물들인 장 물랭(4회), 르클레르Leclerc(2회)와도 큰 격차를 보인다. 드골이 나오는 사진들 가운데서는, 런던(1940년 7월)이나 카메룬(1940년 10월) 등지에서 드골 장군이 자유 프랑스군의 병사들을 사열하는 모습이 가장 많이 실렸고(7회),[48] 파리 해방 다음날인 1944년 8월 26일 샹젤리제 대로에서 축하 행진을 하는 모습이 다음으로 많이 실렸다(5회).[49]

드골 사진 다음으로 많이 실린 사진은 항독유격대나 FFI의 군사활동이라든가, 독일군의 병력과 물자 수송을 막기 위한 철로나 철교 파괴 같은 군사적 레지스탕스의 모습을 담은 것이었다. 1944년 브르타뉴Bretagne, 노르망디 지역, 중부 산악 지역 등의 항독유격대나 FFI 대원들이 순찰을 돌거나 작전 지시를 듣거나 무기 사용법을 교육받는 사진들이 모두 6종의 교과서(1998, 2007, 2011, 2015)에 여덟 차례 수록되었다.[50] 철로나 철교가 파괴된 사진은 모두 5종의 교과서(1962, 1998, 2007, 2011)에 실렸다.[51] 항독유격대원들이나 레지스탕스 조직원들이 독일군에 의해 처형당하는 모습을 담은 사진도 여섯 차례

**교과서에 실린
군사적 레지스탕스 관련 사진들**
①, ②는 항독유격대에서
신입대원들에게 무기 사용법을
교육하는 모습이고,
④, ⑤, ⑥은 철로나 철교 파괴로
독일군 열차가 탈선한
상황을 보여 준다.

(2003, 2007, 2011)나 실렸다.[52]

이러한 사진들 외에도 교과서들은 시위, 전단 제작 및 배포, 지하신문, 위조신분증 제작 등 실로 매우 다양한 유형의 레지스탕스 활동을 담은 사진들을 수록했다. 일례로, 1940년 11월 11일(1차 세계대전 종전 기념일)에는 파리의 개선문 무명용사 묘 앞에서 수천 명의 고교생과 대학생이 강점기 역사상 첫 대규모 항독시위를 벌였는데 이 시위 참여를 촉구하는 고등학생들이 손으로 쓴 전단의 사진(Belin, 2011)과, 그로부터 4년 뒤인 1944년 11월 11일(해방 직후인)에 제작된, 4년 전의 시위를 기념하자는 벽보의 사진(Bréal, 2003)이 실렸다.[53] 또한 1942년 3월 식량난에 항의하는 시위를 벌이자는 여성 레지스탕스 조직의 전단, 같은 해 7월 14일의 마르세유 시위(Hachette, 2015), 1943년 11월 11일 한 지방 소도시에서 200명의 항독유격대원들이 벌인 시위(Belin, 2011), 같은 해 의무노동제에 따라 징용된 사람들을 태운 독일행 열차의 출발을 저지하는 노동자들의 모습(Bréal, 2003), 1944년 파리에서 전단을 뿌리는 모습(Hatier, 2003), 지하신문을 찍어 낸 대형 인쇄기(Belin, 2015), 레지스탕스 조직들이 만든 위조신분증(Magnard, 2011)과 그러한 신분증을 만드는 모습(Belin, 2015) 등의 사진들도 이러한 범주에 속한다.[54]

그 밖에 교과서들은 레지스탕스 조직들이 발간한 지하신문의 제1면을 찍은 사진을 올리기도 했는데, 특히 남부지구의 통합 레지스탕스 조직인 MUR(Mouvements Unis de la Résistance, 레지스탕스 통합운동)이 발간한 《해방*Libération*》지 1943년 3월 1일 자의 제1면은 4종의 교과서들에 동시에 실렸다.[55] 그 헤드라인은 "프랑스 청년은 답한다: 빌어먹을! 히틀러에게 봉사하는 노예 징집을 막자"라는 것으로, 프랑스인들을 강제로 독일의 공장들로 징용하려는 의무노동제를 무산시키

위조신분증
왼쪽 위의 신분증은
레지스탕스 조직 〈북부해방〉에 속한
교사 마리-테레즈 두에의
조직원증이고 나머지 두 신분증은
각기 다른 이름이 적힌
위조신분증이다.

Doc. 3 Des faux papiers pour survivre dans la clandestinité.
Deux cartes d'identité différentes, pour l'institutrice : Marie Thérèse Douet, et sa carte de membre du réseau Libération-Nord.

LIBÉRATION
Autres Organes des Mouvements de Résistance Unis
COMBAT ---- FRANC-TIREUR

ORGANE DES MOUVEMENTS DE RÉSISTANCE UNIS
Un seul chef: DE GAULLE; une seule lutte: POUR NOS LIBERTÉS

La Jeunesse française répond : Merde

le Rassemblement du Peuple

SABOTEZ LA CONSCRIPTION des esclaves au service d'Hitler

Français, sabotez le recensement pour la déportation

레지스탕스 신문
레지스탕스 조직 MUR의 기관지 《해방》지(1943년 3월 1일)의 제1면. 헤드라인에는
"프랑스 청년은 답한다: 빌어먹을! 히틀러에게 봉사하는 노예 징집을 막자"라고 적혀 있다.

자는 것이었다.

필자가 분석한 교과서들 가운데 1962년부터 1987년까지는 전혀 등장하지 않다가 1998년부터 실리기 시작한 새로운 유형의 자료가 있는데 포스터가 바로 그것이었다. 한 장의 그림을 통해 각 레지스탕스 조직들은 무엇을 어떻게 선전했고, 반대로 독일점령당국과 비시 정부는 레지스탕스를 어떻게 묘사했는지를 잘 보여 준다는 점에서 이는 특히나 역사교육에 유용한 자료였다. 1998년부터 2015년까지의 교과서 16종 가운데 14종이 프랑스 레지스탕스에 관련된 포스터를 1~5개씩 실었다(평균 2.7개).

동일한 포스터가 가장 많이 실린 사례(5회)는 놀랍게도 레지스탕스 진영에서 제작한 것이 아니라 그 반대 진영인 나치 독일 측에서 만든 것이었다.[56] '붉은 포스터'란 별칭으로 유명한 이 포스터는 독일점령당국이 이민노동자들로 구성된 공산당계 레지스탕스 조직인 FTP-MOI(이민노동자 의용유격대)를 "범죄 군단"으로 묘사한 것으로, 1944년 2월에 15만 장 이상 인쇄되어 프랑스 전국에 게시되었다. 포스터 상단에서는 "해방자들?"이라고 묻고는 그 조직의 구성원들 사진과 '테러' 활동 사진들을 보여 준 뒤 하단에서 "범죄 군단에 의한 해방!"이라고 답하고 있다. 마침 이 포스터에 사진이 실린 구성원 10명은 "폴란드 유대인"(5명), "헝가리 유대인"(2명), "이탈리아 공산주의자", "빨갱이 스페인인", "아르메니아인"이어서 유대인, 공산주의자, 레지스탕스를 함께 적대시하면서 프랑스 레지스탕스를 본질적으로 '외국인/공산주의자들에 의해 사주된 운동'으로 선전하려는 나치 독일의 구도에 딱 들어맞는 것이었다.

비시 정부 측에서 만든 포스터도 세 개나 실렸는데 프랑스의 국내

'붉은 포스터'
역사교과서들에 가장 많이 실린
레지스탕스 관련 포스터는 아이러니하게도
나치 독일이 만든
'붉은 포스터'(1944)였다.

"우리를 좀 내버려둬!"
비시 정부가 제작한 반反레지스탕스
선전 포스터(1941).

"유일한 조국을 위한 유일한 전투"
드골의 '자유 프랑스'가
제작한 포스터(1942).

외 레지스탕스에 대해 마찬가지로 가혹했다. 2011년의 블랭 사 교과서에 실린 포스터는 "우리를 좀 내버려 둬!"라는 제목으로, 늑대와 뱀의 형상을 한 외부의 "드골", "유대인", "프리메이슨단", "거짓말"이 국내에서 차분히 나무를 심는 프랑스 농민을 괴롭히는 모습을 그리고 있고,[57] 다른 두 포스터는 드골 및 '자유 프랑스'와 국내 레지스탕스를 각각 미국 유대인들과 소련군의 하수인("유대인들의 군수 담당 하사관!"과 "그들은 우리 깃발을 두르고 살해하고 있다!")으로 묘사하고 있다.[58]

독일의 '붉은 포스터' 다음으로 많이 실린 것은 드골의 '자유 프랑스'가 제작한 "유일한 조국을 위한 유일한 전투Un seul combat pour une seule patrie"란 제목의 포스터였다(4회). 프랑스의 국기인 삼색기를 바탕으로 깔고 영불해협 맞은편의 '자유 프랑스' 군인과 프랑스 국내의 노동자가 서로 팔을 맞잡고 같은 곳—"자유", "평등", "형제애"라는 프랑스 공화국의 3대 표어가 쓰여 있는—을 바라보고 있는 모습을 그렸다. 이는 국내 레지스탕스와 해외 레지스탕스의 단결 투쟁을 묘사한 것인데, 포스터 하단 오른쪽 끝에 '자유 프랑스'의 로고인 '로렌의 십자가'가 표시되어 있을 뿐 아니라 한쪽 팔을 앞으로 뻗어 "형제애"란 글자를 검지로 가리키는 사람이 (국내 노동자가 아니라) '자유 프랑스' 병사라는 점은 의미심장하다. 국내외 레지스탕스의 단결을 얘기하면서도 드골이 이끄는 국외 레지스탕스가 이 단결투쟁을 주도할 것임을 은연중에 암시했던 것이다.[59]

'자유 프랑스'가 제작한 포스터는 그 외에도 5개나 더 실렸다. 삼색기를 배경으로 "프랑스가 전투에서 졌지만 전쟁에서 진 것은 아니다"라는 드골의 6·18 촉구와 "시민들이여, 무기를 들어라!"라는 프랑스 대혁명의 구호를 동시에 실은 것에서부터, "프랑스를 해방하기 위해 입대하라"라고 촉구하는 '자유 프랑스 해군' 모집 포스터, '로렌의 십자가'와 "자유, 평등, 형제애"가 표시된 삼색기를 배경으로 양 손목의 족쇄를 끊는 모습을 담고 하단에 "프랑스여, 영원하라France Forever"라고 영어로 쓴 포스터 등이 이러한 범주에 속한다.[60]

국내 레지스탕스가 제작한 포스터는 모두 다섯 번 실려서 '자유 프랑스'의 것(9회)에 비해 절반 정도에 그쳤다. 이는 영국 정부로부터도 지원을 받은 국외 레지스탕스가 국내 레지스탕스에 비해 자금력 면에서 훨씬 앞서 있었던 상황을 반영하는 것으로도 볼 수 있을 것이다. 교과서에 실린 국내 레지스탕스 포스터는 공교롭게도 모두 공산당이나 공산당계 조직들이 제작한 것이었다. 프랑스혁명의 전통을 상기시키면서 FTP 부대들에 입대할 것을 촉구하거나 "투쟁의 민족전선FN은 당신이 필요하다"라고 주장하는 공산당계 레지스탕스 조직 FTP의 포스터와 공산당계 항독 대중조직인 민족전선FN(Front National)의 포스터, 1944년 8월 18~25일의 파리 봉기를 묘사한 프랑스 공산당의 포스터와 공산주의 청년단의 포스터 등이 이에 해당한다.[61] 이는 국내 레지스탕스 조직들 가운데서는 공산당이 바로 이러한 활동, 즉 포스터를 활용한 선전업무를 수행하는 데 가장 두드러졌음을 잘 나타낸다.

———————

지금까지 살펴본 23종의 프랑스 고등학교 역사교과서에서 가장 두드러진 특징은 드골과 드골주의 레지스탕스의 압도적 우위였다. 비록, 전체적인 서술 분량은 드골의 국외 레지스탕스보다 국내 레지스탕스 쪽이 더 많았지만 거의 모든 교과서가 드골의 6·18 촉구를 거론하고, 대부분의 경우 6·18 촉구와 '자유 프랑스' 다음에 국내 레지스탕스의 시작을 서술하고, 1차 사료 역시 드골이 쓰거나 말한 것이 가장 많이 실렸으며, 포스터도 '자유 프랑스'가 제작한 것이 가장 많이 등장했던 것이다. 이는 2차 세계대전기에 드골 장군의 역할, 즉 해외에서 레지스탕스 운동을 시작했을 뿐 아니라 국내외의 레지스탕스 전체를 통합하고 이끌었던 점을 감안하면 어느 정도 이해가 가지만 그렇다고 전적으로 바람직하다고는 생각되지 않는다.

강점기 초기에 드골과 '자유 프랑스'의 영향력은 지극히 제한적이었고, 드골의 밀사(장 물랭)가 국내 레지스탕스를 통합한 것도, 국내 레지스탕스가 드골의 대표성을 인정한 것도 1943년 5월이 되어서였다는 점, 그리고 무엇보다도, 독일군이 점령한 프랑스 본토에서 강점기 4년 내내 독일군, 게슈타포, 비시 경찰, 극우 민병대와 직접 맞닥뜨려 싸워야 했던, 따라서 위험, 고통, 희생의 정도가 훨씬 컸던 쪽이 국내 레지스탕스임을 감안하면 이러한 드골과 드골주의의 우위는 부당해 보이기까지 한다. 드골 자신의 정계 은퇴 및 서거와 함께 '독일강점기 프랑스전 국민의 일치단결한 레지스탕스'라는 레지스탕스주의 신화 역시 무너진 것은 일찍이 1960년대 말~1970년대 초였지만 중등교육과정에서는 드골주의의 영향력이 수십 년째 유지되고 있는 것으로 보인다.

물론, 1960~1970년대의 교과서들에 비해 1990년대 이후의 교과서들에서 바뀐 점도 많았다. 군사적 측면과 주요 조직 중심의 서술은 다양한 참여 동기, 다양한 구성, 다양한 활동을 강조하는 서술로 바뀌었고, 무미건조한 문자만의 서술에서 탈피하여 풍부한 1차 사료와 사진, 포스터 등의 보조자료들이 함께 수록되었다. 언제나 2차 세계대전의 한 구성요소로만 다루어지던 레지스탕스가 2010년부터는 새로운 교과목 지침에 따라 2차 세계대전의 역사에서 분리되어 "프랑스인들과 공화국"이라는 주제하에서 다루어졌다. 2015년의 한 교과서(아셰트 사)는 레지스탕스에 대한 전반적 서술 자체를 과감히 생략하고 오직 〈연구〉와 〈증언〉이라는 항목들만으로 레지스탕스 부분을 구성하기까지 했다. 〈연구〉도, 〈증언〉도 레지스탕스 안의 "여성"을 강조한 것이었다.[62] 이러한 새로운 변화들은 앞 장에서 보았듯이 특히 1980년대 이후 역사가들의 레지스탕스 역사서술 자체가 급증하면서 새롭고도 다양한 주제들을 다루는 방향으로 바뀌는 추세를 반영하는 것이기도 하다.

하지만 이러한 새로운 주제들 중에서도 강점기 초기 레지스탕스 일부의 비시 정부와 페탱에 대한 우호적 태도[63]라든가 1940년 프랑스 공산당과 독일점령당국 사이의 모호한 관계 같은, 레지스탕스 역사의 부정적 측면들은 1990년대 이후의 교과서들에서조차 거의 다루어지지 않았다. 레지스탕스 내부의 분열과 갈등에 대한 서술(1960년대부터 종종 실렸던)은 오히려 1990년대 이후에 줄어들었다.

이러한 경향은 앞서 지적했듯이 21세기의 교과서들에서도 여전히 드골의 비중이 실제 이상으로 큰 것과 무관하지 않다. 청소년을 대상으로 국가적, 민족적 자긍심을 고취해야 하는 중등역사교육의 속성상 레지스탕스 일부의 부정적인 측면들보다는 드골의 영광스러운 역할을 강조하는 것이 더 적절할 것이다. 게다가 세월이 흐르면서 레지스탕스라는 소중한 역사적 경험에 대한 기억 자체가 갈수록 약화되는 상황에서, 민족적인 투쟁일 뿐 아니라 억압에 맞서 인권을 수호하기 위한 투쟁이기도 했던 레지스탕스의 긍정적인 측면들을 더욱 강조할 필요가 있는 것도 사실이다. 그럼에도 전문역사가들의 역사서술에서든, 청소년을 대상으로 한 역사교육에서든 신화화와 영웅화, 미화로 빠질 위험은 언제나 경계해야 할 것이다.

III

재현하기

세계 최초의 영화가 파리의 한 카페에서 상영된 지 벌써 120년도 넘었다. 이제 영화는 극장 앞에 줄을 서서 표를 사고 들어가야만 볼 수 있는 것이 아니라 거실의 TV에서도 보고, 인터넷으로 파일을 내려받아 컴퓨터로도 보고, 달리는 지하철 안에서 스마트폰으로도 보는 세상이 왔다. 그만큼 영화라는 매체는 친숙한 존재가 되었다. 필자는 여러 해 전부터 강의실에서 역사영화를 수업 자료로 적극 활용해 왔는데 영화가 단순한 보조자료를 넘어 역사를 서술, 전달하는 새로운 매체가 될 수 있지 않을까 하는 생각을 하게 된다. 많은 전문역사가들은 여전히 영화의 가능성보다는 위험성과 한계에 주목하지만 학계의 직업적 역사가들의 입장이 어떻든지 간에 이미 많은 사람들은 영화를 통해서도 역사를 인식하고 있고, '역사영화'들도 끊임없이 만들어지고 있다.

과거 역사를 '재현'하는 매체로 치자면 영화라는 매체를 따라갈 것이 없다고 본다. 움직이지 않고 소리도 나지 않는 회화 작품은 물론이고, 전통적인 역사 재현 매체인, 문자로만 이루어진 역사서보다도 당대의 인물과 풍광과 소리를 시청각으로 재현하는 영화야말로 더 효과적이고도 생생하게 역사를 재현, 전달하는 매체가 될 것이다. 물론, 재현이 제대로 이루어지지 않을 때 역사 왜곡의 위험성과 역효과 역시 더욱 클 터이다.

III부는 바로 이러한 영화라는 매체를 통해 2차 세계대전 전후의 프랑스인들이 자국의 독일강점기 역사를 어떻게 재현해 왔는지를 살펴보고자 한다. 1998년에 미국에서 발간된《2차 세계대전기 프랑스 역사사전》에 따르면 2차 세계대전과 강점기를 다룬 1945년 이후의 프랑스 영화는 모두 약 250편에 달한다.[1] 필자는 이 가운데 레지스탕스를 다룬 영화 세 편과 대독협력자를 다룬 영화 한 편을 택해서 분석했다.

6장에서는 철도원들의 항독투쟁을 그린 〈철로 전투〉(1946), 드골주의 레지스탕스 조직원들의 삶과 투쟁을 그린 〈그림자 군단〉(1969), 공산당계 이민자 레지스탕스 투사들의 활동을 재현한 〈범죄 군단〉(2009)을 다루었다. 끝으로, 독일강점기 프랑스에 대한 인식 자체를 뒤흔드는 데 큰 역할을 한 1974년의 문제적 영화 〈라 콩브 뤼시앵〉이 마지막 장의 주제다.

프랑스의 레지스탕스는 전체 주민 가운데 극소수(최대 1.2퍼센트)만이 참여한 운동이었지만 오늘날 프랑스인들에게 가지는 의미는 너무나도 크다. 독일강점기 4년 동안 대부분의 국민이 나치 독일의 지배에 순응하고 침묵할 때 목숨 걸고 이러한 질서에 도전했던 이들의 존재는 전후 프랑스인들의 집단적 기억에서 '대독협력 프랑스'라는 수치스런 기억을 지워 내기에 충분했다. 해방 후 프랑스에서 레지스탕스 출신 세력의 집권과 1958년 드골의 권좌 복귀는 그러한 기억의 변형 작용을 더욱 촉진하고 강화했다. 오직 독일점령당국에 모든 책임을 돌리고 공모자 비시 정부와 대독협력자들에 대한 기억을 축소, 은폐하는 데에는 '프랑스 전 국민이 독일강점기 내내 레지스탕스를 중심으로 단결했다'는 레지스탕스주의 신화'가 주효했다.

이러한 신화가 프랑스인들의 의식 속에 뿌리내리고 기억이 변형되는 데에는 영화도 적지 않은 역할을 했다. 기록을 남기기 어려운 지하운동의 속성상 자료 부족으로 레지스탕스의 역사를 서술하기가 극히

영화 속의 레지스탕스:
〈철로 전투〉, 〈그림자 군단〉, 〈범죄 군단〉

어려운 상황에서 영화 제작은 그 역사를 서술, 전달하는 또 하나의 방법이 되었다. 독일이 침공한 1940년 6월에도 무려 80만 명 이상의 프랑스인이 영화관을 찾았다는 사실[2]은 해방 후 프랑스에서 영화의 영향력이 어떠했을지 가늠하기에 충분하다. 세월이 흐르면서 드골 장군의 이미지가 레지스탕스의 대표자에서 '늙은 독재자'로 바뀌고 레지스탕스주의 신화가 무너진 뒤에도 레지스탕스를 다룬 영화는 끊임없이 만들어졌다.

《비시 신드롬》의 저자로 유명한 역사가 앙리 루소의 집계에 따르면 1944년부터 1989년까지 2차 세계대전기 프랑스를 다룬 프랑스 영화(극영화와 다큐멘터리)는 모두 213편 제작되었고,[3] 《프랑스 영화 속의 레지스탕스, 1944~1994》의 저자 쉬잔 랑글루아Suzanne Langlois는 1944년부터 1993년까지 제작된 총 89편의 프랑스 영화를 분석했다.[4] 앙리 루소는 레지스탕스만이 아니라 "점령, 전쟁, 레지스탕스를 중심 주제로 삼거나 그 시대를 내러티브의 틀로 활용한" 모든 영화를 집계했고,[5] 랑글루아 역시 레지스탕스를 주제로 다룬 영화만 분석한 게 아니라 레지스탕스가 조금이라도 나오는 모든 영화를 다룬 것이어서 본연의 '레지스탕스 영화' 편수는 이보다 훨씬 적을 것이다.

이 장에서는 종전 이후 오늘날까지 70여 년 동안 프랑스에서 제작된 영화들 가운데 레지스탕스를 집중적으로 다룬 극영화 세 편을 엄선해서 분석하고자 한다. 세 편의 영화를 선정하는 데에는 우선, 해당 영화가 만들어지고 개봉된 시대를 고려했다. 즉, 레지스탕스주의 신화가 시작되던 시기와 끝나던 시기에 해당하는 해방기(1944~1946)와 1960년대 말, 그리고 오늘날에 해당하는 21세기 초가 필자가 선택한 세 개의 시대다. 각 시대를 대표하는 레지스탕스 영화로는, 1946년 르네 클레망René Clément 감독의 〈철로 전투La Bataille du rail〉, 1969년 장 피에르 멜빌Jean-Pierre Melville 감독의 〈그림자 군단L'Armée des ombres〉, 2009년 로베르 게디기앙Robert Guédiguian 감독의 〈범죄 군단 L'Armée du crime〉[6]을 선정했다. 이 가운데 〈철로 전투〉는 단지 해방기 만이 아니라 전全 시기 레지스탕스 영화를 대표하는 작품으로 손꼽히 고 있고, 〈그림자 군단〉 역시 (개봉 당시에는 크게 주목받지 못했지만) 영 화 제목 자체가 레지스탕스의 별칭이 될 정도로 레지스탕스 영화의 대명사가 된 작품이다. 2009년 작 〈범죄 군단〉은 앞서 3장에서도 다 룬 파리 지역 FTP-MOI의 활동을 재현한 영화로, 그동안 레지스탕스 의 역사에서나 기억에서나 덜 주목받았던 외국인 레지스탕스 문제를 다루었다는 점에서 현 시대의 새로운 경향을 잘 대표하고 있다.

이 세 영화가 각각 자신의 시대를 어떻게 반영하며 과거의 레지스탕 스를 어떻게 재현하고 있는지, 어떠한 점에서 재현방식이 바뀌고 어떠 한 점에서 연속되는지를 분석하는 것이 이 장의 목표다. 또한 레지스탕 스만이 아니라 그것이 속한 독일강점기 프랑스 사회를 묘사하는 역사 영화로서는 각각의 영화를 어떻게 평가할 수 있는지도 살펴볼 것이다.

출발점은 당연히 영화 자체에 대한 분석이 될 것이다. 이를 위해 필 자는 세 영화를 각각 몇 차례씩 감상했다. 이어서 해당 영화가 개봉 당시 언론과 평단에서 어떻게 수용되고 평가되었는지를 알아보기 위 해 1946년, 1969~70년, 2009년의 종합일간지, 주간지, 월간지, 격월 간지 등(영화잡지 포함)에 실린 영화 논평 기사들과 논설들을 분석했 다. 〈철로 전투〉(1946)와 〈그림자 군단〉(1969)의 경우 영국 역사가 실비 린드퍼그Sylvie Lindeperg의 《그림자 영화들: 프랑스 영화에서의 2차 세 계대전(1944~1969)》(1997)[7]과 캐나다 역사가 랑글루아의 《프랑스 영화

속의 레지스탕스, 1944~1994: 〈파리 해방〉에서 〈리베라 메〉까지》
(2001)[8] 역시 도움이 되었다. 그 밖에 짧게는 1년 전(《범죄 군단》), 길게
는 반세기 전(《철로 전투》)의 영화를 분석한 역사학술지와 영화평론지
의 연구논문들도 참조했다.

〈철로 전투〉: 신화의 탄생

영화 〈철로 전투〉(1946)가 다른 두 영화와 다르고 사실상 대부분의 레
지스탕스 영화와도 구별되는 가장 큰 특징은 한 감독의 작품이라기보
다는 여러 조직이 관여한 집단적 성과였다는 데 있다. 우선, 철도 부
문의 레지스탕스를 다룬 영화를 만들자는 생각을 가장 먼저 표명한
조직은 강점기에 결성되었던 레지스탕스 대표기구인 레지스탕스전국
회의CNR의 군사위원회였다. 한편, 1944년 10월에는 강점기 영화계

〈철로 전투〉(1946)의
포스터들

레지스탕스 조직들의 연합체인 프랑스영화해방위원회가 영화산업 노조들과 함께 프랑스영화총협동조합을 설립했는데, CNR의 군사위원회가 바로 이 프랑스영화총협동조합(이하 영화협동조합)에 철도레지스탕스 영화를 제작할 것을 제안했다.

이어서, 강점기에 레지스탕스 활동을 했던 모든 철도원들로 구성된 조직인 철도레지스탕스Résistance-Fer와 철도 국영회사인 프랑스철도공사SNCF(Société nationale des chemins de fer français)가 영화 제작과정에 관여했다. 1944년 가을 CNR 군사위원회, 철도레지스탕스, SNCF의 대표자들이 모인 작업회의에서 르네 클레망이란 한 무명감독에게 철도 부문 레지스탕스 영화의 감독을 맡기기로 결정되었고, 다음해 2월 7일 철도레지스탕스가 영화협동조합에 단편영화 제작을 주문하는 첫 계약서가 작성되었다.[9]

요컨대 CNR 군사위원회, 철도레지스탕스, 영화협동조합, SNCF, 이렇게 무려 4개의 조직이 해방기의 대표적인 레지스탕스 영화 〈철로 전투〉를 탄생시키는 데 관여했다. 이상의 네 조직 가운데 SNCF를 제외하고는 모두 레지스탕스 조직이거나 레지스탕스 성향이 강한 조직이었지

르네 클레망 감독
(1913~1996)

만 이 영화의 감독으로 선정된 클레망은 레지스탕스 출신이 아니었다. 그 인물이 감독으로 선정된 데에는 그가 강점기에 〈철도 사람들Ceux du rail〉(1942)이라는 단편 다큐멘터리를 찍었던 이력이 작용했다. 클레망은 1944년 11월부터 레지스탕스 전단, 회보 등의 자료를 수집하고 전국을 돌며 레지스탕스 활동가들의 증언을 취합한 끝에 중동부 지역의 샬롱쉬르손Chalon-sur-Saône을 영화의 주요 무대로 정했다.

1945년 3월부터 5주간의 촬영을 마친 클레망은 5월 23일 CNR 군사위원회와 영화협동조합 관계자들을 대상으로 첫 상영회를 가졌는데 참석자들로부터 엄청난 호평을 받았다. 애초에 단편영화로 기획된 것이 장편으로 변경되었고 투자액도 120만 프랑에서 150만 프랑으로 증액되었다. 결국 1945년 8월 24일 CNR 군사위원회와 영화협동조합이 서명한 최종계약서에서 군사위원회가 "철도원들의 레지스탕스에 관한 영화"를 제작하는 데 150만 프랑을 투자할 것이 결정되었다. 애초의 제목은 "철도레지스탕스Résistance-Fer"라는 조직의 명칭이었는데 "철로 전투"로 변경된 것도 바로 이 계약서에서였다.[10]

그러면 영화 〈철로 전투〉는 어떤 내용일까? 다음과 같은 머리말 자막은 영화의 배경과 핵심적 내용을 압축적으로 보여 준다.

1940년 6월에 독일인들은 프랑스를 둘로, 즉 한쪽의 점령지구와 다른 쪽의 이른바 자유지구로 나눔으로써 나라의 통일성을 깨고 가족들과 친구들을 분리시키고 분계선으로 장비와 식량의 이동을 막았다. 이 두 지구 사이의 연결은 여전히 확고하게 유지되고 있지만 적敵은 철도를 긴밀하게 통제하고 있다. …… 우편물이든, 사람이든 적이 설치한 장벽을 넘어가야 했다. 철도가 이를 위해 애썼고 그것이 첫 저항방식이었다. 이어서 철도는 대담해졌고 점차 공포정치하에서 4년간의 투쟁을 거치며 가공할 군대를 형성했다. 상륙일, 그 군대는 교통을 붕괴시켜서 해방전투에서 독일을 패배시키는 데 강력히 기여할 것이었다.[11]

즉, 첫 문장은 1940년 6월의 독일-프랑스 휴전협정으로 프랑스가 독일군이 주둔한 "점령지구"와 비시 정부의 이른바 "자유지구"로 나뉜 것을 표현한 것이고, 마지막 네 문장은 철도 부문 레지스탕스의 전개과정과 의의를 서술한 것이다. "분계선"을 가리키는 "적이 설치한 장벽" 너머로 "우편물"과 "사람"을 비밀리에 통과시키는 것이 철도의 "첫 저항방식"이라는 머리말 자막의 서술은 영화의 첫 부분에서 그대로 재현된다. 또한 연합군의 노르망디 상륙 이후 "교통을 붕괴시켜서 해방전투에서 독일을 패배시키는 데 강력히 기여할 것"이라는 마지막 문장은 철도 부문 레지스탕스의 핵심적 의의일 뿐만 아니라 영화 〈철로 전투〉의 첫 21분을 제외한 나머지 한 시간 내내 전개될 내용의 기조를 이룬다.

철도원이 기차에
자석 폭탄을 붙이는 장면

사실, 〈철로 전투〉의 첫 21분은 단순한 도입부가 아니라 영화 전체의 백미라고 할 수 있다. 이 21분 동안 철도원들의 다양한 레지스탕스 행위가 담담하게 재현된다. 앞서 언급한, 사람들과 우편물을 몰래 통과시키기만이 아니라 열차의 행선지 표시 바꿔치기, 에어브레이크 파손시키기, 연료 뚜껑을 열어 연료 새게 하기, 자석 폭탄을 차량에 부착하기 등의 각종 사보타주 행위와 레지스탕스 비밀회합, 자석 폭탄 사용법 교육 등이 잇달아 묘사된다. 이어서 독일군의 대응, 즉 "조국, 당신의 가족, 당신의 식량을 위해 철도원이여, 사보타주에 맞서 투쟁하고 승리해야 한다"라는 선전포스터와 "사보타주를 벌인 자는 사형에 처한다"라는 공지문, 그리고 독일군 장교가 철도원들을 모아 놓고 사보타주 행위자를 처벌하겠다고 연설하는 장면이 나온다. 철도원들의 폭탄 설치에 따른 샬롱쉬르손 역 철로 곳곳에서의 폭파 장면은 독일군이 철도원들을 체포하는 장면으로 이어지고, 열차 파손을 시도하는 철도원을 쏘려는 독일군이 다른 철도원의 총에 맞아 쓰러지는 장면은 결국 인질로 체포된 철도원들을 총살하는 장면으로 이어진다. 벽 앞에

두 철도원이 독일군 열차의
이동을 막기 위해 철로를
분리시키는 장면

일렬로 세워진 인질들이 한 명씩 총살당하고 철도원들이 이곳저곳에서 항의의 표시로 경적을 울리는 것으로 이 첫 부분은 끝난다.

독일강점기라는 사실 이외에 보다 구체적인 시기는 전혀 알 수 없고 일관된 줄거리도 없는 이 첫 21분간은 극영화라기보다는 마치 다큐멘터리를 보는 듯한 인상을 주며 나머지 한 시간 분량의 중·후반부와는 뚜렷하게 논리적으로 연결되지도 않는다는 점에서 독특하다. 이는 많은 연구자들이 지적하듯이 〈철로 전투〉가 애초에 단편으로 기획되었다는 사실과 무관하지 않다. 아마도 1945년 5월 23일의 (아직 완성되기 전) 첫 상영회에서 상영된 것이 바로 이 부분일 가능성이 있다. 또한 그 부분만으로 자기완결적인 동시에 다음 부분과 논리적으로 매끄럽게 연결되지 않는 것도 단편에서 장편으로 중도에 계획이 바뀐 점에 연유하는 것으로 봐야 할 것이다.[12]

첫 21분과 나머지 한 시간은 이질적으로 느껴진다. 첫 부분이 다소 산만하게 철도 레지스탕스 활동의 이모저모를 열거했다면 나머지 부분은 1944년 6월 노르망디 상륙작전 이후 노르망디로 가려는 독일군 열차의 이동을 막아 낸다는 뚜렷한 목표를 중심으로 내용이 전개된

유격대원들이 철로에 폭탄을
설치하는 장면

다. 또한 레지스탕스의 주역으로 철도원들만 등장했던 첫 부분과 달리 이 부분에서는 철도원들 외에, 주로 숲속이나 산속에서 무장투쟁을 벌인 유격대도 등장한다. 철도원들이 무선전신기를 통해 연합군의 노르망디 상륙(1944년 6월 6일) 소식을 듣고 기뻐하는 장면으로 시작되는 이 부분은 이후 생앙드레Saint-André 역 역사驛舍에 내걸린 날짜 표시("1944년 7월 22일") 장면을 통해서도, 구체적인 시기를 전혀 알 수 없었던 첫 부분과 대조된다. 즉, 1944년 7월 22일 전후에 철도원들과 인근 지역 유격대가 동쪽에서부터 달려오는 독일군 열차의 이동을 막으려는 갖가지 움직임이 이 한 시간 동안 펼쳐지는 내용이다.

**철도원들과 유격대의
합동작전으로 독일군 열차가
탈선하는 장면**

유격대는 독일군 열차를 멈추게 하고 독일군과 전투를 벌이다 전멸을 당하기도 하지만 결국 또 다른 유격대와 철도원들이 합심해서 그 열차를 탈선시키는 데 성공한다. 이곳저곳에서 철도원들의 사보타주는 계속되고 연합군 비행기의 공중폭격까지 가세하면서 곳곳에서 승리 소식이 들려오고 독일군의 패주 행렬이 묘사된다. 마지막 장면은 희망찬 음악이 울려 퍼지며 환성을 지르는 프랑스인들을 가득 태우고 프랑스 국기, 영국 국기, 미국 국기를 맨 앞에 꽂은 열차가 달리는 모습이다. 열차의 맨 끝 차량 뒷면에 "프랑스와 레지스탕스 만세, 철도원들에게 경의를"이라고 쓰여 있는 문구를 비추는 것으로 영화는 막을 내린다.

영화 〈철로 전투〉는 개봉 즉시 일반 대중에게나 평단에서나 엄청난 호응을 얻었다. 첫 특별상영회는 1946년 1월 11일 파리의 샤이오 Chaillot 궁에서 임시정부 수반 드골의 주재하에 열렸고, 철도레지스탕스는 전국 각지에서 희생자 가족을 위한 특별상영회와 함께 순회전시회를 열어 영화의 스틸 컷 사진들과 촬영에 사용된 무장열차를 보여 주었다. 일반 영화관에서는 1946년 2월에 개봉되었는데 리옹과 스

〈철로 전투〉의 마지막 장면
열차의 맨 뒷 차량에
"프랑스와 레지스탕스 만세,
철도원들에게 경의를"이라고
쓰여 있다.

트라스부르에서는 최고의 흥행성적을 거두었고 보르도에서는 1946
년에 개봉된 140편의 영화 가운데 네 번째로 많은 관객 수(4주간 4만
6,305명)를 기록했다. 소도시 바르르뒥Bar-le-Duc에서는 전체 인구 1
만 4,000명 가운데 5,670명이 그 영화를 보았다.[13] 〈철로 전투〉는 국
제적으로도 인정받아 그해 9월 20일에 열린 첫 칸 영화제에서 오늘날
의 황금종려상에 해당하는 국제심사위원상과 감독상을 받았다.[14] 이
러한 반응과 평가를 반영하듯, 그해 실시된 여론조사에서 "올해 당신
이 본 최고의 영화는 무엇인가?"라는 질문에 가장 많은 이가 〈철로 전
투〉라고 답했다(8퍼센트로 1위).[15]

이 장에서 살펴볼 다른 두 영화가 호불호가 갈렸던 것과는 대조적
으로 이 영화는 개봉 당시 대부분의 언론과 평단이 극찬으로 일관했
다. 《르 몽드》지 1946년 3월 5일 자에 따르면 다른 레지스탕스 영화들
이 "쉽게 감정을 야기할 구실과 소설 같은 이야기"만 보여 주었던 반
면 〈철로 전투〉는 "진실과 진지함"을 보여 주었고 등장인물들은 "사
실적"이며 클레망 감독은 철도원들의 "충실하고 정직한 역사가"가 되
었다.[16] 《테무아냐주 크레티앵Témoignage chrétien》지(1946년 2월 3일 자)
는 지금까지 프랑스에서 레지스탕스에 관해 만들어진 영화들 가운데
"최고의 영화", "가장 고증이 잘 되고 가장 진실한 영화"로 격찬했다.
그 신문에 따르면 〈철로 전투〉는 무엇보다도 "튜튼 족의 억압에 맞선
프랑스 철도원들의 거대한 투쟁의 무훈시"였다.[17]

평단 역시 찬사를 아끼지 않았다. 당대 프랑스의 가장 유명한 영화
평론가였던 앙드레 바쟁André Bazin은 "오늘 우리는 드디어 르네 클레
망 덕분에 세계에 내놓을 영화, 그 주제에 값하는 영화를 갖게 되었
다"라고 호평했다. 바쟁에 따르면 그 영화는 고도의 "예술적 정직성"

을 보이며 레지스탕스라는 큰 주제를 "지적 겸허함, 재치, 단순성"을 가지고 다루었다.[18] 영화평론지인 《라 르뷔 뒤 시네마*La Revue du cinéma*》지의 알랭 스펭레Alain Spenlé는 그 영화를 "프랑스 레지스탕스에 관한, 가치 있는 첫 기록"으로 평가했다. "실내는 진짜 실내이고, 햇빛은 진짜 햇빛"이며 등장인물인 철도원들은 자신이 과거에 실제로 했던 역할을 잠시 다시 했다.[19]

요컨대 언론에서든, 평단에서든 〈철로 전투〉에 주목하고 가장 큰 찬사를 보낸 것은 무엇보다도 사실성-진실성이라는 측면에 대해서였다. 분명 이 영화는 처음부터 끝까지 전혀 다큐멘터리가 아니었음에도 사실적인 촬영기법, 인공세트가 아니라 진짜 철로, 직업배우가 아니라 진짜 철도원, 독일군 역할을 한 진짜 독일군(촬영 당시는 포로), 과장되지 않은 연기와 허구적이지 않은 내용 등 진짜 강점기와 진짜 레지스탕스를 보여 주는 듯한 특성들이 주로 강조되었다. 심지어 스펭레는 이 명백한 극영화를 평하며 "다큐멘터리가 여전히 최고의 연출학교"임을 입증했다는 표현까지 썼다.[20]

4반세기가 지난 뒤인 1971년까지도 이 영화는 "강점기 프랑스의 레지스탕스에 관한 첫 번째이자 유일하게 진정한 영화"(《뤼마니테 디망쉬》지)요, "레지스탕스에 관한 첫 번째 기록(《레 레트르 프랑세즈》지)으로 평가받았다.[21] 강점기에 철도레지스탕스 지도자였고 1950년대에 SNCF 사장직에까지 오른 루이 아르망Louis Armand 역시 1970년에 발간한 회고록에서 "자료적 가치"라는 표현을 썼고[22] 1984년에는 클레망 감독 자신이 한 인터뷰에서 그 영화가 "다음 세대들을 위한 증언" 역할을 할 것이라고 발언했다.[23]

이상의 "자료", "증언", "기록" 같은 용어들은 엄밀히 말해 극영화의 속성이 전혀 아니었음에도 이러한 표현들이 〈철로 전투〉에 대해 그리도 많이 사용되었다는 것은 그만큼 당대의 사람들이 그 영화를 그렇게 인식했고 바로 그러한 측면을 〈철로 전투〉의 가장 큰 장점으로 간주했음을 말해 준다.

　그러면 해방기 프랑스의 대표적인 레지스탕스 영화 〈철로 전투〉는 과연 독일강점기 프랑스의 레지스탕스를, 그리고 그 시기 철도원들의 실상과 역사를 온전히 재현했을까? 우선, 이 영화의 문제점으로 지적할 수 있는 것은 독일강점기 프랑스를 묘사하는 방식이다. 〈철로 전투〉는 영화 맨 처음과 맨 마지막에 잠깐 등장하는 일반 승객들을 제외하면 오직 독일군과 철도원들 그리고 유격대만을 등장시킨다. 독일강점기 프랑스는 독일군이 점령하고 독일점령당국이 지배한 시기이지만 남쪽 절반에서는 프랑스인의 정부인 비시 정부가 통치했고 비시 정부의 고위관료에서부터 일반 국민에 이르기까지 수많은 대독협력자들도 존재한 시기였다. 그러나 〈철로 전투〉에는 비시도, 대독협력자도 등장하지 않는다. 그 영화가 묘사한 지역이 북쪽 절반에 해당하는 점령지구에 속했다고 해도 그 지역에서도 경찰관, 수용소 헌병, 일반 공무원들은 비시 정부에 속한 프랑스인들이었고 이들이 독일의 지배에 직간접적으로 협력한 것이 명백한 사실임에도 이들의 존재는 통째로 누락되었다. 또한 독일군 및 비시 진영과 레지스탕스 진영 사이에서 어느 쪽에도 속하지 않은, 아마도 가장 많은 수를 차지할 프랑스 일반 국민들, 순응하고 침묵하고 종종 기회주의적인 프랑스인의 존재도 이 영화에서는 거의 찾아볼 수 없다. 영화 말미에 레지스탕스 부대에 의해 마을이 해방되자 역사驛舍에 프랑스 국기를 내걸려다가 총성을 듣고 잠시 머뭇거리는 생앙드레 역장이 유일한 예외일 뿐이다.

이러한 일면적인 묘사는 철도원들에 대해서도 그대로 적용된다. 모든 철도원이 레지스탕스 대원으로 묘사된 것은 아니지만 레지스탕스에 적대적이거나 독일군에 협력하는 철도원은 전혀 나오지 않는다. 레지스탕스 조직에 속하지 않았더라도 모두가 레지스탕스 행위를 묵인하거나 직간접적으로 돕는다. 실제 역사에서는 SNCF 내에서도 육체노동자가 더 많이 레지스탕스 활동에 참여하고 대독협력 행위는 관리직–간부직에서 더 많이 발견되었음에도 이 영화에서는 직급에 상관없이 모두가 레지스탕스 활동을 하거나 그러한 활동에 우호적인 것으로 묘사된다.

레지스탕스의 무게중심을 철도원 육체노동자에서 SNCF 전체로 확대한 데에는 SNCF 측의 개입이 작용한 것으로 보인다. 역사가 린드퍼그의 분석에 따르면 앞서 소개한 영화의 머리말 자막에서 레지스탕스의 주체가 원래는 "철도원들"이라는 단어였는데 최종본에서 "철도"로 바뀌었고 이러한 변경에는 SNCF 경영진의 입김이 작용했다. '철도노동자'를 주로 지칭하는 것으로 해석될 수도 있는 '철도원'보다 '철도'가 SNCF 회사 전체를 포괄하기에 더 적합했던 것이다. 영화 제목 자체가 레지스탕스 조직의 명칭인 "철도레지스탕스"에서 "철로 전투"로 바뀐 것 역시 레지스탕스 조직에 속하지 않은 SNCF 직원들까지 모두 포괄하려는 노력의 일환으로 볼 수 있다. 또한 SNCF의 고위 간부인 수석 엔지니어가 알고 보니 레지스탕스 대원이었다는 설정도 제작과정에서 SNCF 측의 요구로 추가되었는데 이 역시 같은 맥락에 속한다.[24]

다음으로 지적할 수 있는 것은 레지스탕스 자체에 대한 묘사다. 독일강점기 프랑스의 레지스탕스는 전혀 단일한 집단이 아니었다. 국외 레지스탕스와 국내 레지스탕스 사이의 대립, 국내 레지스탕스 내에서는 공산당계와 비공산당계 사이의 갈등, 각 조직들 사이의 경쟁과 알력이 존재했는데 〈철로 전투〉에서는 그 어떤 측면도 보이지 않는다. 드골주의자든, 공산주의자든, 레지스탕스 조직 '콩바'든, '해방'이든, 노동총동맹이든 아예 어떠한 정당도, 정파도, 어떤 레지스탕스 조직도, 노조도 전혀 언급되지 않는다. 오직, 철도원들과 유격대원들의 레지스탕스 행위만 그려질 뿐이다.

그러한 점에서 유격대를 묘사하는 방식은 주목할 만하다. 랑글루아가 잘 지적했듯이, "잘 조직되고 유능한" 철도원들과 대조적으로 유격대원들의 행동은 충동적이고 미숙한 것으로 그려졌던 것이다.[25] 철도원들과 전혀 조율되지 않은 유격대의 행위는 선로작업 중인 철도노동자들을 잠시 위험에 빠뜨리기도 하고 무장열차의 독일군을 기습 공격했다가 결국 전멸당한다. 반면에 철도원들과 함께 벌인 작전은 독일 무장열차를 탈선시키는 데 성공한다. 워낙 레지스탕스를 단일하고 내부 분열과 알력이 없는 진영으로 묘사한 영화였기 때문에 이러한 유격대의 묘사는 특기할 만하다. 이는 〈철로 전투〉가 기본적으로, 철도레지스탕스와 SNCF가 제작을 주도하고 철도원들을 주인공으로 철도 부문의 레지스탕스를 그린 영화였기 때문에 나타난 현상으로 볼 수 있을 것이다.

그러면 이상에서 본 문제점들, 그리고 그러한 문제점들에도 불구하고 받은 일치된 긍정적 반응은 어디에서 연유하고 어떻게 해석할 수 있을까? 무엇보다도 그 영화가 제작되고 개봉된 시기에서 그 열쇠를 찾아야 할 것이다. 〈철로 전투〉가 만들어진 1945년과 처음 상영된 1946년은 4년간의 지긋지긋하고 수치스런 독일강점기가 끝난 직후,

즉 해방기였다. 전체 레지스탕스로부터 지휘권을 위임받은 드골 장군이 이끄는 프랑스 공화국 임시정부의 당시 최대 관심사는 강점기의 상처를 보듬고 재건을 위해 전 국민을 단결시키는 것이었다. 그리하여 탄생한 신화가 강점기 4년 동안 프랑스의 전 국민이 나치 독일에 맞서 저항했다는 이른바 레지스탕스주의 신화였다. 좀 더 그럴듯하게 표현하자면, 국민 모두가 레지스탕스 조직에 가담하지는 않았더라도 한줌도 안 되는 극소수의 배반자 무리를 제외하고는 국민 대부분이 적어도 레지스탕스 활동을 지지했다는 것이다.

〈철로 전투〉의 문제점들은 바로 이 신화에서 연유하고 이 신화에 가장 잘 들어맞도록 만들어진 데 기인한 것으로 볼 수 있다. 즉, 강점기의 억압과 수탈의 모든 책임은 오직 독일점령군에게 돌아가고, 독일점령당국에 협력한 비시 정부와 대독협력자들(공모자인 동시에 수혜자)의 존재는 삭제되고, 레지스탕스 내부에는 분열과 갈등이 없고, 모든 국민(여기서는 모든 철도원)이 내심으로 레지스탕스를 지지하고 직간접적으로 돕는 것이 영화에서 그려진 모습이자 다름 아닌 레지스탕스주의 신화의 구성요소들이다.[26]

〈철로 전투〉는 이렇듯 레지스탕스주의 신화에서 연유하고 그 신화를 가장 잘 표현할 뿐만 아니라 2011년도의 한 고등학교 역사교과서에도 쓰여 있듯이 그러한 신화를 이후로도 "지속적으로 정착시키는 데 기여"했다.[27] 레지스탕스주의 신화를 해방 이후 수십 년 동안 국민들의 집단의식 속에 뿌리내리는 데 가장 큰 기여를 한 영화 한 편을 꼽으라면 단연 이 〈철로 전투〉가 될 것이다.

한편, 〈철로 전투〉는 강점기 철도원의 이미지를 레지스탕스의 대명사로 만드는 데에도 결정적인 기여를 했다.[28] 1947년에 파리 시가 발간한《도판 2차 세계대전 총사》에서도, 1978년에 프랑스 민주노동동맹CFDT(Confédération française démocratique du travail)이 출간한 노동운동사 개설서《노동운동, 1815~1977》)에서도 특정 직업집단 자체가 레지스탕스로 다루어진 유일한 직종이 바로 철도 부문이었다.[29] 개봉 직후 평단 대부분이 극찬하고 흥행에서도 성공을 거두고 첫 칸 영화제에서 최고상도 받은 영화, 해방기만이 아니라 전全 시기의 대표적인 레지스탕스 영화가 되어 버린 영화가 국민들의 집단적 기억 속에서 철도 부문 전체를 레지스탕스 직종으로 만들고 철도원들의 항독행위를 레지스탕스 활동의 대명사로 만든 것은 놀라운 일이 아닐 것이다.

그러면 독일강점기 프랑스 철도 부문 레지스탕스의 실제 역사는 어떠했을까? 분명 많은 철도원들이 레지스탕스 활동에 참여했고 그 과정에서 사망했다. 역사가 러더빈 브로치Ludivine Broch의 집계에 따르면 강점기 4년 동안 모두 1,636명의 철도원이 독일군에 체포되어 사망했다. 그 가운데 489명은 총살당했고 743명은 강제이송 과정에서 혹은 이송된 뒤에 사망했다.[30] 《레지스탕스 역사사전》에 따르면 1,700~2,000명의 철도노동자가 독일군에 의해 총살, 참수, 교수형 당하거나 강제이송된 뒤 돌아오지 않았다.[31] 1943년 12월 이후 사보타주로 인해 300대 이상의 기관차가 파손되거나 파괴되었고 265대의 화물차가 완파되었으며 100개 이상의 중장비 부품과 11곳의 전차대轉車臺가 손상되었다. 영화에서 중요하게 다루어진 열차 탈선도 성공한 사례가 491건에 이른다.[32]

영화에서 가장 중요하게 다루어진 행위, 머리말 자막에서 노르망디 상륙 이후 "교통을 붕괴시켜서 해방전투에서 독일을 패배시키는 데 상당히 기여할 것"이라고 언명한 것도 어느 정도 사실이었다. 1949년에 책으로 출간된 〈철로 전투〉 시나리오의 〈서론〉에 따르면 1944년 6월 6일의 노르망디 상륙 이후 독일군 60개 사단이 노르망디 해안을 향해 이동했는데 철도 사보타주의 결과로 독일군 10~15개 사단이 노르망디 전선에 도달하지 못했다.[33]

　하지만 이렇듯 철도원들의 레지스탕스 활동이 분명히 존재했다는 사실이 곧, 철도 부문 전체를 '레지스탕스 직종'으로 간주할 수 있다거나 철도 부문의 레지스탕스가 레지스탕스 전체를 대표할 수 있음을 의미하지는 않는다. 사실, 프랑스인들의 집단적 기억의 역사에서 1990년대 이후에는 철도 부문이 더이상 레지스탕스를 대표하지도 않았다. 20세기 말에 홀로코스트에 대한 기억과 관심이 급부상하면서 1990년대 말부터 SNCF가 강점기에 7만 6,000명의 프랑스 거주 유대인을 동쪽으로 강제이송한 것에 협력한 사실이 줄곧 강조되었고 급기야 SNCF 자체가 바로 이러한 이유로 프랑스와 미국에서 잇달아 반인륜 범죄로 제소되었다.[34] 직종 전체가 레지스탕스로 다루어지던 시대가 이제 거꾸로 철도원 모두가 홀로코스트 협력자로 비난받는 시대로 바뀐 것이다.

〈그림자 군단〉: 영웅시대의 종언

〈철로 전투〉로부터 23년 뒤에 만들어진 〈그림자 군단〉은 〈철로 전투〉 못지않게 대표적인 레지스탕스 영화로 평가될 수 있지만 23년이란 세월만큼이나 다르고 거의 모든 면에서 대조적인 작품이었다. CNR 군사위원회, 철도레지스탕스, SNCF 사이에서 완전한 창작의 자유를 누리지 못했던 클레망 감독과 달리 장피에르 멜빌 감독은 제작과정에서 전혀 간섭을 받지 않았고, 특정 부문(철도)의 실제 레지스탕스를 모델로 삼은 것이 아니라 소설을 원작으로 했으며, 등장인물들이 레지스탕스주의 신화의 영웅적 존재와는 거리가 멀었고, 평단과 대중으로부터 일치된 환대를 받지도 않았다.

우선, 〈그림자 군단〉은 1943년에 레지스탕스 작가 조제프 케셀 Joseph Kessel이 알제Algers에서 출간한 동명의 소설을 원작으로 한 영화였다. 그 자신, 레지스탕스 대원이었던 케셀은 자신의 기억과 경험, 동료 활동가들의 증언 등을 토대로 소설을 썼는데, 멜빌은 일찍이 1943년부터 그 책을 읽고 줄곧 영화화를 꿈꿔 오다가 26년 만에 그 꿈을 실현한 것이다.[35]

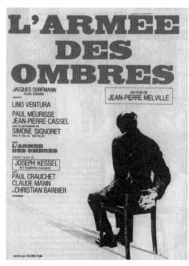

〈그림자 군단〉(1969)의
포스터들

멜빌 자신도 레지스탕스 대원 출신이었다. 1937년부터 3년간 군생활을 했고 1942년에는 드골의 '자유 프랑스'에 가담했다. 그 자신의 증언에 따르면 레지스탕스 조직 '콩바'와 '해방'에서도 활동했고 1944년에 연합군의 일원으로 이탈리아 전투와 프랑스 해방전투에도 참전했다. '멜빌'이란 이름도 워낙 본명이 그륌바크Grumbach였던 그가, 《모비딕》을 지은 미국 작가 허먼 멜빌Herman Melville을 너무 존경한 나머지 레지스탕스 대원으로서의 가명으로 처음 취한 것이었다.[36] 멜빌은 케셀의 원작을 그대로 영상으로 옮기지는 않고 자신의 레지스탕스 대원으로서의 경험과 기억을 섞어서 영화로 만들었다.

〈철로 전투〉가 특정한 주인공이 없고 철도원들 모두가 집단적 주인공인 데 반해, 〈그림자 군단〉은 필리프 제르비에Philippe Gerbier라는 41세의 엔지니어를 주인공으로 하고, 이 인물이 대장을 맡고 있는 팀의 성원들인 르 비종Le Bison, 르 마스크Le Masque, 펠릭스Félix, 장프랑수아Jean-François, 유일한 여성 대원 마틸드Mathilde와 '총대장'인 뤽 자르디Luc Jardie, 이렇게 총 7명이 주요 등장인물로 나온다. 영화는 처음부터 끝까지 오직 이 7명의 조직원들의 삶과 투쟁만을 보여 준다.

장피에르 멜빌 감독
(1917~1973)

첫 장면은 개선문 앞 텅 빈 샹젤리제 거리를 독일군이 군악대를 앞세우고 행진하는 장면인데 앞으로 전개될 시대가 독일강점기임을 단적으로 보여 주고자 하는 것으로 해석된다. 이어서 "1942년 10월 20일"이라는 명확한 날짜와 함께 본 줄거리가 시작된다. 영화의 첫 부분에서는 분명한 시기를 알 수 없고 중·후반부도 1944년 7월 22일 전후라는 것만 막연히 알 수 있었던 〈철로 전투〉와는 대조적으로 〈그림자 군단〉은 1942년 10월 20일부터 1943년 2월 23일까지라는 명확한 시기를 자막으로 알려 준다.

영화의 첫 부분은 필리프 제르비에의 궤적을 따라 간다. 그는 비시 정부의 '자유지구'(비점령지구)에 있는 수용소에 수감되었다가 게슈타포에 인계되어 점령지구로 오는데 이후 게슈타포 본부에서 극적으로

〈그림자 군단〉의 첫 장면: 강점의 시작
개선문 앞을 독일군이 행진하는 첫 장면은
독일강점기의 시작을 상징한다.

**배신자를
처형하는 장면**

탈출한다. 이어서 마르세유로 와서 조직원들과 합류한 제르비에는 자신을 밀고했던 젊은 배반자를 빈 집으로 끌고 와 조직원들과 함께 처형한다. 영화는 계속해서 이 조직의 활동들, 즉 연합군 군인들을 프랑스 밖으로 탈주시키고, 런던의 '자유 프랑스' 본부로 가 드골 장군으로부터 훈장을 받고, 체포된 조직원을 구출하고자 독일군으로 변장하여 게슈타포 본부에 가는 등의 모습들을 보여 준다. 결국 제르비에가 다시 체포되어 독일군에 총살당할 상황에 이르는데 마틸드가 주도한 작전 덕분에 극적으로 구출된다. 그러나 이번에는 마틸드가 체포되었다가 그녀의 딸에 대한 협박에 못 이겨 게슈타포에 협조하기로 하고 풀려난 사실이 알려진다. 갈등 끝에 조직원들은 결국 마틸드를 처단한다. 마지막으로 나오는 자막들은 끝까지 살아남은 4명의 조직원 모두 1년도 못 가 독일군에 의해 고문사, 총살, 참수당하거나 음독자살했음을 알려 준다.

지하감옥에서 레지스탕스 사형수들을 달리게 한 뒤
독일군이 기관총을 난사하는 장면

1969년 9월 12일에 개봉된 이 영화는 당시 언론과 평단에서 어떠한 반응을 얻었을까? 대부분 긍정적인 반응과 환대를 받았던 〈철로 전투〉와 달리 〈그림자 군단〉은 호불호가 극명하게 갈렸다. 한편에서는 "걸작",[37] "가장 진실하고 가장 아름답고 가장 덜 자족적인" 레지스탕스 영화[38]로 극찬을 받은 영화가 또 다른 언론에서는 "거짓말 영화",[39] "완전히 실패작"[40]이라는 혹평을 받았다. 필자가 개봉 직후 〈그림자 군단〉을 소개하거나 논평한 일간지, 주간지, 월간지, 격월간지 18종 (1969년 9월~1970년 1월)을 분석한 결과에 따르면 긍정적인 평가(12개)가 부정적인 평가(6개)에 비해 두 배로 많았지만[41] 후자가 실린 신문, 잡지의 영향력과 혹평의 강도를 감안하면 딱히 우호적인 반응이 우세했다고 보기도 어려웠다. 보수 진영의 대표적인 일간지 《르 피가로》지와 프랑스 공산당의 일간지 《뤼마니테》지, 영화평론계를 대표한 《카이에 뒤 시네마 Cahiers du cinéma》지 모두 부정적인 반응을 보였던 것이다.

긍정적인 반응을 보인 언론은 우선, 이 영화가 전쟁과 점령을 겪어 보지 못한 전후 세대에게 "증언"과 교훈의 역할을 할 것임을 강조했다. 일례로, 일간지 《로로르 L'Aurore》지는 이 영화가 "이 시기를 겪지 않은 젊은이들에게, 당시 우리 영토 위에 나치가 존재한 것의 의미와, 전체주의가 승리했을 경우 유럽이 맞게 될 미래를 상기시켜 줄 것"이라고 평했고,[42] 레지스탕스 잡지 《라 부아 드 라 레지스탕스 La voix de la Résistance》 역시 젊은이들에게 "자유와 인간 존엄을 수호하기 위한 우리 투쟁의 증언이 될 것"이라고 평했다.[43]

사실, '다음 시대를 위한 증언'이란 평가는 〈철로 전투〉에도 해당되는 것이었는데 '사실성'과 '진정성' 역시 〈철로 전투〉에 이어 〈그림자 군단〉도 우호적인 반응을 얻은 특성들 가운데 하나였다. 《카르푸 *Carrefour*》지는 멜빌 감독이 "지나친 서정성 없이" 레지스탕스를 다루었다고 평했고,[44] 《르 코오페라퇴르 드 프랑스*Le Coopérateur de France*》지는 "진정성", "단순함과 순수함"을 강조했으며[45] 《렉스프레스*L'Express*》지는 "독일강점기 레지스탕스 대원들의 일상생활에 대해 환상 없이 보고하는 유일한 극영화"라고 평가했다.[46]

이상의 두 가지 측면('증언'과 사실성–진정성)과 달리 〈그림자 군단〉이 〈철로 전투〉와 구별되면서 긍정적인 반응을 얻은 특성은 등장인물들의 반反영웅성에 있었다. "튜튼 족의 억압에 맞선 프랑스 철도원들의 거대한 투쟁의 무훈시"[47]로 〈철로 전투〉를 격찬했던 《테무아냐주 크레티앵》지는 23년 뒤의 영화에 대해서는 기본적으로 "반反영웅적 영화"로, "신성한 영웅주의로부터의 탈신화화"로 평가했다.[48] 가장 충격적인 장면은 젊은 밀고자를 주인공들이 맨손으로 교살하는 장면인데 의도적으로 무미건조하게(그리고 다소 잔인하게) 연출된 이 장면은 이 영화가 "레지스탕스의 업적을 보여 주는 단순한 연대기와 전혀 무관"하다는 것을 잘 보여 준다.[49] 그 영화는 《프랑스 누벨*France nouvelle*》지가 정확히 지적했듯이 "'나쁜' 독일인들과 '좋은' 레지스탕스 대원들을 대치시키기만 하는 인습적 구상을 뛰어넘었으며,"[50] 《프랑스 카톨릭*France catholique*》지의 평가대로 "많은 영화들과 책들이 레지스탕스에 관해 그려 온 이미지에 별로 부합하지 않았다."[51]

레지스탕스에 대한 고정관념을 깨는 이러한 측면은 또 다른 평자들에게는 레지스탕스 본연의 가치나 역사성을 제대로 보여 주지 못하는 것으로 비판받는 이유가 되었다. 《르 피가로》지에 따르면 멜빌 감독은 "세부적인 것들"에 매몰된 나머지, 수많은 중요한 가치들, 레지스탕스 대원들이 번민한 동기의 가치, "서사시적 덕목"을 망각했다.[52] 《뤼마니테》지에 따르면 〈그림자 군단〉의 등장인물들은 "진정한 역사를 구성하는 모든 맥락 밖에 존재"했고,[53] 《레 레트르 프랑세즈Les Lettres françaises》지는 그 영화가 "어떠한 진정한 역사적 전망도 보여 주지 못한다"고 질타했다.[54]

평자들이 부정적 반응을 보인 또 다른 측면은 〈그림자 군단〉이 드골주의 영화라는 것이었다. "드골주의자들이 수행하고 드골주의자들이 바라본 레지스탕스를 묘사한 영화", "내용에서나 형식에서나 드골주의 예술의 첫 번째이자 가장 아름다운 영화 사례"라고 평가한 《카이에 뒤 시네마》지의 논조는, 드골 정권이 무너진 개봉 당시 프랑스 사회에서 '드골주의'란 용어가 갖는 함의 면에서나, 드골에게 결코 호의적이지 않았던 68정신과 궤를 같이 한 그 영화잡지의 성향 면에서나 분명 〈그림자 군단〉에 부정적인 것이었다.[55]

①

②

영화 속의 드골
드골의 앞 모습은 아주 잠깐만 나오고(①),
다소 신비하게, 훈장을 달아 주는
뒷모습만 보여 준다(②).

그 영화가 '드골주의'적인 것으로 평가받은 것은 주인공들이 드골주의 레지스탕스 조직에 속해서가 아니라 드골이 직접 등장한 장면 때문이기도 했다. 런던에서 주인공들 중 하나인 뤽 자르디가 드골에게서 훈장을 받는 장면인데, 드골은 단 1초 동안 잠깐 앞모습을 비춘 뒤 서서히 걸어와 뒷모습과 팔만 보여 주며 자르디의 옷깃에 훈장을 달아 주는 모습이 무척 경건하고 신비주의적이어서 많은 논평을 야기했다. 그 영화를 "거짓말 영화"로 혹평한 《라 크루아*La Croix*》지는 왜 원작에도 없는 드골 장면을 추가했냐며 그 장면이 "솔직히 우습다"고 평했고,[56] 영화 전반에 대해서는 우호적이었던 《프랑스 누벨》지조차 그 장면이 "유일한 실책"이라고 평하며 관객들이 그 장면을 보고 (숙연해지기는커녕) "갑자기 웃음을 터뜨렸다"고 전했다.[57]

그러면 이렇듯 개봉 당시 호불호가 극명하게 갈렸던 현상은 어떻게 이해할 수 있으며 이 '문제적 영화' 〈그림자 군단〉은 독일강점기 프랑스와 레지스탕스를 재현한 역사영화로서 어떻게 평가할 수 있을까?

우선, 독일군과 레지스탕스 사이의 사람들이 통째로 누락되었던 〈철로 전투〉에 비해 〈그림자 군단〉은 강점기 프랑스 사회를 훨씬 더 온전하게 묘사했다. 〈그림자 군단〉에는 비시도, 대독협력자들도, 보통의 프랑스인들도 존재했다. 영화 초반부 제르비에가 수용소에 처음 들어왔을 때 수용소장실에 걸려 있는 비시 체제 수반 페탱의 사진, 그리고 역시 제르비에가 게슈타포 본부에서 탈출하여 우연히 들른 이발소 벽에 걸린 비시 정부의 선전포스터는 대독협력 체제이자 공모자인 '비시'의 존재를 잘 보여 준다.

또한 1956년의 다큐메터리 영화 〈밤과 안개Nuit et Brouillard〉에서는 수용소에서 경비를 서는 프랑스 헌병의 모자가 삭제되어서 논란이 된

적 있는데 〈그림자 군단〉 초반부의 수용소 장면에서는 프랑스 헌병들이 경비를 서고 있는 모습, 프랑스인 수용소장의 기회주의적 태도(제르비에를 조심스레 다루려는) 등이 잘 묘사되고 있다. 비시 정부의 수용소가 게슈타포에게 제르비에를 인계하고, 비시 정부가 창설한 민병대가 제르비에를 체포한 뒤 역시 게슈타포에 인계한 상황을 묘사한 것도 비시 정부/프랑스인들이 나치 독일에 협력하는 모습을 잘 그리고 있다.

한편, 제르비에에게 자신의 코트를 주는 이발사, 연합군 병사들을 자신의 집에 숨겨 주는 일반 농민들의 모습은 레지스탕스에 도움을 주는 보통 프랑스인들의 존재를 잘 보여 준다. 암시장, 배급표, 연합군 비행기의 공습에 대비한 방공호, 분계선 검문소, 기차역에서의 독일군의 검문과 지하철역에서의 프랑스 경찰의 검문 등도 영화가 2차 세계대전기 프랑스를 꼼꼼히 재현하는 데 신경 썼음을 말해 준다.

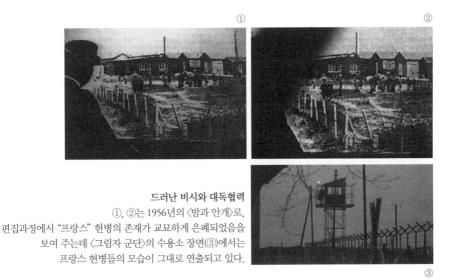

드러난 비시와 대독협력
①, ②는 1956년의 〈밤과 안개〉로,
편집과정에서 "프랑스" 헌병의 존재가 교묘하게 은폐되었음을
보여 주는데 〈그림자 군단〉의 수용소 장면(③)에서는
프랑스 헌병들의 모습이 그대로 연출되고 있다.

하지만 이 영화가 가장 돋보이는 측면은 레지스탕스를 묘사하는 방식에 있다. 런던에서 드골로부터 훈장을 받는 장면이라든가 마지막 모든 주인공들의 사망을 알리는 자막에서 보듯이 '영웅'으로서의 전통적 이미지가 어느 정도 유지되고 있기는 하지만 1969년 개봉 직후의 《테무아냐주 크레티앵》지("반영웅적 영화")[58]에서부터 1997년의 린드퍼그("영웅 범주의 파괴와 전복"),[59] 2015년의 앙투안 드 배크Antoine de Baecque("영웅주의 없는 이 남녀들")[60]에 이르기까지 〈그림자 군단〉이 반反영웅적인 레지스탕스 영화라는 평가는 끊임없이 반복되었다.

〈철로 전투〉 이래 전후 프랑스인들의 집단의식 속에서 레지스탕스 행위의 대명사가 된 철로 파손과 열차 탈선에서부터 유격대의 무장투쟁, 거리에서의 총격전이나 폭탄 투척, 집회와 시위, 항독抗獨전단 인쇄와 살포, 항독신문 제작에 이르기까지 레지스탕스 활동을 대표하는 그 어떠한 행위도 〈그림자 군단〉에는 나오지 않았다. 오직, 조직 내부의 배반자를 처형하기, 처형 전에 처형 여부와 방식을 놓고 논쟁 벌이기, 체포된 조직원 구출하기, 연합군 병사들을 피신시키기 같은 수세적이거나 주변적인 활동들만 나올 뿐이다. 유일한 총격은 독일군이나 대독협력자가 아니라 존경받던 조직원(마틸드)에게 가해졌다. 이러한 점들은 이 영화가 레지스탕스를 무엇보다도 '영웅'으로 묘사하던 기존의 레지스탕스 영화들과 얼마나 다른지를 단적으로 보여 준다.

끝으로, 이 영화가 드골주의 영화라는 평가에 대해 살펴보자. 분명 원작자도, 감독도 2차 세계대전기에 드골주의 레지스탕스 조직에서 활동했고, 영화의 주인공들도 모두 드골파 레지스탕스 조직의 일원이었으며, 심지어 감독은 원작에도 없던 드골을 등장시켜 직접 훈장을 달아 주는 장면을 영광스럽게 연출하기까지 했다. 멜빌 자신이 인터뷰에서 발언한 것을 보면 드골의 훈장 수여 장면은 감독이 의도적으로 "우스꽝스러움을 강조"하기 위한 것(《테무아냐주 크레티앵》지)[61]이라기보다는 정말로 드골에 대한 존경심에서 우러나온 것일 가능성이 크다.[62] 그러한 점에서 '드골주의 시네아티스트가 드골의 치세 말에 드골 장군에게 헌정한 영화'[63]로 볼 수도 있다. 그럼에도 이 영화가 기존의 레지스탕스 영화들과 다른 인식을 보여 준 반영웅적 영화였다면, 레지스탕스를 영웅시하는 것이야말로 영광스런 과거를 강조하는 드골주의 인식의 핵심적 측면 가운데 하나이므로 〈그림자 군단〉은 (아마도 감독 자신의 의도와는 반대로) 오히려 반反드골주의 영화로 평가할 수도 있을 것이다.

마틸드가 제르비에에게
자신의 딸 사진을 보여 주는 장면

동료 조직원 르 비종이
마틸드에게 총을 쏘는 장면

사실, 〈그림자 군단〉이 마지막 드골주의 영화인 동시에 반反드골주의 영화일 수 있다는 기묘한 현상은 그 영화가 촬영되고 개봉된 시기 자체와도 어느 정도 관련 있다. 1969년은 68운동이 끝난 직후이며 68운동의 여파로 드골이 대통령직을 사임한 해이자 몇 년 뒤 다큐멘터리 영화 〈슬픔과 연민Le Chagrin et la Pitié〉(1971)과 역사서 《비시 프랑스Vichy France》(1972)[64] 등이 나오면서 강점기 프랑스의 전 국민이 레지스탕스를 중심으로 단결했다는 레지스탕스주의 신화가 무너지기 직전의 시기였다.

실로, 1946년 초에 정계를 떠났던 드골이 다시 복귀한 제5공화정기 첫 11년(1958~1969)은 레지스탕스주의 신화의 전성기이자 영웅시대이기도 했다. 독일강점기를 다룬 프랑스 영화 편수도 1955~58년에 연 1~2편에 불과하던 것이 1959~62년에는 1년에 7~9편으로 급증했다. 영화사가 장피에르 장콜라Jean-Pierre Jeancolas의 진단에 따르면 당시 레지스탕스는 "유행"이었고 〈그림자 군단〉은 "정착된 드골주의의

〈파리는 불타고 있는가?〉
(1966) 포스터

마지막 영화"로 간주될 수 있었다.[65] 드골 체제의 절정기인 1966년에 개봉된 〈파리는 불타고 있는가?Paris brûle-t-il?〉는 단연 드골주의와 레지스탕스주의 신화를 가장 극명하게 보여 준 영화였다. 마침 〈철로 전투〉의 클레망 감독이 메가폰을 쥐고 미국의 파라마운트 사가 배급한 이 초특대작은 1944년 8월의 파리 해방전투를 재현한 것으로, 1966년 10월 24일 저녁의 첫 상영회는 그야말로 국가적 차원에서 기념되었다. 개선문, 에펠탑, 노트르담 성당, 루브르 박물관 등 파리의 20곳에서 영화 상영시간에 맞추어 7분 동안 점등식이 이루어졌던 것이다.[66] 영화평론가 장미셸 프로동Jean-Michel Frodon은 바로 이 〈파리는 불타고 있는가?〉가 너무 상업적이어서 실패한 과업, 즉 드골의 제5공화정이 필요로 한 '레지스탕스의 기념비적 대작'을 오히려 〈그림자군단〉이 성취했다고 보았다.[67] 그런데 이 '뒤늦은' 드골주의 작품은 너무 늦게 나와서 드골이 정계에서 다시 퇴장(이번에는 영원히)한 뒤에 개봉되었다. 몇 년 전이라면 경건하게(혹은 적어도 자연스럽게) 보았을 드골의 등장 장면은 1969년 9월의 관객들(이미 68운동을 거친)에게는 폭소를 자아낼 뿐이었다. 1960년대 말의 관객들에게 드골은 더이상 레지스탕스를 대표하는 장군이자 임시정부 수반이 아니라 10년 넘게 장기집권한 늙은 독재자일 뿐이었다. 그렇게 드골의 이미지는 바뀌었고 아울러 레지스탕스주의라는 드골주의 신화도, (레지스탕스와 드골로 대표되는) '영웅'의 시대도 끝나 가고 있었다.

그러한 점에서 멜빌의 영화가 마지막 드골주의 영화일 뿐 아니라 반드골주의적, 반영웅적 영화이기도 했다는 것은 꽤 의미심장하다. 화려한 전투를 벌이고 승리하는 레지스탕스가 아니라 배반하고 서로 죽이거나 도망다니기 바쁘고 불안과 자책감에 떠는 레지스탕스의 이미지는 2년 뒤 다큐멘터리 〈슬픔과 연민〉에서 본격적으로 재현되기 시작하고 1974년의 극영화 〈라콩브 뤼시앵Lacombe Lucien〉에서 정점에 달할 '대독협력자 프랑스'라는 반대 신화, 흑색 신화를 미약하게나마 예견케 했던 것이다. 레지스탕스주의 신화의 탄생을 알리는 〈철로 전투〉와 달리 이렇듯 영웅시대의 종언을 알리는 (그렇다고 드골주의의 '잔재'를 완전히 청산하지도 못한) 〈그림자 군단〉이 호불호가 극명하게 갈리고 평단에서나 흥행에서나 기대만큼의 호응을 얻지 못하고 수십 년 뒤에 가서야 재조명받은 이유 역시 바로 그러한 독특한 위치에 있다고 하겠다.

〈범죄 군단〉: 돌아온 영웅들

〈철로 전투〉로부터 63년 뒤, 〈그림자 군단〉으로부터 40년 뒤 만들어진 또 다른 레지스탕스 영화 〈범죄 군단〉은 어떤 영화였는가? 우선, 제목부터가 범상치 않은데 "군단L'Armée"(정확히는 '군대')이라는 단어는 〈그림자 군단〉의 '군단'을 떠올리게 한다. 따라서 대표적인 레지스탕스 영화인 〈그림자 군단〉을 의식하고 그 제목을 변형한 것으로 볼 수도 있겠지만 사실, '범죄 군단'이라는 용어는 이 영화가 다루는 공산당계 이민자 레지스탕스 조직인 파리 지역 FTP–MOI(이민노동자 의용유격대)—앞서 3장에서 다룬—에 독일점령당국이 처음 붙인 별명이었다. 독일점령당국은 1944년 2월 이 조직의 대원들을 집단처형하기 앞서 프랑스 전국에 배포한 선전포스터—3장과 5장에서 소개했듯이 '붉은 포스터'로 불리게 될—에서 이들을 "범죄 군단"이라고 명명했던 것이다.

영화 〈범죄 군단〉은 바로 이 '붉은 포스터'에서 "범죄 군단"으로 묘사된 레지스탕스 대원들의 삶과 투쟁을 다룬 것이다(이들을 다룬 첫 영화[1976]는 제목 자체가 〈붉은 포스터〉였다[68]). 이 영화를 만든 로베르 게디기앙 감독은 〈그림자 군단〉의 멜빌 감독과 달리 레지스탕스 출신이 아니었다. 1953년생이었으므로 아예 강점기를 경험하지 못한 세대였지만 태생적으로, 그리고 자라 온 환경에서 게디기앙 감독은 자신의 영화와 떼려야 뗄 수 없는 관계였다. 즉, 그는 그 영화가 다룬 조직을 이끈 미사크 마누시앙과 같은 아르메니아계였고(게디기앙의 아버지와 마누시앙 둘 다 아르메니아에서 프랑스로 온 이민자였다), 어머니는 강점기

〈범죄 군단〉(2009)
포스터

로베르 게디기앙 감독
(1953~)

에 아버지가 독일로 징용 갔다가 만난 독일인이었으며, 그 자신 (그 조직 대원들과 마찬가지로) 공산주의자였다.[69] 실제로 게디기앙은 영화 개봉 전의 여러 인터뷰에서 자신이 10~11세에, 마누시앙이 총살당하기 직전 아내에게 보낸 편지를 읽고 감동했고, 12~13세부터 이 조직의 투사들이 자신에게 "영웅"이었으며, 이 영화를 더 일찍 만들지 못한 이유는 이들이 자신에게 "너무 가깝게" 느껴져서였다고 고백했다.[70]

그러한 점에서 단지, 철도원 관련 다큐멘터리를 만들었다는 이유로 〈철로 전투〉의 감독으로 선정된 클레망보다 젊은 시절 레지스탕스 활동 중에 케셀의 책을 읽고 오랫동안 영화화를 열망해 온 멜빌 감독 쪽이 게디기앙 감독과 좀 더 가까워 보인다. 그러나 유사성은 거기서 그친다. 이 영화는, 단 한 명의 실존인물도 없이 막연히 철도원들의 항독투쟁을 그린 〈철로 전투〉와도 다르고, 소설이 원작이고 허구적 인물들이 주인공인 〈그림자 군단〉과도 달리 철저히 실화를 바탕으로 한다. 즉, 〈범죄 군단〉은 1943년 여름과 가을 파리 시내 한복판에서 독일군을 상대로 가장 격렬히 무장투쟁을 벌였고 다음해 2월 집단처형된 외국인 레지스탕스 조직 FTP-MOI 대원들의 역사를 거의 그대로 재현한 영화다.

마누시앙과 반치츠
처형장으로 가는 죄수 호송차 안에서 마누시앙과 반치츠가 대화를 나누는 첫 장면.

영화는 체포된 FTP-MOI 대원들이 죄수 호송차에 실려 어딘가로 끌려가는 장면으로 시작된다. 철망이 쳐진 차창 밖에는 센 강변에서 평화로이 걷는 행인, 신문 보는 사람, 자전거 타는 사람, 데이트하는 연인 등이 보이고, 끌려가는 등장인물들이 한 사람씩 호명되면서 각 이름 뒤에 "프랑스를 위해 순국Mort pour la France"이란 선언이 반복해서 들려온다. 화면 속의 이미지는 1944년 2월 처형장으로 끌려가는 모습인데 화면 밖 소리는 해방 후에 이들을 순국열사로 지정하는 선언이어서 기묘한 느낌이 들게 한다. 게다가 이들 대부분(23명 중에 21명)이 "외국인"임을 의식한다면(호명되는 이름들에서 이미 프랑스 관객들은 이들이 프랑스계가 아님을 눈치챘을 것이다) 이 영화가 "프랑스를 위해" 죽어 간 외국인 레지스탕스의 이야기임을 처음부터 역설하는 의도적인 연출임을 알 수 있다.

이어서 영화는 몇 년 전 과거로 돌아가고, 시간적 순서대로 FTP-MOI 투사들의 삶과 투쟁을 보여 준다. 특기할 만한 점은, 〈철로 전투〉가 주로 항독활동만을 묘사하고 〈그림자 군단〉 역시 7명의 레지스탕스 조직원들의 행위—그것도 '조직원'으로서의—에만 집중한 것과 달리, 〈범죄 군단〉은 주인공들을 둘러싼 주변 인물들도 폭넓게 보여 주고 레지스탕스 활동만이 아니라 일상생활도 가감 없이 그리고 있다는 데 있다. 즉, 미사크 마누시앙과 그의 아내 멜리네 마누시앙, 젊고 격정적인 마르셀 레만, 고등학생 토마 엘레크Thomas Elek가 가장 큰 비중을 차지하기는 하지만 레만의 부모, 남동생, 여자친구, 레만의 여자친구의 부모, 엘레크의 부모와 남동생, 마누시앙 부부의 이웃집 부부 등 레지스탕스와 무관한 인물들도 대거 등장한다. 또한 주인공들의 항독 행위와는 무관한 일상생활, 시를 쓰고, 데이트하고, 이웃들끼리 모여서 술 마시고 노래하고, 수영대회에 출전하는 등의 모습도 그려진다.

처음에 이들은 항독투쟁을 촉구하는 유인물을 뿌리거나 독일군 장교를 권총으로 쏘거나 독일군 파티장을 폭파하는 등의 행위를 개별적·고립적으로 벌이다가 점차 공산당계 이민자 레지스탕스 조직의 일원으로 포섭되고 아르메니아계 이민자 시인 마누시앙이 이끄는 전투단위로 조직되어 도심에서 독일군 병사들에게 수류탄을 던지거나

마누시앙이 독일군 병사들에게 던진
수류탄이 폭발하는 장면

FTP-MOI 대원이 독일군 차량에
소총을 난사하는 장면

마르셀 레만이 리터 장군에게
총을 쏘는 장면

독일군 버스에 기관총을 난사하는 등의 무장투쟁을 벌인다. 투쟁의 정점은, 나치 독일의 노동력 동원 전권위원인 프리츠 자우켈Fritz Sauckel의 프랑스 담당부관 율리우스 리터Julius Ritter 장군을 암살한 것이었다. 곧이어 프랑스 경찰은 마누시앙 자신을 포함한 조직원들을 대거 체포한다. FTP-MOI 대원들 23명이 죄수 호송차에 타는 모습이 '붉은 포스터'와 오버랩 되고 총살 직전에 마누시앙이 아내 멜리네에게 쓴 서한이 멜리네의 목소리로 낭독되면서 영화가 끝난다. 게디기앙 감독은 마지막으로 다음과 같은 자막을 덧붙였다.

프랑스 레지스탕스에 외국인들이 참여한 것의 깊은 진실에 가장 가까이 접근하기 위해 일부 사실들과 사건 순서를 변경해야 했다.
이 진짜 역사가 오늘을 위한 전설이 되도록, 그 전설이 우리가 지금 여기서 살아가는 것을 도울 수 있도록 그러한 변경이 필요했다.

그러면 이 영화는 2009년 개봉 당시 언론으로부터 어떠한 평가를 받았을까? 〈범죄 군단〉은 2009년 5월 17일 칸 영화제의 비경쟁 부문에서 처음 상영되었고 9월 16일 일반 영화관들에서 개봉되었으므로 이 두 시기에 집중적으로 언론의 조명을 받았다. 40년 전의 〈그림자 군단〉과 마찬가지로 〈범죄 군단〉 역시 호불호가 극명하게 갈렸다. 일례로 2009년 5월의 《르 몽드》지에서 "아름답고 가슴을 에는 프레스코화", "대성공작"[71]으로 극찬받은 영화가 9월의 《라 크루아》지에서는 FTP-MOI 대원들을 두 번 죽인 "이해할 수 없는 영화적 파산"으로 평가받았다.[72] 필자는 2009년 5월과 9~10월의 일간지, 주간지, 월간지 총 17종에 실린 논평 21편을 분석했는데 긍정적인 반응이 11편, 부정

적인 반응이 7편, 어느 쪽으로도 분류하기 어려운 글이 3편으로 집계되었다.[73]

〈범죄 군단〉이 긍정적인 반응을 끌어낸 요소는 크게 두 가지로 볼 수 있다. 우선, 강점기를 경험하지 못한 젊은 세대에게 과거 레지스탕스의 역사를 생생히 전달해 주었다는 것이다. 이는 〈그림자 군단〉이 긍정적인 평가를 얻은 첫 번째 측면과 정확히 일치하는 것으로, 특히 〈범죄 군단〉은 '장엄하면서 세밀한, 기념비적인 벽화'를 의미하는 데 주로 쓰이는 용어인 "프레스코화"에 자주 비유되었다. "레지스탕스에 관한 진정한 프레스코화", "역사 프레스코화", "교육적인 프레스코화" 등의 표현들이 그러했다.[74]

다음으로 논의할 수 있는 측면은 이 영화가 65년 전의 과거 투쟁을 전달하는 데 그치는 것이 아니라 바로 오늘날의 투쟁을 촉구하는 영화이기도 하다는 것이다. 2009년 5월의 《르 몽드》지는 이 영화가 인권투쟁과 저항에 대한 "매우 동시대적인" 촉구임을 강조했고,[75] 다른 많은 신문들도 게디기앙 감독이 이 영화를 통해 현재의 불의에 맞선 "참여"를 촉구하는 점을 높이 샀다. 영화의 마지막 자막에서 감독 자신이 "오늘을 위한 전설", "우리가 지금 여기서 살아가는 것을 도울 수 있도록" 등으로 표현한 것도 바로 그러한 측면이다.

사실, 이 영화를 부정적으로 평가한 논자들도 바로 그러한 측면을 문제삼았다. '참여'를 너무 강조한 나머지 영화를 경직시켰다는 것이다. "영웅주의와 참여의 가치를 집중 선전하는 굼뜬 대사"로 인해 주인공들은 "사람들이 전혀 믿지 않는 성상화聖像畵"가 되었다는 평가,[76] "감독의 수사修辭가 자신의 미학을 질식시켰다"는 진단,[77] "지나친 호의로 숨 막히고 너무 숭고한 이야기의 기묘한 무기력"[78] 등이 그러한 예다. 긍정적인 반응에서 많이 발견된 비유가 "프레스코화"라면 부정적인 평가에서는 '지나치게 도식적이고 진부하고 상투적'이라는 뜻으로 쓰인 "에피날 판화"라는 비유가 주로 발견되었다.

2009년 11월에는 역사가 스테판 쿠르투아와 게디기앙 감독이 《르몽드》지에서 격렬한 논쟁을 벌였다. 쿠르투아는 11월 15일 자 《르 몽드》지에 "역사를 무시하는 전설"이라는 다소 도발적인 제목을 내걸고 역사교사 실뱅 불루크Sylvain Boulouque와 함께 작심하고 〈범죄 군단〉을 비판하는 듯한 글을 실었다. 쿠르투아에 따르면 마르셀 레만이 개인적 충동에 따라 독일군을 죽인 것처럼 묘사하고, 조직원들이 거의 평화시처럼 경솔하게 행동하고 "스탈린주의자들"의 명령을 거부하겠다고 발언한 것으로 그린 것은 당시 현실과 어긋나는 것이었다. 또한 1943년 11월 FTP-MOI의 붕괴는 조직원의 배반이 아니라 프랑스 경찰 특별수사대의 집요한 미행에 기인한 것이고, 프랑스 경찰관들을 "피에 굶주린 짐승"으로 묘사한 것은 잘못이며, 마지막 체포 장면에서 마누시앙은 무장하지 않고 그의 상관인 조제프 엡스텐은 무장한 것으로 나오는데 실제는 그 반대라는 것이 쿠르투아의 주장이었다. 쿠르투아는 게디기앙 감독이 "이데올로기적·공동체주의적 이유들로 전설을 수립"하고 싶어한 나머지 "레지스탕스 대원들 자신의 역사를 공공연히 무시했다"는 결론으로 논평을 끝맺었다.[79]

게디기앙은 1주일 뒤 같은 신문 지상에서 쿠르투아의 주장을 정면으로 반박했다. '조직원의 배반'과 '전투원들의 경솔함'은 20년 전 쿠르투아 자신이 쓴 책에서도 이미 조직 붕괴의 원인들 중 하나로 언급되고 있고, 조직 내부에 반反스탈린주의자도 분명 존재했으며, 프랑스 경찰이 잔혹하게 고문한 것도 명백한 역사적 사실이라는 것이 게디기앙의 반론이었다. 특히 쿠르투아 자신이 썼다고 밝힌 책은 정확히는 쿠르투아가 또 다른 역사가 드니 페샹스키, 강점기 MOI의 유대인지부 책임자였던 아담 레스키와 함께 쓴 1989년의 역사서 《외국인의 피: 레지스탕스의 MOI 이민자들》[80]이었는데 사실, 이 책은 게디기앙 자신이 〈범죄 군단〉을 만들 때 "참고서로 도움을 준" 저작이어서 "당신이 왜 갑자기 화를 냈는지 모르겠다"며 당혹감과 억울함을 표했다.[81]

나아가 게디기앙은 "엘레크의 아버지는 매우 말랐고, 시몽 레만[마르셀 레만의 남동생-필자]은 매우 튼실했고, 크라쉬키Krasucki[레만의 친구이자 조직원-필자]는 레만의 어머니와 같은 기차를 타지 않았으며, 마누시앙과 엡스텐은 에펠탑 아래에서 체포되지 않았고, 이 모두가 여름에 벌어지지 않았다"라고 밝히면서 이상의 사실들은 자신이 "감정을 유발하기 위해" 의도적으로 변경한 것이라고 주장했다.

쿠르투아가 "이데올로기적·공동체주의적 이유들"이라고 말한 것은 전적으로 받아들였다. 오히려 "'붉은 포스터' 레지스탕스 대원들의 이데올로기와 공동체"는 "가난한 자들의 이데올로기요, 공동체"로서 바로 "나의 것"이기도 하다고 적극 인정했다. 끝으로, '전설을 추구한 나머지 역사를 무시'했다는 비판에 대해서는 "전설 없이는 역사도 없으며, 사실들에 입각하지 않은 전설도 없다"라는 주장으로 맞섰다.[82]

그러면 〈범죄 군단〉은 독일강점기 프랑스와 그 시기의 레지스탕스를 재현한 역사영화로서 어떻게 평가할 수 있을까? 우선, 그 영화는 63년 전의 〈철로 전투〉나 40년 전의 〈그림자 군단〉과는 비교도 안 될 정도로 강점기 프랑스인들의 일상생활을 풍부하게 그려 냈다. 〈철로 전투〉가 철도원들만을 중심으로 그렸고, 〈그림자 군단〉이 지나칠 정도로 7명의 레지스탕스 조직원들에만 집중했다면 〈범죄 군단〉은 조직

원들만이 아니라 이들의 부모, 형제, 친구, 이웃들까지 폭넓게 등장시
켰고 이들의 가족애, 부부애, 연인과의 데이트, 이웃사랑, 떠들썩한
파티, 수영 연습과 센 도 수영대회 등도 보여 주었던 것이다. 한 언론
사와의 인터뷰에서 강점기를 너무 밝게 묘사한 게 아니냐는 기자의
질문에 게디기앙은 그 시기를 잿빛으로만 묘사하는 게 오히려 '시대
착오적'이어서 의도적으로 밝게 그렸다고 답하기도 했다.[83]

그렇다고 밝게만 그린 것은 아니었다. 거리에서 끊임없이 울려 퍼지
는, 유대인을 비난하고 레지스탕스 활동에 대해 악선전하는 라디오 방
송, 에펠탑에 걸려 있는 "독일이 모든 전선에서 승리 중"이라는 초대
형 플래카드, "그들[독일군 – 필자]은 피를 제공한다. 당신은 노동을 제
공하라", "아빠, 독일에서 돈을 벌어요!"라고 쓰여 있는 지하철역의 선
전포스터 등은 이 시기가 암울한 독일강점기임을 여실히 보여 준다.

〈범죄 군단〉이 독일강점기 프랑스를 재현한 영화로서 특히나 〈철로
전투〉나 〈그림자 군단〉과 구별되는 측면은 유대인 박해라는 요소를
영화 곳곳에 배치했다는 점이다. 주요 등장인물 중 하나인 고등학생
토마 엘레크를 "더러운 유대놈"이라며 구타하는 급우, 엘레크의 부모
가 운영하는 식당 문에 나붙은 "유대인 식당"이란 표지, 그 식당 기물

센 도 수영대회
FTP-MOI의 주요 인물
마르셀 레만은 이 대회에서 우승을
차지하는 것으로 그려진다.

을 민병대원들이 마구 부수는 모습, 레만의 아버지가 경찰서에 소환되었다가 수용소로 끌려갔다는 소식, 황색별 표식을 가슴에 단 유대인들이 버스에 실려 어디론가 가는 장면, 레만의 어머니, 동생, 친구(모두 유대인)가 (아마도 아우슈비츠로 가는) 열차에 실리는 모습 등이 그러한 예다. 주목할 만한 점은 토마를 구타한 급우도, "유대인 식당"이라고 쓰인 종이를 붙인 사람들도, 그 식당의 기물을 다짜고짜 부순 자들도, 유대인들을 이송하는 버스에서 경비를 선 헌병들도 모두 (독일인이 아니라) 프랑스인들 자신이었다는 사실을 영화가 의식적으로 강조하고 있다는 데 있다.

이는 1980~90년대부터 국제사회에서 2차 세계대전기 홀로코스트에 대한 기억이 급부상하면서 그 주제에 대한 연구도 활발히 진행되고 동시에 홀로코스트 범죄에 대한 프랑스인들의 협력 책임과 프랑스인들 자신의 반유대주의가 재발견되고 크게 부각되는 추세를 영화가 충실하게 반영한 것이다. 해방 직후의 영화에도, 1960년대 말의 영화에도 기대할 수 없는 장면들이 이렇듯 21세기 영화에는 자연스럽게 많이 나오는 것은 그만큼 지배적 기억과 담론의 변화에 연유하는 것으로 볼 수 있을 것이다.

특별수사대의 프랑스 경찰관이
FTP-MOI 대원을
고문하는 장면

〈범죄 군단〉의 또 다른 성과는 레지스탕스 탄압에서 프랑스 경찰이 수행했던 역할을 치밀하고 생생하게 보여 주었다는 데 있다. 역사가들이 이미 1989년의 연구서(《외국인의 피》)에서 잘 밝혔듯이 파리 지역 FTP-MOI를 붕괴시킨 것은 게슈타포가 아니라 파리의 프랑스 경찰이었다. 《외국인의 피》의 공저자들 중 하나인 쿠르투아가 여러 차례 강조했듯이[84] 프랑스 공산당 지도부나 몇몇 간부의 '배반'이 아니라 바로 프랑스 경찰 특별수사대의 치밀하고 집요한 작전이 FTP-MOI를 파괴했는데 영화는 바로 그러한 측면을 잘 묘사하고 있다. 이는 게디기앙 감독 자신이 밝혔듯이 이 영화를 만들면서 1989년의 역사서를 주요한 준거점으로 삼은 데 따른 것이다. 그러한 의미에서 그 책의 저자 중 한 사람인 쿠르투아가 자신을 그리도 격렬히 공격한 것에 게디기앙이 당혹해한 것은 충분히 이해할 만하다.

건물 옥상에서 항독 투쟁을 촉구하는 전단을 뿌리는 장면

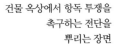

멜리네 마누시앙이 항독 유인물을 인쇄하는 장면
오버랩 되는 유인물에는 "노동자들이여, 독일의 전시戰時 생산을 파괴하자"라고 쓰여 있다.

〈범죄 군단〉은 레지스탕스를 재현한 영화로서도 철도원들의 사보타주와 유격대의 철로변 전투만을 묘사한 〈철로 전투〉나 수세적 측면과 조직 내부의 문제에 집중한 〈그림자 군단〉보다 훨씬 다양하게 항독활동들을 보여 주었다. 즉, 학교 벽에 공산주의 표지를 낙서하는 행위에서부터 노동자들에게 사보타주를 촉구하는 전단을 인쇄하고, '연합국의 승리를 바라기만 할 게 아니라 직접 투쟁에 동참하자'는 전단을 뿌리고, 항독전단을 아파트 우편함에 넣고, 조직원끼리 접선하여 무기를 주고받고, 독일군 장교를 암살하고, 시한폭탄을 제조하고, 폭탄을 설치하거나 투척하고, 독일군 호송차에 기관총을 난사하는 행위에 이르기까지 실로 다양한 레지스탕스 활동이 영화에서 묘사되고 있다. 개인적·고립적 행위에서 조직적 행위로 이행하는 과정을 묘사한 것도 레지스탕스 전반의 추세를 잘 표현하고 있다.

그런데 '레지스탕스를 재현한 역사영화'로서 〈범죄 군단〉을 평가할 때 한 가지 더 고려해야 할 측면이 있다. 앞서도 지적했듯이 이 영화는 〈철로 전투〉나 〈그림자 군단〉과 달리 처음부터 끝까지 실존인물과 실제 사건을 다룬 것이다. 따라서 앞선 두 영화와 달리 〈범죄 군단〉은 1943~44년의 파리 지역 FTP-MOI를 얼마나 정확히 재현했는가를 하나의 평가기준으로 삼아야 할 것이다.

앞서 소개한 쿠르투아의 지적들 가운데 논란이 가능한 사항들을 제외하면 사실에서 어긋난 자명한 오류는 마누시앙과 엡스텐의 체포 당시 무장 여부 정도뿐이다. 여기에 게디기앙 자신이 스스로 밝힌 오류들(엘레크 아버지와 시몽 레만의 체형, 크라쉬키가 수용소행 열차를 탄 시기, 마누시앙과 엡스텐이 체포된 시기와 장소)을 추가할 수 있을 것인데, 쿠르투아도, 게디기앙도 지적하지 않은 오류로 파리 지역 FTP-MOI

의 붕괴과정에 대한 묘사를 논의할 수 있다. 역사가 장 비그뢰Jean Vigreux가 정확히 지적했듯이 그 붕괴과정은 실제로는 1943년 3월, 6~7월, 11월 이렇게 세 차례에 걸친 경찰의 일제 검거로 이루어졌는데 마지막 한 차례(영화에서는 '여름'으로 묘사되었지만 실제로는 11월)만 묘사함으로써 마치 갑자기 붕괴된 것으로 느끼게끔 했던 것이다.[85] 이는 쿠르투아와 게디기앙 자신이 밝힌 소소한 오류들보다 훨씬 더 중요한 오류로 볼 수 있다.

이상의 소소한 오류든, 보다 중요한 오류든 감독은 마지막 자막에서 "깊은 진실에 가장 가까이 접근"하기 위해서, 그리고 "이 진짜 역사가 오늘을 위한 전설이 되도록" 하기 위해 필요했다고 밝힌 바 있는데 과연 이러한 사실이나 사건 순서의 변경(혹은 누락)이 '진실에 접근'하는 데, '오늘을 위한 전설'이 되는 데 꼭 필요한 것인지 의문이 든다. 오히려 게디기앙 자신이 쿠르투아의 비판에 답하며 "사실들에 입각하지 않은 전설도 없다"라고 주장했는데 사실의 변경(아무리 소소한 것이라 해도)은 스스로의 주장과도 모순되는 것이 아닐까?

그럼에도 "전설을 수립하고 싶어한 나머지 역사를 공공연히 무시했다"는 쿠르투아의 비판은 영화 〈범죄 군단〉에 대해서는 지나친 비난이라고 생각한다. 사실, FTP-MOI의 외국인 레지스탕스를 유명하게 만든 것은 다름 아닌 '붉은 포스터'를 제작한 독일점령당국 자신이었는데 전후 오랫동안 '붉은 포스터'도, FTP-MOI도 프랑스인들의 집단적 기억 속에 뿌리내리지 못했다. 그 포스터의 강렬한 이미지에도 불구하고 전후 수십 년 동안 외국인 투사들은 프랑스 레지스탕스 내에 설 자리가 없었다. 곧이어 시작된 냉전 시기는, 반공 진영은 프랑스 공산당을 소련이라는 외국의 사주를 받는 당으로 몰아붙이고 반대로 공산주의 진영은 '미제국주의'를 비난하면서 자신의 당이야말로 가장 민족적인 당임을 내세운 시대여서 프랑스 공산당은 이 '외국인' 투사들을 공산주의 레지스탕스의 기억 속에서 지워 나갔다.[86] 해방 후 수십 년 동안 작동한 레지스탕스주의 신화, 즉 독일강점기에 프랑스 전 국민이 단결하여 레지스탕스를 지지했다는 신화도 기본적으로 '레지스탕스의 국민화國民化'를 전제로 한 것이어서 외국인 이민자들이 들어설 자리가 없었다. 외국인 레지스탕스에 대한 본격적인 연구서가 1989년에야 나온 것도 이러한 사정을 잘 보여 준다. 1955년에 시인 루이 아라공이 이들을 추모하는 시를 쓰고 1961년에 가수 레오 페레가 이 시를 노래로 불렀음에도 이러한 전반적 추세는 바뀌지 않았다.[87]

이들이 프랑스인들의 기억 속에서 급부상한 것은 3장에서 보았듯이 1985년 7월 TV에서 다큐멘터리 영화 〈은퇴한 '테러리스트들'〉이 방영되면서였다. 모스코 감독의 이 다큐멘터리 영화 방영과 이를 둘러싼 논쟁을 계기로, 외국인 레지스탕스 대원들의 존재가 수십 년 만에 망각의 늪에서 빠져 나왔다. 하지만 그 다큐멘터리 영화가 야기한 논쟁은 주로 '1943년에 프랑스 공산당 지도부가 마누시앙 그룹을 경찰에 넘겼는가' 여부를 둘러싼 것이었다. 《외국인의 피》 저자들은 서문에서 그러한 가설이 "가장 이론의 여지 있는 논의"에 기반한 "가장 설득력 없는 가설"이라고 비판하면서 이 책을 쓰게 된 동기 자체가 바로 그 가설을 반박하기 위한 것이라고 밝혔다.[88]

〈범죄 군단〉이 가지는 의의는 바로 그러한 가설을 반박하면서, 좀 더 정확히 말하자면 그러한 가설에 아예 주의를 돌리지 않은 채, 65년 전에 처형당한 외국인 레지스탕스 대원들의 존재에 대한 기억을 온전히 복권시켰다는 데 있다. 〈범죄 군단〉의 주인공들은 세 가지 의미에서 '돌아온 영웅들'이라 부를 수 있을 것이다. 우선, 게디기앙 감독의 개인사 차원에서는 어린 시절부터 마음속으로 동경해 오던 영웅들이 수십 년 만에 스크린 위로 돌아왔고, 레지스탕스 영화사 면에서는 1969년의 〈그림자 군단〉을 끝으로 사라졌던 '영웅으로서의 레지스탕스'[89]가, 1983년 작 〈할아버지는 레지스탕스 일을 한대요〉[90]와 1996년

마지막 모습의 재현
① FTP-MOI 대원들이 사형을 선고받은 뒤 법원 건물 밖으로 끌려 나와 한 줄로 서 있는 모습. 이들은 (독일로 끌려가 참수형 당한 반치츠를 제외하고) 곧바로 죄수 호송차에 실려 파리 근교의 몽발레리앵으로 끌려가 그날 오후 처형당했다. ②에서 이들 앞에 서 있는 사람은 비시 정부의 '질서유지 담당 총서기'(경찰 총수에 해당) 조제프 다르낭이다.

작 〈매우 신중한 영웅〉[91]으로 대표되는 '희화화된 레지스탕스'의 시대를 지나 40년 만에 다시 돌아왔으며, 프랑스인들의 집단적 기억의 역사 면에서는 여러 가지 이유로 묻히거나 망각되었던 외국인 레지스탕스 대원들이 단순히 '희생자'로서가 아니라 '영웅'으로 65년 만에 돌아왔던 것이다.

———

확실히 1946년의 〈철로 전투〉보다는 1969년의 〈그림자 군단〉이, 이 두 영화보다는 2009년의 〈범죄 군단〉이 레지스탕스 영화로서나, 독일 강점기 프랑스 사회를 재현한 영화로서나 더 나았다. 〈철로 전투〉에는 누락되었던 비시와 대독협력자가 〈그림자 군단〉에는 존재했고, 레지스탕스를 묘사하는 데서도 영웅적인 전통적 이미지를 제시하는 데 그쳤던 〈철로 전투〉에 비해 〈그림자 군단〉이 제시한 반反영웅적, 탈신화적 이미지는 훨씬 진전된 인식을 보여 주었다. 공포에 떨고, 자책하고, 격론을 벌이는 모습 역시 〈그림자 군단〉이 레지스탕스 대원들 하나하나를 훨씬 더 심도 깊게 묘사했음을 말해 준다.

〈범죄 군단〉에 이르러 비로소, 철도원들이나 레지스탕스 조직원들만의 세계에서 벗어나 프랑스 사회 전반의 모습이 드러났다. 철도 세계에 국한되었던 〈철로 전투〉와도, 7명의 조직원들만의 세계에 지나치게 집중되었던 〈그림자 군단〉과도 달리 〈범죄 군단〉에서는 주인공들의 부모, 형제, 친구, 애인, 이웃과 (주인공들을 추격, 체포, 고문하는) 경찰관들로 묘사 범위가 대폭 확대되었던 것이다.

레지스탕스 활동의 유형도 철도 부문의 항독행위와 유격대의 철로변 전투만을 다룬 〈철로 전투〉나 수세적·주변적인 활동만 보여 준

〈그림자 군단〉과 달리 〈범죄 군단〉은 낙서에서부터 전단의 인쇄와 배포, 독일군 암살, 폭탄의 제조와 설치, 도심에서의 무장투쟁에 이르기까지 다양한 종류의 활동을 재현했다. 또한 독일이 지배한 나라였음에도 유대인 박해와 레지스탕스 탄압에 프랑스인들 자신도 적극 참여했음을 강조한 것도 해방 직후의 영화나 1960년대 말의 영화에서는 볼 수 없는 현상이었다.

이렇듯 세월이 흐름에 따라 레지스탕스 영화로서나 강점기 프랑스를 다룬 역사영화로서 이전 영화(들)보다 진전된 인식을 보여 준 것은 어느 정도는, 역사연구의 심화와 확대에 따른, 과거사에 대한 인식의 변화를 반영한 것이다. 비시 정부는 단순한 괴뢰정부가 아니라 적극적인 대독협력 정부였고, 대독협력자들은 한줌도 안 되는 무리가 아니었고, 프랑스 경찰은 유대인을 '포획'하고 강제이송하는 데나 레지스탕스를 탄압하는 데 꽤 적극적으로 독일군에 협력했고, 레지스탕스는 극소수였고, 레지스탕스주의 신화는 허구였다. 물론 역사연구의 심화와 확대 자체가 어느 정도는 사회적 인식과 집단적 기억의 변화에 힘입은 것이었다.

그런데 이상의 영화 세 편에 대한 당대 프랑스의 사회적 반응은 이러한 역사영화로서의 평가와 전혀 일치하지 않았다. 1946년의 여론조사에서 "올해 최고의 영화" 1위로 꼽히고 그해 칸 영화제 최고상을 받은 〈철로 전투〉는 개봉 당시 언론과 평단 대부분에서 극찬을 받았고 흥행에서도 성공을 거두었다. 1969년의 〈그림자 군단〉은 〈철로 전투〉에 비해 훨씬 적은 관심을 받았고 호불호가 극명하게 갈렸지만 흥행 성적이 그렇게 저조하지는 않았다. 흥행 기록 1위의 영화(〈옛날 옛적 서부에서〉)가 88만 7,381명의 관객을 끌어 모았던 해에 수도권에서만 25만 8,327명이 〈그림자 군단〉을 보았는데 40년 뒤 미국 영화 〈아바타〉가 1,400만 이상 관객 수로 1위를 기록하고 무려 54편의 영화가 100만 명 이상씩 관객을 끌어 모았던 2009년에 〈범죄 군단〉의 관객 수는 절반에도 못 미치는 44만 2,765명에 그쳤다.[92]

레지스탕스주의 신화는 이미 무너진 지 오래고 레지스탕스는 비판과 풍자의 대상으로서조차 더이상 매력적인 주제가 아니었던 것이다. 2차 세계대전이 끝난 지 60년 이상이나 지난 2009년의 프랑스 사회는 강점기를 다룬 한 편의 다큐멘터리 영화(〈슬픔과 연민〉, 1971)와 한 편의 극영화(〈라콩브 뤼시앵〉, 1974)가 충격을 주었던 1970년대와도 달랐고, 3장에서 보았듯이 동일한 '범죄 군단'을 다룬 다큐멘터리 영화의 TV 방영 문제가 뜨거운 쟁점이 되었던 1980년대와도 달랐고, 한 편의 레지스탕스 영화(〈뤼시 오브락〉, 1997)가 격렬한 논쟁을 야기한 1990년대와도 달랐다.[93]

그럼에도 2차 세계대전기 레지스탕스로부터 배워야 할 가치의 초점이 '외세의 지배에 항거한 민족적 투쟁'에서 '보편적 인권을 수호하기 위한 싸움'으로 바뀌고 있는 현 상황에서 레지스탕스 영화가 만들어져야 할 이유는 여전히 존재한다. 게디기앙 감독이 〈범죄 군단〉을 만든 것은 언론사들과의 인터뷰에서 여러 차례 밝혔듯이, 자신이 마누시앙과 같은 아르메니아계여서만이 아니라, 잊혀 가는 60여 년 전 과거를 기억시키기 위해서만이 아니라 현재의 불법체류자 문제에 대한 현 정부의 억압적인 정책에 저항하기 위해서, 나아가 오늘날 전 세계의 젊은이들에게 현재의 불의에 분노하고 저항할 것을 촉구하기 위해서이기도 했다.[94]

사람들이 제기하기를 제가 바라는 질문은 "우리가 그들[영화 〈범죄 군단〉의 주인공들–필자]의 위치에 있었다면 무엇을 했을까?"가 아니라 "그들이 오늘날이라면 무엇을 했을까?" 입니다.[95]

프랑스인들에게 무엇보다도 "암울했던 시절les années noires"로 기억되는 독일강점기는 2차 세계대전 종전 이후 수십 년 동안 괄호에 넣어지거나 그 시기의 항독투쟁, 즉 레지스탕스만 부각되었다. 나아가 강점기 프랑스의 이미지는 전 국민이 레지스탕스를 중심으로 단결했다는 '레지스탕스주의 신화'로 윤색되고 미화되었다. 종전 직후 탄생한 이러한 신화는, 해방 전후 임시정부를 이끌었던 드골 장군이 1958년 다시 권좌에 복귀한 이후 더욱 본격적으로 발전하고 프랑스 국민의 집단적 기억 속에 뿌리내렸다.

이러한 신화를 발전시키고 정착시키는 데에는 대통령의 연설, 각종 기념식, 기념일 제정, 역사교과서와 역사교육, 역사서, 소설과 회고록, TV 방송 등만이 아니라 영화도 일정한 역할을 했다. 강점기 철도원들의 항독투쟁을 재현한 르네 클레망 감독의 해방 직후 영화 〈철로전투〉(1946)와 1944년 8월의 파리 해방전투를 다룬 같은 감독의 20년

강점기 프랑스를 영화로 재현하기:
〈라콩브 뤼시앵〉

〈라콩브 뤼시앵〉
(1974)

뒤 영화 〈파리는 불타고 있는가?〉(1966)는 강점기 프랑스와 프랑스인
들에 대한 이미지를 레지스탕스주의 신화로 미화하는 가장 대표적인
사례가 될 것이다.

　사실, 영화는 독일강점기 프랑스에 대한 이러한 신화적 이미지를
표현하고 정착시키는 데뿐 아니라 반대로, 그러한 이미지를 파괴하고
뒤집는 데에도 큰 역할을 했다. 1969년에 TV 영화로 제작되었다가 2
년 뒤에야 극장에서 개봉된 마르셀 오퓔스Marcel Ophuls 감독의 〈슬픔
과 연민Le Chagrin et la Pitié〉이 그러한 역할을 한 대표적인 영화로 손
꼽힌다. 이 장은 바로 이 다큐멘터리 영화 〈슬픔과 연민〉이 수행했던
역할을 몇 년 뒤 이어받은 루이 말Louis Malle 감독의 극영화 〈라콩브
뤼시앵Lacombe Lucien〉(1974)을 분석한 것이다. 1944년 프랑스 남서부
의 어느 소도시를 배경으로 독일 경찰(게슈타포)의 프랑스 보조원이었

던 한 젊은이의 삶을 다룬 이 영화는 그 파격적인 내용으로 〈슬픔과 연민〉보다 훨씬 더 큰 충격과 논란을 야기했다.

1974년의 이 문제적 영화는 오늘날까지도 여전히 강점기 프랑스 역사를 대표하는 영화들 중 하나로 평가받고 있다. 일례로, 1998년 미국에서 발간된 《2차 대전기 프랑스 역사사전》에 정식 항목으로 수록된 단 세 편의 영화 중 하나였고[1](다른 두 영화는 〈슬픔과 연민〉과 〈밤과 안개〉), 최근에 프랑스에서 발간된 《대독협력사전》(2014)에도 오직 이 영화와 〈슬픔과 연민〉만이 수록되었다.[2] 또한 이 영화는 2004년의 프랑스 고등학교 3학년 역사교과서에서도 "영화와 강점기의 기억"이란 항목 아래 소개된 여섯 편의 영화 가운데 하나였다.[3]

영화 탄생에 이르는 길

문제적 영화 〈라콩브 뤼시앵〉은 어떻게 탄생했을까? 루이 말 감독 자신의 증언에 따르면 그 영화가 탄생한 것은 여러 해 동안의 "긴 여행 끝에서"였다.[4] '긴 여행'의 출발점은 일찍이 1944년 1월 감독 자신의 개인적 체험에 대한 기억이었다. 그 시기에 루이 말은 가톨릭 사제들이 운영하는 퐁텐블로Fontainebleau 지역 중학교의 기숙생(만12세)이었는데 1월의 어느 날 오전을 "분 단위로 기억"했다.[5] 즉, 아침 9시 수업이 막 시작되었을 때 게슈타포가 학교에 들이닥쳤고 4명의 유대인 학생들과 이들을 숨겨 준 교장 신부가 체포되었다. 절도행위로 해고당한 학교 주방 직원이, 교장 신부가 유대인 학생들을 숨겨 준 사실을 게슈타포에 밀고했던 것이다.[6] 그날 체포된 4명의 유대인 학생과 신부는 모두 독일의 수용소로 끌려가 살아 돌아오지 못했고, 말 감독은 〈라콩브 뤼시앵〉 개봉 이후의 한 인터뷰에서 "그날 아침 …… 나는 파시즘의 끔찍한 얼굴을 보았다"라고 회고했다.[7]

그날 아침의 체험을 엄청난 충격적 사건으로 기억한 루이 말은 이 일을 독일강점기 프랑스에 관한 자신의 첫 영화인 〈라콩브 뤼시앵〉에서 다루지 못하고 결국, 그 영화로부터도 13년이나 지나서야 영화로 만들게 된다. 1987년 작 〈굿바이 칠드런Au revoir les enfants〉이 그것이다. 이는 1944년 1월의 사건에 대한 기억이 그만큼 루이 말에게 고통스런 트라우마로 남았음을 말해 준다.[8] 그럼에도 그날의 경험은 분명 〈라콩브 뤼시앵〉에 흔적을 남겼다. 애초의 시나리오에서 말 감독이 주인공으로 설정했던 인물은 바로 그날의 체포를 야기한 학교 주방 소년 밀고자였고,[9] 계획을 변경한 뒤에도 1944년 프랑스의 '별 정치의식 없는 10대 청소년 대독협력자'라는 특성은 새 주인공 '뤼시앵 라콩브'가 그대로 이어받았던 것이다.

다음으로 〈라콩브 뤼시앵〉의 탄생에 영향을 미친 것은 10년 뒤인 1954년(만 22세)에 두 파시스트 지식인을 만난 것이었다. 독일강점기

루이 말 감독(1932~1995)

프랑스의 대표적인 협력주의-반유대주의 주간지인 《주 쉬 파르투Je suis partout》의 주 필진에 속했던 뤼시앵 르바테Lucien Rebatet와 피에르-앙투안 쿠스토Pierre-Antoine Cousteau를 만났던 것인데 둘 다 해방 직후인 1946년에 사형선고를 받았다가 종신형으로 감형되고 1952년, 53년에 석방되었던 터였다.[10] 루이 말은 1978년에 간행한 자신의 회고록《루이 말이 본 루이 말》)에서 〈라콩브 뤼시앵〉의 탄생과정을 서술한 부분을 바로 이 두 인물과 만났던 경험을 소개하는 것으로 시작했다. 말은 쿠스토의 아버지 집에서 하룻밤 이상을 보내며 그 두 사람의 이야기를 들은 경험을 서술했는데, 이전에 "진짜 파시스트 지식인들은 만난 적이 전혀 없었기 때문"에 그들의 이야기에 "매혹되었다"고 쓰면서도 "교조주의자이고 너그럽지 못하고 신경이 날카로운 그들은 괴물 같은 이야기를 했다"라고 그날 받은 인상을 묘사했다.[11] 또한 "그들이 어떻게 그러한 생각을 가지게 되었는지 알려고 노력했는데 결국 이해하지 못했다"라고 쓰고 있는데[12] 그러한 '이해할 수 없는' 부류의 인간들에 대한 호기심이 〈라콩브 뤼시앵〉을 만든 동기 가운데 하나였다. 1974년 4월의 한 언론사 인터뷰에서도 말은 "파시스트 행동을 하게 된 자들에 대한 나의 호기심과 놀라움, 이해 부족"이 오래 전부터 〈라콩브 뤼시앵〉을 만들고 싶어 한 이유였다고 밝혔다.[13]

한편, 1974년 〈라콩브 뤼시앵〉 개봉 전후에 언론사들과 가진 인터뷰에서는 말이 이상의 1954년 경험을 전혀 언급하지 않았던 반면, 그 영화의 탄생에 영향을 미친 요인으로 주로 거론한 것은 1962년의 알제리 전쟁과 1971년의 멕시코였다. 1990년 11월의 인터뷰에서는 〈라콩브 뤼시앵〉의 탄생과정을 거론하면서 "모든 것은 1962년에 시작되었다"고까지 주장했는데 문제의 '1962년'은 루이 말이 알제리 전쟁

말기 알제리 산속에 주둔한 프랑스의 한 특수부대를 잠시 방문했던 일을 가리킨다. 그때 말은 한 젊은 장교와 방을 같이 썼는데 그 장교는 회계사 출신의 정보장교로서 2년 동안 알제리인 포로들을 대상으로 고문을 하는 역할을 담당했다. 매일 밤마다 약혼녀에게 편지를 쓰는, 이 점잖고 교양 있고 소심한 젊은이가 어떻게 끔찍한 고문자가 될 수 있었는지 루이 말은 의문을 품었고 그러한 "악의 평범성"에 대한 문제의식이 〈라콩브 뤼시앵〉으로 이어졌다.[14]

말 감독이 1974년의 언론 인터뷰에서 〈라콩브 뤼시앵〉의 '출발점'으로 더 자주 언급한 것은 1971년의 멕시코였다. 그해 여름 멕시코에 잠시 머문 루이 말은, 경범죄로 체포된 빈민촌의 18~19세 청소년들이 멕시코 정부에 의해 준경찰 조직원으로 훈련받은 뒤 학생시위대에 몰래 침투한 사실이 폭로된 사건에 주목했다. 이 비밀조직원들은 시위가 발생했을 때 총기와 곤봉을 사용하여 학생들을 죽이기까지 했다. 말 감독은 이 문제를 영화로 만들려는 계획을 세웠다가 멕시코 정부가 용인하지 않을 것이라는 그 나라 지인들의 만류로 결국 포기했다.[15] 하지만 폭력 성향의 빈민 청소년이 비밀경찰이 되는 과정은 1944년 프랑스의 뤼시앵 라콩브로 재현되었다. 기실, 회계사 출신의 프랑스 정보장교보다 멕시코의 비행청소년들이 뤼시앵에 훨씬 더 가까웠다.

1974년 영화 개봉 전후의 언론과 인터뷰들에서는 밝히지 않았지만 1978년의 회고록과 1990년의 인터뷰에서는 언급했던 또 다른 '기원'으로는 1969년 미국의 베트남 전쟁 관련 사건이 있었다. 젊은 미국 육군 소위가 베트남전 참전용사로 훈장을 받았다가 양민학살(1968년의 미라이 학살)에 가담한 죄로 고발되어 재판을 받은 사건이었다. 루이 말은 한동안 이러한 주제를 다룰 생각을 했다가 곧 자신보다는 미국 감독이 그 주제를 영화화하는 데 더 적합할 것으로 판단했다.[16]

루이 말은 이렇듯 알제리 전쟁 시 프랑스군의 고문과 멕시코 정부의 학생운동 탄압, 미군의 베트남전 양민학살 등으로 지구를 한 바퀴 돈 뒤 결국, 자신의 나라, 자신의 과거사로 돌아왔다. 1972년 말에 루이 말은 기존의 생각, '악의 평범성'과 '일상적 파시즘' 문제에 대한 탐구와 재현을, 1944년의 프랑스 남서부 지방을 주무대로 실현하기로 결심했던 것이다.[17]

루이 말이 남서부 지방을 영화의 무대로 선정한 데에는 그 지역에서 "레지스탕스가 특히나 활력 있었고 게슈타포의 탄압이 매우 심했다"는 사실(《르 피가로》지 1월 26일 자 인터뷰)[18] 외에 1965년에 남서부인 로Lot 도 지역의 집을 구매해서 종종 거주했다는 점도 작용했다. 루이 말은 1944년의 프랑스를 "악의 평범성"에 관한 영화의 무대로 선정하기로 마음먹은 뒤 그 자신의 표현을 빌리면 "지방 소도시들에서의 일상적 대독협력"에 관해 자료조사를 시작했다. 그리하여 몇 달 동안 독일강점기 프랑스사에 대한 전문역사가들도 만나고, 강점기에 대독협력 행위를 했거나 레지스탕스 활동을 했던 지역 주민들도 탐문 조사했다. 당시 만난 전문역사가들 중에는 마침 "2차 세계대전기 로 도에서의 여론"이라는 제목의 박사논문(1978)을 준비하고 있던 피에르 라보리Pierre Laborie도 있었고, 툴루즈의 한 역사가 집에서는 철제 수납장 안에 있던 "원칙적으로 열람이 금지된" 대독협력자 관련 기록을 보기도 했다. 인터뷰한 지역 주민들 가운데에는 해방 직후 독일로 도망가 사형선고를 면했다가 상황이 누그러졌을 때 잡혀 와 7~10년 투옥되었던 대독협력자들도 있었다.[19]

곧 이어 루이 말은 시나리오를 쓰기 시작했는데 도중에 소설가 파트리크 모디아노Patrick Modiano를 공동 시나리오 작가로 영입했다. 모디아노는 비록 강점기를 전혀 겪지 않은 전후 세대(1947년생)였지만 그 시기 프랑스인들의 문제, 특히 대독협력자들의 세계에 대한 집요한 관심으로 유명했고 바로 그 점이 루이 말의 관심을 끌었다. 영화 주인공 뤼시앵이 애초의 시나리오에서 민병대원이었는데 결국 게슈타포 보조원으로 바뀐 것도 모디아노의 개입에 따른 것이었다. 모디아노는 '게슈타포 보조원'이란 범주를 "가장 모호하고 …… 가장 덜 이데올로기적인" 유형의 대독협력자로 보았다.[20]

피에르 블레즈(1955~1975)
주인공 뤼시앵 라콩브 역할을 맡은
블레즈는 실제로
촬영현장 부근 지역에
살던 벌목공이었다.
그는 다음해 음주운전으로 인한
교통사고로 사망했다.

**루이 말 감독이 주연배우
피에르 블레즈에게
연기 지도하는 모습**

이어서 말 감독은 주연배우를 뽑기 위해 촬영현장 지역(영화 속의 무대인 남서부) 자체에서 젊은이들을 대상으로 오디션을 실시했다. 루이 말은 처음부터, 직업배우가 아니어야 할 뿐 아니라 그 지역 억양을 가지고 사회적으로도 영화 속의 인물과 동일한 계층의 젊은이를 원했는데 약 50명의 오디션을 본 끝에 가장 적합한 인물을 발견했다. 17세의 그 지역 벌목공 피에르 블레즈Pierre Blaise였다.[21]

영화 〈라콩브 뤼시앵〉

영화 〈라콩브 뤼시앵〉은 "1944년 6월 프랑스 남서부의 어느 작은 도청 소재지에서"라는 자막으로 시작된다. 1944년 6월은 연합군의 노르망디 상륙작전(6월 6일)으로 '해방전투'가 시작된 국면이자 독일강점기가 막바지에 치달은 시기이고, 프랑스 남서부는 말 감독이 1965년부터 거주한 지역이자 실제 촬영의 대부분이 이루어진 로Lot 도를 가리킨다. 영화의 첫 장면은 그 지역의 양로원에서 주인공 뤼시앵 라콩브가 열심히 바닥 청소를 하는 모습을 보여 준다. 라디오에서는 비시 정부의 정보-선전부 국무서기(장관급)인 필리프 앙리오Philippe Henriot가 '드골파'와 "모스크바 공산주의자들"을 함께 비난하는 방송이 흘러나오고 뤼시앵은 이 방송을 경청하기보다는 창가로 가 새총으로 나뭇가지 위의 새를 쏘아 맞힌다. 이어서 모처럼의 휴가를 맞아 집으로 돌아갔는데 아버지는 전쟁포로로 독일에 끌려갔고 그 빈자리를 농장 고용주가 차지하고 있다. 집에 머무는 동안 뤼시앵은 장총으로 토끼를 사냥하기도 하고 그렇게 잡은 토끼 한 마리를 들고 자신의 은 사 페사크Peyssac가 있는 초등학교를 찾아간다. 당시 페사크는 항독유격대 지휘관을 맡고 있어서 뤼시앵은 그에게 유격대에 들어가고 싶다고 말한다. 그러나 페사크는 뤼시앵이 너무 어리고 이미 유격대원은 너무 많으며 유격대 활동은 "밀렵" 같은 게 아니라고 말하면서 거절한다.

그렇게 항독유격대에 들어가려는 꿈이 무산된 뤼시앵은 양로원 잡역부 자리로 돌아가고 싶지 않았지만 그의 어머니는 동거남 고용주가 뤼시앵이 집에 머물기를 원치 않는다고 말한다. 그리하여 뤼시앵은 자전거를 타고 다시 양로원으로 돌아가는데 도중에 펑크가 나서 자전거를 끌고 걷다가 해가 진 뒤 어느 호텔 앞을 지나가게 된다. 그 호텔

뤼시앵이 독일군 하사관을
쏴 죽이는 장면

Jugé par un tribunal militaire
de la Résistance,
il fut condamné à mort et executé

마지막 장면
"레지스탕스 군사법정에서
재판받은 그는 사형을 선고받고
처형되었다."

은 다름 아닌 프랑스 게슈타포(독일 경찰에 복무하는 프랑스 보조대원들) 본부로 쓰이던 건물이었고 뤼시앵을 수상히 여긴 프랑스 게슈타포 대원이 그를 붙잡아 건물 안으로 끌고 들어감으로써 주인공의 새로운 운명이 시작된다.

거기서 뤼시앵은 (자신을 받아주지 않았던) 페사크를 밀고함으로써 프랑스 게슈타포 대원들의 신임을 얻고 자연스레 그 조직의 일원이 된다. 그렇게 게슈타포 보조경찰이 된 뤼시앵은 동료들과 함께 레지스탕스 활동가를 체포하기도 하고 항독유격대에 맞선 전투에 참여하기도 한다. 그러다가 그 지역에 피신해 있던 어느 유대인 재단사 가족을 알게 되고 뤼시앵은 특히 그 재단사의 딸(이름이 '프랑스')과 사랑에 빠진다. 뤼시앵은 여러 차례 그 집을 방문한 끝에 결국 그 집에 눌러앉게 되고, 유대인 재단사는 자신의 가족을 스페인으로 피신시켜 달라는 부탁을 뤼시앵이 들어주지 않자 무작정 프랑스 게슈타포 본부에 찾아간다. 거기서 재단사는 결국 체포되고, 이후 그 본부는 레지스탕스 대원들의 급습을 받아 주인공의 동료들 대부분이 죽는다. 곧 그 지역에서 유대인에 대한 대규모 검거선풍이 불어 뤼시앵은 독일군 하사관과 함께 '프랑스'와 그 할머니를 체포하기 위해 유대인 재단사 집에 간다. 거기서 뤼시앵은 프랑스의 짐 가방에서 (자신이 재단사에게 주었던) 시계를 몰래 훔치는데 이를 본 독일군이 도로 빼앗자 그를 등 뒤에서 총으로 쏴 죽인다.

이후 뤼시앵은 프랑스와 할머니를 이끌고 도주하고, 타고 가던 차가 고장나자 차를 버리고 걸어가다가 숲속에서 폐가를 발견한다. 그 폐가에서 셋이서 잠시 목가적인 생활을 하다가 뤼시앵이 풀밭에 한가로이 누워 있는 장면에서 갑자기 "뤼시앵 라콩브는 1944년 10월 12일 체포되었다. 레지스탕스 군사법정에서 재판받은 그는 사형을 선고받고 처형되었다"라는 자막이 뜨면서 영화가 끝난다.

반응과 논쟁

영화 〈라콩브 뤼시앵〉은 1974년 1월 31일 개봉되었는데 당시 언론과 평단은 어떠한 반응을 보였을까? 그 영화가 '문제적 영화'임을 반영이라도 하듯, 중앙일간지에서 영화잡지에 이르기까지 수많은 신문과 잡지들이 개봉 전후에 앞다투어 반응을 내놓았다. 필자는 1974년 1월부터 7월까지 프랑스에서 간행된 9종의 중앙일간지,[22] 13종의 주간지,[23] 9종의 영화월간지[24]에서 〈라콩브 뤼시앵〉을 다룬 논설, 기사, 인터뷰 기록 등 총 53편의 글을 분석했다. 필자가 분석한 신문은 우파 성향의 《르 피가로》지에서부터 중도 좌파의 《르 몽드》지, 좌파의 《리베라시옹》지 등에 이르기까지 거의 모든 정치성향을 망라하는 동시에 가장 대표적인 중앙일간지들이고, 주간지 역시 대표적인 시사주간지인 《렉스프레스》지와 《르 누벨 옵세르바퇴르》지, 풍자지로 유명한 《르 카나르 앙셰네》지와 《샤를리 엡도》지, 기독교계의 《테무아나주 크레티앵》지 등 당시 프랑스 사회에서 가장 영향력 있는 정기간행물들이다.

필자가 분석한 바에 따르면, 53편 가운데 그 영화에 대해 우호적인 논평을 한 글이 23편(43.4퍼센트)으로 가장 많았고, 부정적인 입장을 취한 글이 14편(26.4퍼센트), 중간적인 입장을 취하거나 어느 한 쪽으로 분류하기 어려운 글이 10편(18.9퍼센트), 감독의 발언이나 인터뷰만을 실은 글이 6편이었다.

이상의 전체적인 분포보다 더 주목할 만한 점은 시간이 흐름에 따라 반응의 추세가 바뀌었다는 데 있다. 개봉 전과 직후인 1974년 1월과 2월 초(1월 14일부터 2월 2일까지)에만 해도 영화에 반응을 보인 12편의 글 모두가 우호적인 논평 일색이었는데 2월 6일부터 비판적인 논설들이 실리면서 양쪽의 입장이 엇비슷한 비율을 보였던 것이다.

개봉일(1월 31일)과 그 전 보름간의 논평은 그야말로 극찬이 주종을 이루었다. 이례적으로 영화평을 제1면에 실은 《르 몽드》지(1월 31일)는 "걸작"이라는 표현을 두 번이나 쓰면서 "인물과 그 시대에 대한 묘사가 가장 올바르고 가장 복잡하고 가장 비통하다"고 평했고,[25] 《프랑스-수아》지(1월 14일)는 "현재의 프랑스 영화 중 가장 숙달되고, 가장 완전하고 아마도 가장 중요한 작품"이라고 극찬했으며,[26] 《로로르》지(1월 31일)는 "게슈타포에 몸을 판 일부 프랑스인들의 수치스런 행위를 힘있고 용기 있게 상기시켜 준" 루이 말 감독에게 "감사해야 한다"고까지 주장했다.[27]

정치성향 면에서 좌파에 속하든 우파에 속하든 이 호평의 대열에 동참했다. 즉, 우파 성향의 일간지 《르 피가로》지(2월 2~3일)는 "도덕적으로 높은 수준의 훌륭한 영화"로,[28] 공산당 주간지 《뤼마니테 디망쉬》지(1월 30일)는 "평범하고 단순한 인물들이 어떻게 가증스런 개자식이 될 수 있는가"라는 고통스런 문제를 제기하는 "걸작"으로 각각 평했고,[29] 중도좌파의 《콩바》지(1월 20일) 역시 "우리 역사의 중요한 페이지에 관한 …… 첫 진정한 영화"로 추켜세웠던 것이다.[30]

〈라콩브 뤼시앵〉에 찬사를 보낸 평자들은 주로, 이 영화가 독일강점기에 대한 기존의 담론이나 이미지에서 탈피한 "근본적으로 새로운 영화"《폴리티크 엡도》[31]라는 점에 주목했다. 즉, 〈라콩브 뤼시앵〉

은 공식선전과 달리 "메달의 뒷면"에 해당하는 "반反영웅의 예속성과 비루함"을 다루고《르 누벨 옵세르바퇴르》,[32] "거물들에 대한 영웅적 이미지, 질질 짜는 성인전"이 아니라 "보통 프랑스인에 대한 정신분석"을 추구한다《포지티프》.[33] 이는 곧 독일강점기 프랑스에 대한 그간의 "에피날 판화적 이미지"와 레지스탕스주의 전설을 "탈신화화"하는 것이었다《폴리티크 엡도》.[34] "영웅이 하얗기만 하지 않다면, 개자식도 검지만은 않다"《르 누벨 옵세르바퇴르》[35]는 것을 보여 준다는 점에서 이 영화는 강점기 프랑스에 대한 흑백논리적 시각에서 탈피하는 것이기도 했다.

〈라콩브 뤼시앵〉에 대해 부정적인 입장을 보인 논평은 2월 6일에 처음 등장했다. 첫 포문을 연 것은 극우 성향의 주간지《미뉘트》지였다. 그 잡지는 주인공 라콩브의 인물 유형을 문제삼았다. 레지스탕스 쪽이든, 대독협력자 쪽이든 "의식적으로" 참여한 인물을 중심으로 다루지 않고 "사고할 능력 없는 짐승"인 "젊은 바보"를 주인공으로 내세움으로써 진정한 문제에서 벗어나 안이한 길을 택했다는 것이《미뉘트》지가 불만스러워 한 이유였다.[36]

다음날에는 반대로 좌파 성향의 일간지인《리베라시옹》지가 전혀 다른 이유로 〈라콩브 뤼시앵〉을 비판했다. 그 신문은 "1944년의 파시즘"에 대한 이 영화가 "오늘날 파시즘을 이해하고 파시즘에 맞서 싸우는" 데 전혀 도움을 주지 못하며 "파시스트를 한꺼풀 벗기면 인간을 발견할 것"이라는 "반동적인 낡은 생각에 빠져 있다"고 질타했다.[37] 가장 격렬한 비판을 가한 신문은 풍자 주간지로 유명한《샤를리 엡도》지(2월 11일)였다. 그 신문에 따르면, 모든 강점기 프랑스인들을 역겹게 묘사하는 이 영화는 "탈신비화"가 아니라 정치에 대한 환멸을 심어 주는 "극우파 영화"이고, 주인공을 비롯한 "나치 조직의 납품업자들을 희생자들로 만듦으로써 죄의식에서 벗어나게 하고자 하는 첫 번째 영화"였다.[38]

개봉일(1월 31일) 제1면에서 "걸작"이라고 극찬했던 《르 몽드》지도 2월 14일에 이르면 타 언론의 잇따른 비판 기사들을 소개하면서 "〈라콩브 뤼시앵〉을 봐야 하는가?"라는 질문을 기사 제목으로 내걸었고,[39] 나흘 뒤에는 "〈라콩브 뤼시앵〉 혹은 모호성"이란 제목의 논설에서 "걸작은 아니지만 좋은 영화"라고 한발 물러서면서, 독일강점기의 프랑스는 "영웅들로 가득차지 않았지만 그렇다고 게슈타포 요원들과 밀고자들로 가득차지도 않았다"고 지적했다. "애국주의의 찬미는 기만적이지만 이 정도로 밀어붙인 조롱도 그에 못지않게 기만적"이라는 게 그 논설의 결론이었다.[40]

요컨대 강점기 프랑스인들 대부분을 레지스탕스 지지자로 간주한 '레지스탕스주의 신화'에 맞서 〈라콩브 뤼시앵〉은 반대쪽 신화, 즉 강점기 프랑스가 "영악한 자들과 학대자들"만 낳았다는 "흑색" 전설(《르 누벨 옵세르바퇴르》)[41]을 제시했다는 것이 이 영화를 비판한 많은 평자들의 논거였다. 《뤼마니테 디망쉬》지에서 말 감독과 대담한, 로Lot 도 항독유격대 간부 출신의 《뤼마니테》지 편집장 르네 앙드리외René Andrieu 역시 영화에 온통 부정적인 인물들만 등장하는 점을 문제삼으면서 '촬영현장을 비추는 햇빛'을 제외하고는 온통 "그림자뿐"이라고 질타했다.[42] 《르 누벨 옵세르바퇴르》지의 역사가 모나 오주프Mona Ozouf는 흑색전설 역시 레지스탕스주의 신화와 마찬가지로 "국민화합"이라는 "낡은 반동적 사기詐欺"에 봉사한다고 주장했고,[43] 《죈 시네마》지의 평자 장 델마Jean Delmas도 〈라콩브 뤼시앵〉을 논하면서 강점기 프랑스를 레지스탕스로만 보는 "황금빛 전설"과 반역자로만 보는 "흑색전설" 둘 다 거부해야 한다고 역설했다.[44]

이상의 논자들을 포함해서 더 많은 평자들은 이 영화가 단지 흑색전설을 제시하는 것을 넘어서 대독협력자들을 복권하는 반동적 영화, 극우 영화, 파시스트 영화라고 주장했다. 즉, 〈라콩브 뤼시앵〉은 주인공 게슈타포 보조원을 "감정적으로 명예회복"시켜 주고[45] 친독 "민병대원"(일부 평자들은 주인공을 민병대원으로 오인했다)을 "복권"시켜 주고[46] 주인공이 속한 "역사의 낙오자들"을 "용서"했다.[47] 공산당계 주간지인 《프랑스 누벨》지(3월 26일)의 평자들에 따르면 뤼시앵이 독일 경찰에 들어간 것을 "완전히 정당화"하는 〈라콩브 뤼시앵〉은 "관객을 반동적 입장으로 몰고 가는 영화"였다.[48] "파시스트를 한꺼풀 벗기면 인간을 발견할 것"이라는 〈라콩브 뤼시앵〉에 대한 세르주 다네Serge Daney의 진단[49]은 그 영화가 결국 파시즘을 정당화한다는 논리에 다름 아니다. 앙드리외 역시 그 영화의 비관주의는 "파시즘에 대한 저항을 약화시키고 파시즘에서 …… 매력을 발견하도록 한다"고 주장했고,[50] 《텔레시네》지의 드니 레비Denis Lévy도 말 감독의 영화가 주인공이 파시즘에 매혹되는 욕구들이 마치 "인간 본성" 자체에 내재하는 양 묘사했다고 비판했다.[51]

대독협력자를 복권한다는 비판은 그 반대 진영인 레지스탕스를 부정적으로 묘사하거나 그 비중을 축소한다는 비판과 동전의 앞뒷면을 이룬다. 레지스탕스 대원들은 영화에 거의 나오지 않거나 주인공이 속한 진영의 사람들을 매우 잔혹하게 공격하는(그것도 얼굴을 드러내지 않은 채) 측면만 부각된다.[52] 기실, 고압적인 말투로 뤼시앵의 유격대 입대 요청을 거부하는 교사에서부터 게슈타포에 체포되어 뤼시앵의 감시를 받다가 반말을 했다고 타박받고 조롱당하는 레지스탕스 대원에 이르기까지 그나마 몇 안 되는 레지스탕스 등장인물들에 대한 영화의 시선은 그다지 우호적이지 않았다. 독일군을 죽이고 유대인들을 구해 준 주인공을 재판하고 처형한 기구는 다름 아닌 '레지스탕스' 군사법정이었다.

일부 논자들은 이러한 영화의 특성을 조르주 퐁피두Georges Pompidou (1969~1974)에서 지스카르 데스탱Giscard d'Estaing(1974~1981)으로 이어지는 당시 프랑스 정권의 성격과 연결지어 설명했다. 두 대통령 모두 그 이전 드골과 달리 레지스탕스 출신이 아닌 데다, 특히 퐁피두는 몇 년 전부터 레지스탕스 영웅신화가 '지겹다'며 피로감을 표명해 왔던 터라 몇몇 논자들은 이 영화가 묘사하는 강점기 프랑스의 이미지가 "퐁피두주의 이데올로기"에 부합한다고 주장했다.[53] 《샤를리 엡도》지의 표현을 빌면 "퐁피두주의 5년 뒤에 여기까지 왔다."[54] 1974년 4월 퐁피두의 사망으로 데스탱이 그 뒤를 이었는데 미셸 푸코Michel Foucault의 설명에 따르면 해방 이후 줄곧 숨죽여 살아 왔던(강점기의 원죄로) 페탱주의적·협력주의적·모라스주의적 "구舊 우파"가 이 시기에 데스탱을 지지하며 '역사 다시 쓰기'를 시도했는데 〈라콩브 뤼시앵〉을 포함한 최근 몇몇 영화들이 바로 그러한 시도의 일환이었다.[55]

끝으로, 몇몇 평자들은 이 영화의 비사실성과 비현실성을 문제삼았다. 즉, 지방 소도시의 게슈타포 본부에 밀고장이 하루에 200통씩 들어온다는 것은 명백히 과장이며, 프랑스 게슈타포 대원(뤼시앵)과 유대인 여자의 사랑이라든가 프랑스 게슈타포 내 흑인의 존재 등은 비현실적인 설정이라는 게 일부 논자들의 지적이었다.[56] 어떤 논자들은 연합군의 노르망디 상륙작전이 시작된 1944년 6월, 따라서 독일군이 패주하고 레지스탕스 세력이 급속히 커지던 시기에 주인공이 별 고민 없이 게슈타포를 택했다는 설정 자체가 비현실적이라고 주장했다.[57]

이상의 비판들에 대해 루이 말 감독은 당혹감을 드러냈고 적극 항변했다. 《뤼마니테 디망쉬》지가 주관한, 레지스탕스 출신 《뤼마니테》지 편집장과 가진 대담에서 루이 말은 자신의 영화가 "그렇게 많은 논란을 야기"하고 "관객들이 이 강점기에 대해 그렇게 민감하리라고는 전혀 예상하지 못했다"고 토로했다. 무엇보다도 〈라콩브 뤼시앵〉이 강점기 프랑스를 다룬 첫 영화가 아니고 지난 20년 동안 이미 그 시기를 다룬 프랑스 영화가 60편이나 나왔으며 이미 30년이 지났으므로 "역사의 부정적인 인물들"에 관한 영화를 만드는 데 "자유롭다고 느꼈다"는 게 말 감독의 인식이었다.[58]

또한 말은 자신이 "영화인이지, 역사가가 아니"며[59] "역사를 재현"하는 것이 자신의 의도가 아니라는 점을 명확히 했다.[60] 따라서 자신은 강점기 프랑스 농민의 일반상을 그릴 의도가 애초부터 없었고 그 시기 프랑스 역사 전반이 아니라 오직 "부분적이고 불쾌한 측면"만 다루었으며 특히 "나쁜 진영을 선택한 인물 …… 의 궤적"을 다루었

뤼시앵이 유대인 재단사의
딸을 파티장에 데려가기 위해
꽃다발을 들고 온 장면

다고 밝혔다.[61] 《에크랑》지와 가진 인터뷰에서는 자신의 영화가 분명 다큐멘터리가 아니라 극영화임에도 그렇게 받아들여지지 않는다고 아쉬움을 토로했다. "나를 많이 놀라게 한 것은 그 영화에 대한 우호적인 반응이든 아니든 전혀 사실을 다루지 않은 이야기를 사실성에 비추어 평가했다는 것이다."[62]

영화의 내용과 설정 자체가 허구이기는 하지만 그럼에도 루이 말은 뤼시앵 라콩브가 전혀 예외적인 인물이 아니었음을 힘주어 강조했다. 모호하고 무지하고 정치의식이 전혀 없는 라콩브라는 인물 유형은 많은 평자들이 그 영화를 비판한 이유들 가운데 하나였는데 말 감독은 강점기 당시 민병대와 프랑스 게슈타포에 라콩브 같은 자들이 실제로 많이 존재했다고 주장했다.[63] 모든 파시스트들처럼 히틀러도 자신의 군대를 '룸펜 프롤레타리아'로부터 충원했으며[64] 정치의식이 없는 주민들이 파시즘 진영에 들어가는 현상은 "오늘날 일부 나라들에서도" 보인다고 루이 말은 여러 인터뷰에서 강조했다.[65]

특히 자신의 영화가 대독협력자들을 복권하는 파시스트 성향의 영화라는 논평들에 대해서 루이 말은 정면으로 반박했다. 일례로, "왜 뤼시앵에 대해 일종의 복권을 시도했는가?"라는 《라 크루아》지(2월 11일) 인터뷰어의 질문에 말은 "나는 그를 복권하지 않았다"라고 답했고, 1944년 1월의 어느 날 아침 유대인 학생들이 게슈타포에 체포되던 어린 시절의 기억을 회고하며 그날 "파시즘의 끔찍한 얼굴을 보았다"고 말하면서 자신은 절대 파시스트가 아니라고 주장했다.[66]

이 영화가 대독협력자들을 복권하려는 영화가 아니라는 것은 말 감독만의 입장이 아니었다. 일례로 《폴리티크 엡도》지(3월 8일 자)는 〈라콩브 뤼시앵〉이 "반역자들을 복권하는 게 아니라 주인공의 동기들에 대한 이해"를 촉구하고 있으며, "그 시대의 침묵하는 다수를 특징짓는 비열함을 선택함으로써 개자식들을 규탄할 여지가 너무 적었다는 것"은 "공모의 증거로도, 진짜 영웅들을 더럽히려는 불건전한 욕구"로도 보이지 않는다고 주장했다. 그 주간지의 평자에 따르면 말 감독이 고발한 것은 "파시즘이라는 '우연'이 능동적이든, 수동적이든 지배적인 살인자들 쪽으로 움직이게 한 다수 국민들의 정치적 빈곤"이었으며 그 영화는 "레지스탕스 정신을 제거한 것이 아니라 그 규모를 재설정하고 그 전설을 탈신화화한 것"이어서 위험한 영화도, "정치적으로 시의적절하지 않은 것"도 아니었다.[67]

역사영화로서의 평가

루이 말 자신은 〈라콩브 뤼시앵〉이 "역사를 재현"한 영화가 아님을 여러 차례 강조했고[68] 몇몇 신문과 잡지도 그 영화가 "시대 영화"가 아니라 "허구"임을 지적했지만[69] 당시 대다수 언론은 이 영화를 독일강점기 프랑스를 다룬 '역사영화'로 간주하고 논평했다. "그 시대에 대한 묘사가 가장 올바르다"고 격찬한 《르 몽드》지의 논평[70]에서부터 "우리 역사의 중요한 페이지에 관한 …… 첫 진정한 영화"(《콩바》),[71] "강점기에 관한 첫 진정한 영화"(《르 누벨 옵세르바퇴르》),[72] "독일강점기 프랑스에 대한 함축적인 프레스코화"(《포지티프》)[73] 등의 평가는 모두 역사영화임을 전제로 한 것이었다. 이상의 긍정적인 평가들뿐 아니라 부정적인 평가를 내린 논자들 역시 '역사에 대한 눈속임', '역사의 부재'(《죈 시네마》),[74] '역사로 하여금 죄의식을 느끼게 하기', '역사는 어리석은 짓'이라는 메시지(파스칼 보니체르),[75] '역사 다시 쓰기'(미셸 푸코)[76] 등의 표현을 쓴 것 자체가 〈라콩브 뤼시앵〉이 역사영화라는 전제 위에서 이루어진 것으로 볼 수 있다.

또한 말 감독이 자신이 '역사를 재현'한 게 아니라고 주장할 때 "화보집이 아니라 영화를 만들고 싶었다"거나[77] 자신이 "영화인이지, 역사가가 아니"라고 말한 것[78]을 보면, 그가 말한 '역사 재현'은 역사영화 자체라기보다는 역사를 거의 그대로 재현하는, 가장 좁은 의미의 역사영화를 의미하는 것으로 봐야 할 것이다. 일단, 다큐멘터리를 논외로 한다면, 모든 '역사영화'가 극영화인 셈인데 실존인물(종종 유명한 역사적 인물)을 다루거나 역사적 사건을 소개하는 데 주력한 영화만을 역사영화로 규정한다면 '역사영화'에 대한 너무 좁은 의미의 정의가 될 것이다. 뤼시앵 라콩브처럼 실존인물은 아니지만 있을 법한 인물을 주인공으로 내세우면서 특정한 과거 시기의 역사를 설득력 있게 그려 낸다면 충분히 '역사영화'의 범주에 들어갈 수 있다는 것이 필자의 입장이다.[79]

그러면 1974년의 프랑스 영화 〈라콩브 뤼시앵〉은 독일강점기 프랑스를 다룬 역사영화로서 어떻게 평가할 수 있을까? 우선, 이 영화를 평가하기에 앞서 그 선례에 해당하는 또 다른 영화인, 1969년 마르셀 오퓔스 감독의 다큐멘터리 〈슬픔과 연민〉을 거론하지 않을 수 없다. 실제로 1990년 11월 영국의 영화평론가 필립 프렌치Philip French가 루이 말을 인터뷰하면서 〈라콩브 뤼시앵〉과 관련하여 던진 첫 질문이 "당신의 영화가 …… 〈슬픔과 연민〉에 의해 가능해졌다고 어느 정도로 생각하는가?"일 정도로 이 영화가 가지는 중요성은 컸다. 이 질문에 루이 말은 프랑스 영화계가 강점기 프랑스에 대해 여러 차례 다루어 왔지만 대독협력 문제에 "진정으로 접근"한 것은 〈슬픔과 연민〉이 처음이었으며 그 영화가 이미 대독협력에 대해 "공개적으로" 말했으므로 자신도 이제 그 주제를 픽션의 형태로 다룰 수 있다고 생각했다고 답했다.[80] 〈라콩브 뤼시앵〉이 개봉된 1974년에도 이미 몇몇 신문과 잡지는, 강점기 프랑스에 "영웅들보다 비루하고 비겁한 유형의 자들이 더 많았다"는 사실을 묘사하고 대독협력 문제라는 "터부를 파괴하는 데 강력히 기여했다"는 점에서 이 영화가 〈슬픔과 연민〉의 뒤를 이었다고 밝힌 바 있다.[81]

오퓔스 감독의 〈슬픔과 연민〉은 〈라콩브 뤼시앵〉과 달리 다큐멘터리 영화였다. 독일강점기 프랑스의 한 지방 도시(클레르몽페랑) 주민들의 삶을 다룬 영화인데 총 260분의 상영시간 가운데 프랑스 뉴스영화, 독일 선전영화 등의 당대 기록 필름은 45분만 차지하고 나머지는 대부분, 현지 주민들과의 인터뷰로 구성되었다. 인터뷰한 사람들 가운데 대독협력자(5명)보다 레지스탕스 출신의 인물(13명)이 훨씬 많았지만 시나리오 분량상으로는 대독협력과 비시 정부 관련 부분(25퍼센

〈슬픔과 연민〉(1971)
포스터

트)이 레지스탕스(20퍼센트)보다 오히려 더 많았고 더 결정적으로, 그 영화가 당대 프랑스인들에게 충격을 주었던 것은 이전까지 거의 다루어지지 않았던 대독협력과 협력자 문제를 처음으로 적나라하게 드러냈다는 데 있었다. 또한 당시까지 독일강점기에 대한 공식적 역사와 집단적 기억에서 은폐되거나 억제되었던 모든 사실, 즉 비시 정부의 반유대주의 입법과 유대인 강제이송, 프랑스 국민의 반유대주의 성향, 비시 정부를 이끈 페탱에 대한 국민들의 열정적 지지, 민병대의 잔혹행위, 레지스탕스 내의 분열 등이 거론되고 묘사되었다. 당시까지 지배적이었던 드골주의적 레지스탕스주의 신화를 무너뜨리고자 작심한 듯, 드골파에 속한 레지스탕스 인사는 단 한 명도 등장하지 않았고 드골 장군의 이미지도 거의 나오지 않았다.[82] 이 영화가 그려 낸 강점기 프랑스의 이미지는 '전 국민의 일치단결한 레지스탕스'라는 레지스탕스주의 신화의 대척점에 있는 흑색전설, 즉 비루하고 비겁하고 반유대주의적이고 페탱주의적이고 협력주의적인 프랑스였다.

1968~69년에 워낙 TV용으로 촬영된 이 다큐멘터리 영화는 이후 12년 동안 프랑스 TV에서 방영되지 못했다. 서독을 포함한 28개국의 TV 방송국이 이 필름을 구매했지만 정작 프랑스 국영방송국은 구매하지 않았다. 1971년에 레지스탕스 출신의 프랑스국영라디오-TV방송국ORTF(Office de radiodiffusion-télévision française) 사장 장자크 드 브레송Jean-Jacques de Bresson은 상원 문화위원회에서 이 영화가 "프랑스인들에게 여전히 필요한 신화들을 파괴한다"고 TV 방영 불가 이유를 솔직하게 밝혔다. 그해 4월 〈슬픔과 연민〉은 (TV가 아니라) 파리 라탱지구의 한 소극장에서 처음 개봉되었고 이어서 샹젤리제 가의 영화관에서도 상영되었으며 상영 기간은 무려 87주나 이어져 총 60만 명(파

리에서는 23만 2,000명)이 그 영화를 봤다. 그로부터 10년 뒤인 1981년 10월 28~29일이 되어서야 1,500만 명의 프랑스 시청자가 안방극장에서 이 영화를 볼 수 있었다.[83]

루이 말 감독은 이렇듯 6년 전 만들어지고 3년 전에 개봉되어 프랑스 사회에 충격과 파문을 던진 영화 〈슬픔과 연민〉이 다큐멘터리로 제시한 문제의식을 극영화로 풀어 냈다. 기실, 〈라콩브 뤼시앵〉에 나오는 등장인물들은 〈슬픔과 연민〉이 제시한 '비루하고 비겁한 프랑스'를 그대로 체현했다. 등장인물들 가운데 긍정적으로 그려진 인물은 단 한 명도 등장하지 않았던 것이다. 레지스탕스에 들어가려다가 거절당하자 아무 고민 없이 게슈타포에 들어간 주인공 뤼시앵 라콩브 자신에서부터 주인공 진영의 대독협력자들은 말할 것도 없고 보통의 프랑스인들, 즉 남편이 전쟁포로로 끌려가자 농장주와 동거하고 아들이 부당하게 벌어들인 돈을 군말 없이 챙기는 뤼시앵 어머니, 항독유격대에 들어간 젊은이를 '게으름뱅이'라고 욕하는 농장주, '유대인은 프랑스의 적'이라는 말에 "난 아니다"라고 답하고 충동적으로 제 발로 게슈타포 본부에 뛰어드는 유대인 재단사, 게슈타포 보조원 뤼시앵과 동침하는 유대인 처녀, 세입자가 유대인이라는 점을 빌미로 집세를 올리려는 집주인 등 등장인물 거의 모두가 관객들이 공감하기 어려운 부정적인 인물들이었다. 하루에 200통씩 밀고장이 들어온다고 푸념하는 프랑스 게슈타포 본부 직원의 발언은 아예 익명의 대중 전체를 '역겨운 대독협력자'로 느끼게끔 한다.

주인공이 속한 프랑스 게슈타포 본부로 쓰인 호텔에서 기거한 인물들의 면면 역시 극도로 부정적인 이미지를 보였다. 프랑스 게슈타포 요원들 가운데 나름의 이데올로기적 신념에 투철한 인물은 단 한 명

대독협력 프랑스
"하루에 200통씩" 밀고장이 들어온다는
이 여성 직원의 대사는 당대 프랑스를 분명
'대독협력 프랑스'로 묘사하고 있다.

뤼시앵의 밀고로 붙잡혀 온
레지스탕스 교사를 프랑스 게슈타포 요원이
물고문하는 장면

조롱
뤼시앵은 의자에 묶여 있던
레지스탕스 대원이 '반말'을 했다는 이유로
입에 반창고를 붙이고 립스틱으로
입술을 그려 넣었다. 오른쪽 사진은
촬영현장의 루이 말 감독

만 나오고 나머지는 1936년 인민전선 정부 때 독직 혐의로 파면된 전직 경찰관, 호시탐탐 유대인 재단사로부터 돈을 뜯어 내는 망나니 귀족 아들 등이었고 스타가 되지 못한 처지를 한탄하는 히스테릭한 무명의 여배우, 유대인 처녀에게 "불결한 유대인!"이라고 저주를 퍼붓는 호텔 여종업원에 이르기까지 부정적인 유형의 인물들 일색이었다.

심지어, 대독협력자의 반대 진영에 해당하는 레지스탕스 대원들에 대한 시선조차 그다지 곱지 않았다. 주인공을 유격대에 받아들이기를 거부한 교사의 어투는 다소 고압적이었고, 게슈타포에 붙잡혀 와 의자에 묶인 채 뤼시앵의 감시를 받던 레지스탕스 대원은 뤼시앵을 회유하다가 오히려 '반말'을 한다며 질책당하고 입에 반창고가 붙여지고 조롱당한다. 나머지 레지스탕스 대원들은 전투 장면에서 먼발치에 흐릿하게만 잠깐 나오거나, 아예 나오지 않고 프랑스 게슈타포 요원과 그의 정부情婦를 잔혹하게 살해한 뒤의 모습만 그려진다.

그러한 점에서 레지스탕스 출신 인사들도 적극 인터뷰했고(게다가 수적으로는 대독협력자보다 오히려 더 많았다) 이들을 부정적으로 그리지도 않았던 〈슬픔과 연민〉보다 〈라콩브 뤼시앵〉은 '흑색전설'을 더 밀어붙였던 것으로 평가할 수 있다. 바로 그 점이 〈슬픔과 연민〉이 언론과 평단에서 전반적으로 호평을 받았던 것과 달리, 〈라콩브 뤼시앵〉은 격렬한 논란을 야기한 이유이기도 하다.

그러나 필자는 두 가지 점에서 이 영화를 옹호하고 싶다. 우선, 〈라콩브 뤼시앵〉은 〈슬픔과 연민〉과 달리 다큐멘터리가 아니라 극영화다. 사실, 바로 그 점이 〈라콩브 뤼시앵〉이 일부 평론가들로부터 〈슬픔과 연민〉이 피해 간 혹평을 받은 이유이기도 하다. 다큐멘터리 영화에는 생존자들의 증언과 당대의 기록 필름이라는 그 나름 확고한 증거들—감독의 논리를 뒷받침하는—이 있었던 반면, 극영화에는 그러한 요소들이 전혀 없었던 것이다. 하지만 반대로, 전적으로 허구로 이루어진 극영화이므로 그만큼 감독으로서는 사실적 증거들에 얽매이지 않고 창작할 수 있고, 그럼으로써 자신의 문제의식을 더욱 자유롭고 과감하게 밀어붙일 수 있다고 판단할 수도 있을 것이다. 레지스탕스에 들어가려 했다가 거절당하자 게슈타포로 들어간 프랑스인이 실제로 존재하지 않았더라도, 또한 게슈타포에 들어갔던 프랑스인이 독일군을 죽이고 유대인들을 구한 사례가 전혀 없었더라도 극영화에서는 이러한 상상과 설정이 가능하고 그러한 설정이 독일강점기 프랑스 역사의 어떤 한 측면을 설득력 있게 드러내 준다면 역사영화로서 높이 평가할 수 있을 것이다.

다음으로는 이 영화가 제시한 '흑색전설'을 논의할 수 있다. 분명, 프랑스 국민이 전적으로 레지스탕스를 지지했다는 레지스탕스주의 신화나 온통 비겁하고 비루한 대독협력자와 기회주의자만 존재했다는 흑색전설이나 둘 다 역사의 진실에서 거리가 먼 것은 사실이다. 그러나 해방 후 수십 년 동안 줄곧 레지스탕스주의 신화가 프랑스인들의 집단적 기억을 지배해 왔던 상황에서, 이제 막 영화 〈슬픔과 연민〉과 로버트 팩스턴Robert Paxton의 역사서 《비시 프랑스》[84] 등으로 그 신화가 무너지기 시작한 1970년대 초중반에 그러한 신화를 전적으로 부정하고 그 이미지에 정면으로 반대되는 이미지를 제시한 것은 그러한 신화를 무너뜨리는 데 기여했을 것이다. 비록, 그 첫 돌파구를 연 것은 이미 3년 전에 개봉한 〈슬픔과 연민〉이란 점에서 충격은 덜하겠지만 보다 대중적이고 보다 흡인력 있는 극영화란 점에서, 그리고 그 이미지가 좀 더 극단적이란 점에서 기존의 신화를 파괴하는 효과는 더 클 수도 있다.

사실, 〈슬픔과 연민〉의 감독인 오퓔스 자신이 68세대이고 기존의 드골주의 신화에 도전하는 영화의 문제의식 자체가 68정신의 산물인데 그 문제의식을 계승한 〈라콩브 뤼시앵〉이, 역시 68정신과 궤를 같이 하는 좌파 지식인들로부터 주로 거센 비판을 받은 점은 아이러니하다. 이는 한편으로는, 레지스탕스주의 신화가 좌파와 우파를 막론하고 여전히 엄청난 영향력을 유지하고 있었다는 사실을 보여 주는 동시에 다른 한편으로는, 영화가 개봉된 1974년이라는 당대의 정치상황에 어느 정도 연유하는 것으로 볼 수 있다. 즉, 68운동 이후 드골체제(드골 자신의 사망과 함께)는 사라졌지만 그 뒤를 이은 것은 우파정부들인 퐁피두 정권(1969~1974)과 데스탱 정권(1974~1981)이었고 두 정권 모두 과거의 레지스탕스 전통에 대한 염증과 환멸을 공공연히 표명하던 터였다. 악명 높은 민병대 간부 폴 투비에 대한 퐁피두 대통령의 비밀 사면조치가 폭로된 사건(1972)[85]은 이러한 상황에서 좌파 진영에 더더욱 (구 페탱주의–협력주의 우파의 복권에 대한) 위기의식을 불러일으켰고, 그러한 맥락에서 일부 논자들은 〈라콩브 뤼시앵〉을 대독협력자 복권 시도의 일환으로까지 보았던 것이다.

끝으로, 필자는 독일강점기 마지막 해인 1944년의 프랑스에 대한 영화의 묘사를 논의하겠다. 일부 평자들은 어떻게 1944년에, 그것도 연합군의 노르망디 상륙작전이 시작된 6월에 주인공이 게슈타포를 선택한다는 설정을 할 수 있냐고 의아해했는데 그러한 점은 논외로 하고, 필자는 강점기 말기, 그러니까 노르망디 상륙작전이 성공하면서 독일군이 패주하기 시작하고 비시 체제가 심각하게 뒤흔들리던 국면을 영화가 잘 표현했다고 평가한다. 일례로, 뤼시앵에게 사격훈련을 시키는 프랑스 게슈타포 요원이 과녁으로 삼은 것은 놀랍게도, "당신이 그보다 프랑스적이냐?"라고 쓰여 있는, 페탱 원수(비시 체제 수반) 얼굴이 그려진 포스터였다. 이는 비시 정부의 준군사조직인 민병대가 아니라 독일 경찰인 게슈타포를 택한 자들(주로 '협력주의자'에 해당하는)이 상대적으로 '유약'하고 '온건'해 보이는 비시-페탱에 대해 품었던 경멸감을 표현하는 동시에, 강점기 말의 무너져 가는 비시-페탱의 위상을 보여 주는 것이다.

보다 두드러진 여론의 반전은 식료품상점 앞에 길게 줄 선 주민들이 '독일 경찰'임을 과시하던 뤼시앵의 새치기 시도에 격분하는 장면에서 잘 묘사된다. 독일점령군의 위세가 확고하던 그 전 시기(1942∼1943)였다면 그러한 항의는 상상도 못 했을 것이다. 게슈타포 본부에서 여배우가 영국인에 호감을 표시하며 "어떤 편이 전쟁에서 이기든 상관없다"고 발언하는 것이나 호텔 여종업원이 뤼시앵에게 "미국이 전쟁에서 이길 거야"라고 말하는 장면 역시 강점기 말 체제 전환기의 여론 분위기를 잘 보여 준다. 기실, 게슈타포 보조원 뤼시앵이 독일군을 죽인

페탱의 얼굴이 그려진 포스터를 과녁으로 삼아 사격훈련을 받는 장면
포스터에는 "당신이 그보다 프랑스적이냐?"라고 쓰여 있다.

다는 극적인 반전 자체가 이행기의 극도로 혼란스런 국면을 반영한다.

마지막 장면에서 갑자기, 주인공이 '레지스탕스 군사법정'에서 사형선고를 받고 처형되었음을 알리는 자막은 '가엾은' 대독협력자를 복권시키고 '무자비한' 레지스탕스를 비난하기 위한 것이라기보다는 해방 직후 대독협력자 숙청의 일부 문제점들을 비판하는 것으로 읽을 수도 있다. 대독협력자들에 대한 과감한 사법처리 자체는 정당한 것이었지만 그 과정에서 고위직보다 말단이 오히려 더 무거운 처벌을 받는다든가 재판 시기에 따라 형량이 달라지는 문제점들이 일부 발생했던 것이다.[86]

1992년 5월, 미국의 정치학자 스탠리 호프먼Stanley Hoffmann은 프랑스의 대표적인 지성계 월간지인 《에스프리*Esprit*》지에 기고한 글에서 "무기력하고 [나치 독일의 반인륜범죄에 – 필자] 공모한 프랑스"라는 신화, 비시 체제가 "타락한 인민의 지지를 기대할 수 있었다"는 신화

뤼시앵과 프랑스(유대인 재단사의 딸)가 식료품점 앞에서
새치기를 하려다가 주민들의 분노를 사는 장면

에 '라콩브 뤼시앵 신화'라는 명칭을 붙였다. 독일강점기 프랑스의 전 국민이 레지스탕스를 중심으로 단결했다는 '레지스탕스주의 신화'의 대척점에 있는 반대의 신화, 즉 강점기 프랑스 전 국민이 비겁하고 비열하고 독일에 협력했다는 '흑색전설'에 한 편의 극영화 제목을 붙인 것이다. 비록, 호프먼 자신은 "라콩브 뤼시앵 신화라고 불릴 수 있는 것은 틀렸다"라고 주장했지만 그럼에도 그러한 명명은 1974년의 극영화 〈라콩브 뤼시앵〉이 가졌던 엄청난 영향력을 잘 말해 준다.[87]

〈슬픔과 연민〉과 함께 《2차 대전기 프랑스 역사사전》(1998)과 《대독 협력사전》(2014)에 정식 항목으로 수록되었다는 사실 역시 〈라콩브 뤼시앵〉이 독일강점기 프랑스를 재현한 대표적인 영화 가운데 하나였음을 대변한다. 그 '대표성'은 독일강점기 프랑스의 역사를 시작(1940년 6월의 패전)부터 끝(1944년의 해방)까지 전국 곳곳의 모습과 다양한 계층, 다양한 측면을 온전히 보여 주었다는 데 있지 않았다. 강점기 말기 몇 달간의 프랑스 남서부 지역만을 배경으로 삼은 〈라콩브 뤼시앵〉은 그러한 영화와는 거리가 멀었다. 〈슬픔과 연민〉과 함께 이 영화가 '암울했던 시절'을 그린 대표적인 역사영화로 꼽히는 이유는 전후 수십 년간 프랑스인들의 집단적 기억을 지배했던 레지스탕스주의 신화를 무너뜨린 데 있을 것이다.

신화를 무너뜨린 첫 공격은 1969년의 다큐멘터리 〈슬픔과 연민〉이 가했지만 파괴력과 파급력은 〈라콩브 뤼시앵〉 쪽이 더 컸다. 〈슬픔과 연민〉이 87주 동안 23만 2,000명의 관객을 모았던 데 비해 불과 3주 만에 25만 명 이상(둘 다 파리 지역 기준)이 〈라콩브 뤼시앵〉을 보았다는 기록[88]은 극영화가 다큐멘터리보다 훨씬 더 흡인력과 영향력이 컸음을 보여 준다.

호프먼이 '흑색전설'의 명칭으로 〈슬픔과 연민〉이 아니라 〈라콩브 뤼시앵〉을 택한 것은 이러한 극영화의 대중성에 연유하는 것으로 볼 수 있지만 사실, 루이 말 감독의 영화는 오필스 감독의 다큐멘터리보다 훨씬 더 극단적이었다. 주인공 주위의 비열한 대독협력자 군상은 말할 것도 없고, 아무 생각 없이 레지스탕스에 들어가려 했다가 역시 아무 생각 없이 게슈타포를 택한 주인공에서부터, 고압적인 태도의 레지스탕스 교사, 아들이 부당하게 번 돈을 챙기는 주인공 어머니, 게 슈타포 보조원과 사랑에 빠지는 유대인 처녀, 게슈타포에 하루에 200 통씩 밀고장을 보내는 익명의 대중에 이르기까지 관객들에게 불쾌감을 주지 않는 등장인물은 거의 없었다. 확고한 사실과 증거에 구애받을 필요 없는 극영화라는 형식은 기존의 신화를 파괴하고 반대쪽 이미지를 밀어붙이는 데 훨씬 더 자유롭고 극단적일 수 있었다. 접근이 보다 용이하다는 점뿐 아니라 바로 이러한 극단성이 기존의 신화를 무너뜨리는 데 더 효과적이었던 것으로 보인다.

레지스탕스주의 신화가 드골 정권(1958~1969)의 공식 이데올로기이기도 했으므로 그 신화를 무너뜨리는 것은 명백히 68정신(드골 체제에 맞선)의 일환이었는데 동일한 68세대가 〈라콩브 뤼시앵〉에 거부감을 보인 것은 아이러니하다. 이는 레지스탕스주의 신화가 드골 체제의 종식 이후까지도 어느 정도 건재했다는 사실을 보여 주는 것일 수도 있고, 그만큼 〈라콩브 뤼시앵〉의 이미지가 극단적이었음을 반영하는 것일 수도 있다.

〈라콩브 뤼시앵〉이 이렇듯 〈슬픔과 연민〉의 문제의식을 계승한 동시에 그보다 더한 정도로 레지스탕스주의 신화를 무너뜨리는 데 큰 역할을 했다는 사실과 별개로, 강점기 말기를 재현한 역사영화로서도 높이 평가하자는 것이 필자의 입장이다. 주인공의 동료 게슈타포 보조원들이 페탱 초상화를 사격훈련 과녁으로 삼고, 주변 인물들이 서슴없이 연합군의 승전을 논하고, 게슈타포 동료가 BBC 라디오를 경청하고, 식료품점 앞에 줄 선 주민들이 '독일 경찰'을 두려워하지 않는 모습들은 비시 체제와 나치 독일이 몰락과 패주를 향해 치닫던 체제 전환기를 잘 묘사하고 있다. 끝으로, 독일군을 죽이고 유대인들을 구해 준 주인공(그래서 방금 '명예가 회복'된)이 레지스탕스 군사법정에 의해 처형되었다는 급작스러운 마지막 자막은 동정심을 유발함으로써 대독협력자를 복권시키려는 시도라기보다는 레지스탕스주의 신화에 대한 마지막 공격인 동시에 해방 전후 대독협력자 처벌의 일부 문제점들(과잉과 불균등)에 대한 비판으로 읽어야 할 것이다.

주석

책머리에

[1] Claude Pennetier, Jean-Pierre Besse, Thomas Pouty et Delphine Leneveu(dir.), *Les fusillés (1940~1944). Dictionnaire biographique des fusillés et exécutés par condamnation et comme otages et guillotinés en France pendant l'Occupation*(Les Éditions de l'Atelier, 2015).

[2] François Broche, *Dictionnaire de la Collaboration. Collaboration, compromissions, contradictions*(Belin, 2014).

I. 논쟁하기

[1] Éric Conan et Henry Rousso, *Vichy, un passé qui ne passe pas*(Gallimard, 1996).

1. 반세기 만의 폭로?: 미테랑 대통령의 강점기 이력 논쟁

* 이 글은 이용우, 〈미테랑의 비시 전력前歷 논쟁〉, 《프랑스사 연구》 33, 2015를 수정, 보완한 것이다.

[1] Pierre Péan, *Une jeunesse française. François Mitterrand, 1934~1947*(Fayard, 1994). 필자가 입수하고 분석한 책은 2010년에 새로 간행된 개정판(Gallimard, 2010)임을 밝혀둔다.

[2] 벨디브 사건에 대해서는 이용우, 《미완의 프랑스 과거사》(푸른역사, 2015) 6장 〈반세기 만의 사과: 벨디브 사건〉을 보라.

[3] 이에 대해서는 이용우, 《미완의 프랑스 과거사》 5장 〈반세기 만의 단죄: 비시 경찰 총수 부스케〉를 보라.

[4] Éric Conan et Henry Rousso, "Génération Mitterrand", *Vichy, un passé qui ne passe pas*(Fayard, 1994), pp. 256~309.

[5] "Prolongements", Conan et Rousso, *Vichy, un passé qui ne passe pas*(Gallimard, 1996), pp. 425~443.

[6] Claire Andrieu, "Managing Memory: National and Personal Identity at Stake in the Mitterand Affair", *French Politics & Society*, 14-2(Spring 1996).

[7] Richard J. Golsan, "Mitterrand's Dark Years: A President's 'French Youth'", *Vichy's Afterlife*(Lincoln & London: University of Nebraska Press), 2000.

[8] Jean-Pierre Azéma, "Pétainiste ou résistant?", *L'Histoire*, n° 253(avril 2001).

[9] *Le Monde*, 2 septembre 1994.

[10] Jean Daniel, "Mitterrand et Vichy: le choc", *Le Nouvel Observateur*, 8~14 septembre 1994, p. 38.

[11] *Le Nouvel Observateur*, 8~14 septembre 1994, p. 41.

[12] *Le Monde*, 2 septembre 1994.

[13] *Libération*, 2 septembre 1994.

[14] Péan, *Une jeunesse française*, pp. 16~17; Golsan, "Mitterrand's Dark Years", pp. 109~110; Azéma, "Pétainiste ou résistant?", pp. 44~45; Conan et Rousso, *Vichy, un passé qui ne passe pas*, p. 436.

[15] 페앙은 《프랑스 청년》 서론에서 1993년 봄의 첫 만남을 밝혔고(pp. 17~18), 이 만남을 포함하여 모두 일곱 차례 만났다는 사실은 책 출간 이후 《르 피가로》지와 가진 인터뷰에서 언급했다(*Le Figaro*, 13 septembre 1994). 한편, 미테랑은 1994년 9월 12일의 TV 인터뷰에서 페앙의 작업에 참여한 이유를 묻는 질문에 자신이 페앙을 "매우 진지한 언론인, 정직한 회상록 작가로 간주"했기 때문에 그의 협조 요청을 받아들였다고 답했다. 또한 미테랑은 페앙이 "다른 이들이라면 얻어낼 수 없을 것을 말하게 하는 특별한 재능이 있다"고 덧붙였다(*Le Monde*, 14 septembre 1994).

[16] François Mitterrand, *Ma part de vérité*(Fayard, 1969), p. 20.

[17] 미테랑은 1942년 1월부터 4월까지 프랑스 퇴역군인군단의 문서 담당부서에서 일

했고 그 이후부터 1943년 1월까지 전쟁포로 사회복귀위원회에서 일했다. 1943년 1월에 그 위원회에서 사직한 뒤에도 미테랑은 몇 달간 그 위원회의 상호부조 기구에서 계속 활동했다. 전쟁포로 사회복귀위원회는 1941년 10월 비시 정부가 창설한 기구로, 독일이 석방하거나 수용소에서 탈출한 포로 약 20만 명의 사회 복귀를 담당했고, 프랑스 퇴역군인군단은 1940년 8월 비시 정부의 법령에 따라 기존의 모든 퇴역군인 단체들을 해산하고 창설된 페탱주의 조직이다. Azéma, "Pétainiste ou résistant?", p. 44; Betram M. Gordon (ed.), *Historical Dictionary of World War II France*(Westport: Greenwood Press, 1998), pp. 219~220, 244; Éric Alary et Bénédicte Vergez-Chaignon, *Dictionnaire de la France sous l'Occupation*(Larousse, 2011), pp. 294~295.

[18] François Brochet, *Dictionnaire de la Collaboration*(Belin, 2014), p. 611; François Marcot(dir.), *Dictionnaire historique de la Résistance*(Robert Laffont, 2006), p. 556.

[19] Conan et Rousso, *Vichy, un passé qui ne passe pas*, p. 432; Mitterrand, *Mémoires interrompues*(Odile Jacob, 1996), p. 93.

[20] 페앙 자신이 1994년 9월 13일 자《르 피가로》지에 실린 인터뷰 기사에서 이 사진이 "내 책에 대한 인식" 3단계에서 첫 단계를 이룬다고 밝혔다. 나머지 두 단계는 "1942~43년 프랑수아 미테랑의 역할에 대한 폭로"와 '르네 부스케에 대해 미테랑이 말한 것"이었다(*Le Figaro*, 13 septembre 1994). 한편, 16년 뒤 페앙이 다시 내놓은 2010년판에서는 이 사진이 표지에서 밀려나 '2010년판 서문' 바로 뒤(p. 8)에 실렸다.

[21] Péan, *Une jeunesse française*, p. 315.

[22] *Le Monde*, 7 septembre 1994; 9 septembre 1994; *Le Figaro*, 9 septembre 1994; *Libération*, 8 septembre 1994.

[23] *Le Monde*, 6, 7, 8, 9, 11~12, 13 septembre 1994; *Le Figaro*, 9, 10~11 septembre 1994; *Libération*, 8 septembre 1994.

[24] *Le Monde*, 6 septembre 1994.

[25] *Le Monde*, 8 septembre 1994.

[26] *Le Monde*, 9 septembre 1994.

[27] *Le Monde*, 7 septembre 1994.

[28] *Le Monde*, 9 septembre 1994; *Libération*, 8 septembre 1994. 그날 회의에서 글라바니

는 자신은 그렇게 말한 적 없다고 부인했고, 이후 《르 몽드》지에 자신의 애초 발언이 왜곡 보도("거두절미")되었다는 주장이 담긴 글을 보냈다(*Le Monde*, 10 septembre 1994).

29 그날 밤 인터뷰의 내용은 9월 14일 자 《르 몽드》지에 무려 다섯 면에 걸쳐 발췌문 형태로 실렸다. 이 발췌문은 이후 단행본으로 출간된 《르 몽드》지 미테랑 관련기사 모음집에 부록으로도 실렸다(*François Mitterrand au regard du Monde*[Le monde-Éditions, 1996], pp. 271~286).

30 Olivier Wieviorka, *Nous entrerons dans la carrière. De la Résistance à l'exercice du pouvoir*(Le Seuil, 1994).

31 *Le Figaro*, 8 septembre 1994.

32 미테랑은 자신의 과거와 관련하여 죽기 전까지 인터뷰를 두 차례나 더 가졌다. 홀로코스트 생존자이자 노벨 평화상 수상 작가인 엘리 비젤Elie Wiesel과 가진 인터뷰는 "두 목소리의 회고록"이란 제목으로, 언론인 조르주-마르크 베나무Georges-Marc Benamou와 가진 인터뷰는 "중단된 회고록"이란 제목으로 각각 단행본으로 출간되었다. François Mitterrand et Elie Wiesel, *Mémoires à deux voix*(Odile Jacob, 1995); François Mitterand, *Mémoires interrompues*(Odile Jacob, 1996).

33 이 시위에 참가한 미테랑의 모습이 찍힌 사진이 페앙의 《프랑스 청년》 초판(1994)에 실렸고 당시 《리베라시옹》지(9월 2일 자)에까지 실렸지만 2010년판의 《프랑스 청년》에는 실리지 않았다.

34 *Le Monde*, 14 septembre 1994.

35 *Le Monde*, 14 septembre 1994. 비시 정부의 반유대법은 1940년 10월 3일과 1941년 6월 2일의 두 "유대인지위법"을 가리킨다. 이 법은 프랑스에 거주하는 모든 유대인을 대상으로 공직, 언론사, 자유전문직 등에 종사하는 것을 금지하거나 제한했다. 이에 대해서는 이용우, 《미완의 프랑스 과거사》 4장 〈강점기 프랑스의 유대인 박해와 홀로코스트 협력〉을 보라.

36 *Le Monde*, 14 septembre 1994.

37 *Le Monde*, 14 septembre 1994.

38 Mitterrand, *Ma part de vérité*, p. 20.

39 *Le Monde*, 14 septembre 1994.

40 *Le Monde*, 14 septembre 1994.

[41] *Le Monde*, 14 septembre 1994.

[42] Wieviorka, *Nous entrerons dans la carrière*, p. 349.

[43] Wieviorka, *Nous entrerons dans la carrière*, p. 350.

[44] *Le Monde*, 14 septembre 1994.

[45] *Le Monde*, 14 septembre 1994; *Le Figaro*, 14 septembre 1994.

[46] Conan et Rousso, *Vichy, un passé qui ne passe pas*, p. 442.

[47] *Le Monde*, 14 septembre 1994; *Le Figaro*, 14 septembre 1994.

[48] *Le Monde*, 14 septembre 1994; *Le Figaro*, 14 septembre 1994; 15 septembre 1994; 16 septembre 1994.

[49] *Le Monde*, 14 septembre 1994; 15 septembre 1994; *Le Figaro*, 14 septembre 1994.

[50] Claire Andrieu, "Questions d'une historienne", *Le Monde*, 15 septembre 1994; Denis Peschanski, "Questions d'un historien à une historienne", *Le Monde*, 18~19 septembre 1994.

[51] Jacques Julliard, "Le vrai courage···"; Jean Daniel, "Faut−il acquitter Mitterrand?", *Le Nouvel Observateur*, 15~21 septembre 1994, pp. 38~39.

[52] Joël Roman, "Lucidités rétrospectives: quand des historiens font la leçon", *Esprit*, n° 206(novembre 1994), pp. 77~82; Claire Andrieu, "Réponse d'une historienne", *Esprit*, n° 207(décembre 1994), pp. 205~208.

[53] Andrieu, "Questions d'une historienne".

[54] Peschanski, "Questions d'un historien à une historienne".

[55] Julliard, "Le vrai courage······", p. 39.

[56] Jean Daniel, "Mitterrand et Vichy: le choc", *Le Nouvel Observateur*, 8~14 septembre 1994, pp. 38~39.

[57] J.−M. C., "Ne pas banaliser Vichy", *Le Monde*, 9 septembre 1994; *Le Figaro*, 14 septembre 1994.

[58] Daniel, "Faut−il acquitter Mitterrand?", pp. 38~39.

[59] 스테른헬은 9월 21일 자 《르 몽드》지에 "지나가기를 거부하는 과거"라는 제목으로 비시 체제에 대한 글을 실었다. *Le Monde*, 21 septembre 1994.

[60] Roman, "Lucidités rétrospectives: quand des historiens font la leçon", pp. 77~82.

[61] Andrieu, "Réponse d'une historienne", pp. 205~208.

[62] *Le Monde*, 24 septembre 1994.

[63] Alary et Vergez-Chaignon, *Dictionnaire de la France sous l'Occupation*, p. 424; Brochet, *Dictionnaire de la Collaboration*, p. 877.

[64] Marcot(dir.), *Dictionnaire historique de la Résistance*, pp. 845~847; 이용우, 《미완의 프랑스 과거사》 8장 〈초기 레지스탕스의 비시-페탱 인식〉, 291, 317쪽.

2. 반세기 만의 발견?: 파리경찰청의 유대인 파일

* 이 글은 이용우, 〈1990년대 프랑스의 유대인 카드 파일 사건〉, 《프랑스사 연구》 35, 2016을 수정, 보완한 것이다.

[1] 이에 대해서는 이용우, 《미완의 프랑스 과거사》(푸른역사, 2015) 4장 〈강점기 프랑스의 유대인 박해와 홀로코스트 협력〉을 보라.

[2] Serge Klarsfeld, *Le calendrier de la persécution des Juifs de France*, tome 1. *juillet 1940 – août 1942*(Fayard, 2001), p. 28; *Le "Fichier juif"*, *Rapport de la commission présidée par René Rémond au Premier ministre*(Plon, 1996), pp. 11~12.

[3] Serge Klarsfeld, *Vichy-Auschwitz*, tome 1. *Le rôle de Vichy dans la Solution finale de la question juive en France – 1942*(Fayard, 1983), pp. 19~20, 26; Michael R, Marrus and Robert O. Paxton, *Vichy France and the Jews*(Stanford: Stanford University Press, 1995)(초판은 1981), p. 243.

[4] '유대인 파일 사건'을 분석한 문헌들로는, 역사가 앙리 루소와 언론인 에릭 코낭이 함께 쓴 논문 〈기록보관소: 그들은 우리에게 모든 것을 숨기고, 아무것도 말하지 않는다〉(1994), 역사가 로랑 졸리Laurent Joly가 이 주제에 한 절을 할애한 연구서 《사무실의 반유대주의》(2011) 등이 있고, 그 사건에 대해 서술한 문헌이자 그 자체가 사건의 일부를 이루는 저작들로는 언론인 아네트 칸Annette Kahn의 《파일》(1993)과 역사가 소니아 콩브Sonia Combe의 《금지된 기록보관소—몰수된 역사》(1994)가 있다. 유대인 파일 문제를 다루고자 정부가 구성한 위원회인, 역사가 르네 레몽René Rémond의 위원회가 작성한 최종보고서인 《"유대인 파일": 르네 레몽이 주재한 위원회가 총리에게 제출한 보고서》(1996)는 그 자체로 본 주제에 관한 가장 중요한 사료일 뿐 아니라 부록에 반세기 전(1948~1950)의 파리경찰청 문서들과 '사

건' 자체를 구성하는 문서들(1992~1993)을 싣고 있다. 필자는 이상의 문헌들을 분석하되 1991년 11월부터 1997년 12월까지 '유대인 파일'과 관련된 기사를 실은 중앙일간지인 《르 몽드》지와 《리베라시옹》지, 시사주간지인 《렉스프레스》지 등의 당대 사료들도 함께 검토했다.

5 *Le Monde*, 13 novembre 1991, p. 1; *Libération*, 13 novembre 1991, p. 1.

6 *L'Express*, 21 novembre 1991, p. 61; *Le Monde*, 13 novembre 1991; Annette Kahn, *Le Fichier*(Laffont, 1993), p. x, 7, 14. 콩브의 설명에 따르면 클라르스펠드는 발견 직후 퇴역군인부 국무서기실에 그 사실을 알렸으나 반응이 없자 두 달 뒤《르 몽드》지에 폭로했다. Sonia Combe, *Archives interdites. L'histoire confisqué*(La Découverte, 2001), p. 200.

7 *Le "Fichier juif"*, pp. 11~12.

8 '벨디브 대검거'에 대해서는 이용우, 《미완의 프랑스 과거사》 6장 〈반세기 만의 사과: 벨디브 사건〉을 보라.

9 *Libération*, 13 novembre 1991; *Le Monde*, 13 novembre 1991.

10 *Le Monde*, 13 novembre 1991; Combe, *Archives interdites*, pp. 198~199; Éric Conan et Henry Rousso, "Les archives: on nous cache tout, on nous dit rien", *Vichy, un passé qui ne passe pas*(Gallimard, 1996), pp. 97~98; Laurent Joly, *L'antisémitisme de bureau. Enquête au coeur de la préfecture de Police de Paris et du commissariat général aux Questions juives (1940~1944)*(Grasset, 2011), p. 317.

11 *Le Monde*, 13 novembre 1991.

12 *Libération*, 13 novembre 1991; *Le Monde*, 13 novembre 1991.

13 *Le Monde*, 13 novembre 1991; 14 novembre 1991; *Libération*, 13 novembre 1991.

14 *Libération*, 13 novembre 1991; *Le Monde*, 14 novembre 1991.

15 Conan et Rousso, "Les archives", pp. 102~103; Combe, *Archives interdites*, p. 202.

16 *Le Monde*, 17 décembre 1991.

17 Kahn, *Le fichier*, p. xviii; Joly, *L'antisémitisme de bureau*, p. 318; *Le "Fichier juif"*, p. 12.

18 질문 내용은 "2차 대전기 유대인에게 자행된 제노사이드의 기억이 담긴 수만 장의 파일을 어느 기구에 맡겨야 하나?"였다. *Le Monde*, 27 février 1992; *Le "Fichier juif"*, p. 13; Conan et Rousso, "Les archives", pp. 108~109. 이 보고서에서 정부에

대한 권고 부분은 르네 레몽 위원회의 최종보고서를 단행본으로 출간한 책에 부록
으로 원문이 실려 있다(*Le "Fichier juif"*, p. 189).

19 *Le Monde*, 27 février 1992.

20 두 기관은 같은 부지에 위치해 있고 1997년에는 CDJC가 무명유대인순교자기념관
에 통합되었다.

21 *Libération*, 14 novembre 1991.

22 Conan et Rousso, "Les archives", p. 105.

23 *Le "Fichier juif"*, pp. 13~14.

24 *Le "Fichier juif"*, pp. 14~16.

25 *Le "Fichier juif"*, p. 16.

26 이에 대해서는 이용우, 《미완의 프랑스 과거사》 6장을 보라.

27 "La vérité sur le fichier juif", *L'Histoire*, n° 163(février 1993), p. 59; 루소와 코낭도 동
일하게 분석했다. Conan et Rousso, "Les archives", pp. 112~113. '벨디브 기념'을
직접 거론하지는 않았지만 레몽 자신도 1992년 7월 1일 랑 장관에게 보낸 서한에
서 비슷한 이유들을 제시했다. *Le "Fichier juif"*, pp. 195~196.

28 *Le "Fichier juif"*, p. 18, 199, 222; Conan et Rousso, "Les archives", pp. 115~116. 사
실, 이러한 조치는 이때 처음 알려진 게 아니었다. 파리경찰청장은 이미 1년 전인
1991년 11월 25일에도 파리 시의회에서 유대인 관련 문서 "7톤 이상"을 1948, 49
년에 파쇄했다고 발언한 바 있다(Kahn, *Le fichier*, p. xiv; Conan et Rousso, "Les archives", p.
116). 그러나 이 발언은 당시 과열된 여론 분위기 속에서 거의 주목받지 못했다.

29 이 서한의 전문全文은 *Le "Fichier juif"*에 부록으로 실려 있다(pp. 219~223). "중간보
고서"는 이 서한에서 레몽 자신이 쓴 표현이다(p. 219). 랑 장관은 이를 "예비보고서
pré-rapport"라고 표현했다(p. 224).

30 *Le "Fichier juif"*, pp. 194~195. 이 서한 전문全文은 *Le "Fichier juif"*의 부록에 실려
있다(pp. 193~196).

31 *Le "Fichier juif"*, pp. 220~223.

32 *Le "Fichier juif"*, p. 224. 이 공식 성명의 전문全文은 *Le "Fichier juif"*의 부록(p. 224)
에 실려 있다.

33 Annette Kahn, *Le Fichier*(Laffont, 1993).

34 칸의 책이 출간되기 며칠 전에 이미 시사주간지 《렉스프레스》지는 "고백되지 않은 실책"이란 제목으로, 클라르스펠드가 칸의 책 서문에서 자신의 "실책"에 대한 "어떠한 개인적 책임도 부인"했다고 비판하는 논설을 실었다. Éric Conan, "Fichier des juifs : l'erreur inavouée", *L'Express*, 31 décembre 1992, p. 46.

35 Le *"Fichier juif"*, p. 191. 이 위임장 전문全文은 Le *"Fichier juif"*의 부록(pp. 190~191)에 수록되어 있다.

36 Le *"Fichier juif"*, p. 225. 이 위임장 전문全文은 Le *"Fichier juif"*의 부록(p. 225)에 수록되어 있다.

37 Le *"Fichier juif"*, *Rapport de la commission présidée par René Rémond au Premier ministre*(Plon, 1996).

38 Le *"Fichier juif"*, *Rapport de la commission présidée par René Rémond au Premier ministre*, pp. 189~225.

39 Le *"Fichier juif"*, *Rapport de la commission présidée par René Rémond au Premier ministre*, pp. 31~41.

40 Le *"Fichier juif"*, *Rapport de la commission présidée par René Rémond au Premier ministre*, p. 32, 34, 36.

41 "일반 파일(일부만)", "통제 파일(일부만)", "강제이송된 아동" 파일, "드랑시 수용소" 파일, "수용소 수감자" 파일, "피티비에르 수감 유대인" 파일, "본라롤랑드 수감 유대인" 파일, "피티비에르 및 본라롤랑드 수감 유대인" 파일, "독일 당국의 지시로 수감된 유대인" 파일, "프랑스의 수용소들로 이송된 드랑시 수감자" 파일이 그러한 10종에 해당한다. Le *"Fichier juif"*, *Rapport de la commission présidée par René Rémond au Premier ministre*, pp. 159~160, 216~217. 이 보고서는 Le *"Fichier juif"*의 pp. 215~218에 전문全文이 실려 있다.

42 Le *"Fichier juif"*, *Rapport de la commission présidée par René Rémond au Premier ministre*, p. 166.

43 Le *"Fichier juif"*, *Rapport de la commission présidée par René Rémond au Premier ministre*, p. 176.

44 Le *"Fichier juif"*, *Rapport de la commission présidée par René Rémond au Premier ministre*, p. 177.

45 "가족 파일"이란 명칭은 원래 퇴역군인부가 붙인 것이고, 파리경찰청은 1950년 8월 24일의 보고서에서 이것을 "통제 파일"이라 명명했다(*Le "Fichier juif"*, *Rapport de la commission présidée par René Rémond au Premier ministre*, p. 182).

46 *Le "Fichier juif"*, *Rapport de la commission présidée par René Rémond au Premier ministre*, p. 182, 184.

47 *Le "Fichier juif"*, *Rapport de la commission présidée par René Rémond au Premier ministre*, pp. 229~233.

48 1992년 2월 25일 CNIL의 권고안은 앞서 밝혔듯이 원본은 무명유대인순교자기념관, 사본은 CDJC에 두자는 것이었다.

49 *Le "Fichier juif"*, *Rapport de la commission présidée par René Rémond au Premier ministre*, pp. 231~232.

50 *Le "Fichier juif"*, *Rapport de la commission présidée par René Rémond au Premier ministre*, pp. 232~233.

51 *Le "Fichier juif"*, *Rapport de la commission présidée par René Rémond au Premier ministre*, p. 233.

52 *Le "Fichier juif"*, *Rapport de la commission présidée par René Rémond au Premier ministre*, p. 20.

53 *L'Express*, 31 décembre 1992, p. 46; "La vérité sur le fichier juif", p. 60; Conan et Rousso, "Les archives", pp. 113~114; *Le "Fichier juif"*, p. 20.

54 Kahn, *Le fichier*, p. xix.

55 *Libération*, 1 janvier 1993.

56 Kahn, *Le fichier*, pp. 230~232.

57 *Libération*, 12 janvier 1993.

58 *Libération*, 8 janvier 1993. 코낭과 루소는 이때의 콩브를 "11시의 지식인"(2차 대전기에 해방 직전에야 레지스탕스에 가담한 기회주의자들을 지칭하는 '11시의 레지스탕스'에 빗댄 표현)에 비유하면서 그의 주장은 "진지하게 받아들이기에는 너무 그로테스크"하다고 논평했다. Conan et Rousso, "Les archives", p. 117.

59 *Libération*, 19 mars 1993.

60 *Libération*, 21 mai 1993.

61 Sonia Combe, *Archives interdites. L'histoire confisqué*(La Découverte, 2001)(초판은 1994).

62 Sonia Combe, *Archives interdites. L'histoire confisqué*, pp. 203~204.

63 Sonia Combe, *Archives interdites. L'histoire confisqué*, pp. 218, 224~225.

64 Sonia Combe, *Archives interdites. L'histoire confisqué*, pp. 218~219, 224, 227.

65 Sonia Combe, *Archives interdites. L'histoire confisqué*, p. 223.

66 Sonia Combe, *Archives interdites. L'histoire confisqué*, pp. 222~223.

67 Joly, *L'antisémitisme de bureau*, pp. 336. 338.

68 Joly, *L'antisémitisme de bureau*, p. 335.

69 Philippe Grand, "Le Fichier juif: un malaise (réponse au rapport Rémond remis au Premier ministre le 3 juillet 1996)", *Revue d'histoire de la Shoah*, n° 167, 1999, pp. 53~101.

70 Philippe Grand, "Le Fichier juif: un malaise (réponse au rapport Rémond remis au Premier ministre le 3 juillet 1996)". 콩브는 《금지된 기록보관소》의 2001년판 서문에서 그랑의 이 논문이 레몽 위원회의 보고서를 "결정적으로 무효화"했다고 평했다. Combe, *Archives interdites*, p. xxiv.

71 Joly, *L'antisémitisme de bureau*, pp. 316~345.

72 Joly, *L'antisémitisme de bureau*, pp. 325~328.

73 Joly, *L'antisémitisme de bureau*, pp. 320~321, 327.

74 Joly, *L'antisémitisme de bureau*, p. 325.

75 그런데 이 1950년 8월의 보고서를 레몽 위원회는 모르기는커녕 최종보고서에서 여러 번 언급하고 있으며 그 전문全文을 부록(pp. 215~218)에 싣기까지 하고 있다는 점은 놀랍다.

76 Joly, *L'antisémitisme de bureau*, p. 332.

77 Joly, *L'antisémitisme de bureau*, pp. 339~340.

78 이에 대해서는 이용우, 《미완의 프랑스 과거사》 6장을 보라.

79 *Le Monde*, 6 décembre 1997, p. 11.

80 Serge Klarsfeld, *Vichy-Auschwitz*, tome 1. *Le rôle de Vichy dans la Solution finale de la question juive en France - 1942*(Fayard, 1983), pp. 19~20; Michael R, Marrus and Robert O. Paxton, *Vichy France and the Jews*(Stanford: Stanford University Press, 1995)(초판은 1981), p. 243.

3. 망각에서 스캔들로: 파리의 외국인 레지스탕스

* 이 글은 이용우, 〈1985년의 마누시앙 사건〉, 《프랑스사 연구》 40, 2019를 수정, 보완한 것이다.

1 Stéphane Courtois, Denis Peschanski et Adam Rayski, *Le sang de l'étranger. Les immigrés de la MOI dans la Résistance*(Fayard, 1989), pp. 357~360, 362; Adam Rayski, *L'Affiche rouge*(Comité d'Histoire de la Ville de Paris, 2009), p. 50.

2 FTP는 1942년 4월에 기존의 공산당계 무장 레지스탕스 조직들인 '특별기구 Organisation spéciale', '청년 전투부대Bataillons de la jeunesse', '이민노동자Main-d' oeuvre immigrée(MOI)'가 통합하여 창설된 조직인데 이때 MOI에 속한 이민자들은 FTP-MOI를 따로 창설하여 FTP의 통제를 받는 동시에 MOI 지도부의 지휘도 받았다. FTP-MOI는 파리 지역 외에 리옹, 툴루즈, 마르세유, 그르노블, 노르-파드칼레, 니스에도 존재했다. François Marcot(dir.), *Dictionnaire historique de la Résistance*(Robert Laffont, 2006), pp. 187~189; Bertram M. Gordon (ed.), *Historical Dictionary of World War II France*(Westport: Greenwood Press, 1998), pp. 145~147.

3 Marcot(dir.), *Dictionnaire historique de la Résistance*, p. 996.

4 Gaston Laroche, *On les nommait des étrangers...(Les immigrés dans la Résistance)*(Éditeurs français réunis, 1965).

5 Mélinée Manouchian, *Manouchian*(Éditeurs français réunis, 1974); Philippe Ganier-Raymond, *L'Affiche rouge*(Fayard, 1975).

6 Philippe Robrieux, *L'affaire Manouchian. Vie et mort d'un héros communiste*(Fayard, 1986); Arsène Tchakarian, *Les francs-tireurs de l'Affiche rouge*(Éditions sociales, 1986).

7 Stéphane Courtois, Denis Peschanski et Adam Rayski, *Le sang de l'étranger. Les immigrés de la MOI dans la Résistance*(Fayard, 1989).

8 Boris Holban, *Testament. Après 45 ans de silence, le chef militaire des FTP-MOI de Paris parle...*(Calmann-Lévy, 1989).

9 *L'Humanité*, 25, 30, 31 mai, 1, 3, 4, 10, 12, 13, 14, 15, 17, 18, 19, 20, 21, 22, 24, 25, 26, 27, 28, 29 juin, 1, 2, 3, 4, 5 juillet 1985; *Le Monde*, 26~27, 30, 31 mai, 1, 2~3, 4, 5, 7, 8, 11, 12, 13, 14, 15, 16~17, 18, 19, 27, 28, 29 juin, 2, 3, 4, 14~15, 25, 29 juillet, 1 août 1985; *Le Figaro*, 28, 30 mai, 2, 13, 14, 15~16, 27 juin, 2, 3 juillet 1985.

[10] *Le Monde*, 31 mars~1 avril 1985.

[11] *Le Monde*, 26~27 mai 1985.

[12] '명예판정단'은 당시 언론에서 쓰인 용어이지만 공식 명칭은 아니다. 시청각당국은 "레지스탕스 인사 그룹"이라고 표현했다. *Le Monde*, 30 mai 1985.

[13] *Le Monde*, 30 mai 1985.

[14] *L'Humanité*, 30 mai 1985.

[15] *Le Monde*, 31 mai 1985; *Le Figaro*, 30 mai 1985.

[16] Nicole Zand, "Le film que vous ne verrez pas⋯"; Georges Kiejman, "Un pas vers la censure à la télévision?" *Le Monde*, 31 mai 1985.

[17] Jacques Fleury, "Affaire Manouchian : censure communiste", *Le Figaro*, 30 mai 1985.

[18] *L'Humanité*, 31 mai, 3 juin 1985; *Le Monde*, 2~3 juin 1985.

[19] *Le Monde*, 2~3 juin 1985.

[20] *Le Monde*, 5, 7 juin 1985; *Le Figaro*, 2 juin 1985.

[21] *Le Monde*, 11 juin 1985.

[22] *Le Monde*, 13 juin 1985.

[23] *Le Monde*, 13 juin 1985; *Le Figaro*, 13 juin 1985.

[24] *Le Monde*, 13, 14 juin 1985; *L'Humanité*, 12, 13 juin 1985.

[25] *L'Humanité*, 28 juin, 3, 5 juillet 1985.

[26] *Le Monde*, 27 juin 1985; *L'Humanité*, 27 juin 1985.

[27] *Le Monde*, 28 juin 1985; *Le Figaro*, 27 juin 1985.

[28] Pierre Pellissier, "Un débat escamoté", *Le Figaro*, 3 juillet 1985.

[29] Edwy Plenel, "Questions sans réponses", *Le Monde*, 4 juillet 1985.

[30] *L'Humanité*, 4 juillet 1985.

[31] *L'Humanité*, 2 juillet 1985.

[32] *L'Humanité*, 2 juillet 1985.

[33] *L'Humanité*, 2 juillet 1985.

[34] *L'Humanité*, 2 juillet 1985.

[35] David Douvette, "Une quadruple occultation", *Le Monde*, 3 juillet 1985.

[36] *Le Monde*, 15 juin 1985; *L'Humanité*, 2 juillet 1985.

[37] Guy Krivopissko(dir.), *La vie à en mourir. Lettres de fusillés*(*1941–1944*)(Tallandier, 2003), p. 288; Laroche, *On les nommait des étrangers*, p. 55.

[38] *Le Monde*, 19 juin 1985. 이 구절은 Gaston Laroche, *On les nommait des étrangers*··· (Éditeurs français réunis, 1965)에 다시 수록된 마누시앙의 편지(pp. 54~55)에서 처음으로 온전히 포함되었다.

[39] PCF 측 문헌이 최초로 이 '배반자'의 존재를 언급한 것은 1971년(본명을 온전히 밝히지 않은 채)에 와서야였다. Robrieux, *L'affaire Manouchian*, p. 357.

[40] *Le Monde*, 26~27 mai 1985; *L'Humanité*, 12 juin 1985.

[41] *Le Monde*, 30 mai, 16~17 juin 1985; *L'Humanité*, 15 juin 1985.

[42] Mélinée Manouchian, *Manouchian*(Éditeurs français réunis, 1974), pp. 170~171.

[43] *Le Monde*, 18 juin 1985.

[44] Boris Holban, *Testament. Après 45 ans de silence, le chef militaire des FTP–MOI de Paris parle*······(Calmann–Lévy, 1989).

[45] Boris Holban, *Testament. Après 45 ans de silence, le chef militaire des FTP–MOI de Paris parle*······, pp. 178~179, 186, 198, 201~205. 올반은 이상의 내용을 1994년 2월 역사전문 월간지 《리스투아르》지에 실린 인터뷰에서도 거의 그대로 반복했다. Entretien avec Boris Holban, "Pourquoi Manouchian a été arrêté", *L'Histoire*, n° 174(février 1994), pp. 92~96.

[46] Entretien avec Boris Holban, "Pourquoi Manouchian a été arrêté", p. 257.

[47] *Le Monde*, 19 juin 1985.

[48] *L'Humanité*, 1 juillet 1985.

[49] Charles Tillon, "Ma vérité sur l'affaire Manouchian", *Le Nouvel observateur*, 2~8 août 1985, p. 25.

[50] Robrieux, *L'affaire Manouchian*, p. 409, pp. 413~414, 420~421.

[51] Auguste Lecoeur, "L'affaire Manouchian. Les combattants FTP et de la MOI, les responsabilités du PCF et le 《double direction》", *Est et Ouest*, n° 20~21(juillet–août 1985), p. 4; René Revol, "Derrière l'affaire Manouchian: le dévoiement d'une génération", *Cahiers Léon Trotsky*, n° 23(septembre 1985), pp. 83~84.

[52] Arsène Tchakarian, *Les francs–tireurs de l'Affiche rouge*(Éditions sociales, 1986).

53 Arsène Tchakarian, *Les francs-tireurs de l'Affiche rouge*, pp. 190~191, 206, 216~217.

54 Holban, *Testament*, pp. 262~267.

55 이 주장은 1975년에 마누시앙 그룹을 다룬 저작 《붉은 포스터》를 펴낸 언론인 필리프 가니에-레몽이 한 것이다. Philippe Ganier-Raymond, *L'Affiche rouge*(Fayard, 1975), p. 189.

56 Adam Rayski, "Contre l'histoire-fiction", *Le Monde*, 19 juin 1985.

57 Adam Rayski, "Contre l'histoire-fiction".

58 Stéphane Courtois, "Le 《groupe Manouchian》 sacrifié ou trahi?", *Le Monde*, 2~3 juin 1985.

59 Adam Rayski, "Qui a trahi Manouchian?", *L'Histoire*, n° 81(septembre 1985), p. 98.

60 Courtois, "Le 《groupe Manouchian》 sacrifié ou trahi?", *Le Monde*, 2~3 juin 1985; Courtois, Peschanski et Rayski, *Le sang de l'étranger*, p. 382; Holban, *Testament*, pp. 189~193.

61 Éric Alary et Bénédicte Vergez-Chaignon, *Dictionnaire de la France sous l'Occupation*(Larousse, 2011), pp. 142~143; François Broche, *Dictionnaire de la Collaboration*(Belin, 2014), pp. 178~179; Rayski, *L'Affiche rouge*, p. 31.

62 Courtois, "Le 《groupe Manouchian》 sacrifié ou trahi?", *Le Monde*, 2~3 juin 1985; Courtois, Peschanski et Rayski, *Le sang de l'étranger*, pp. 146~147, 204, 264, 296, 313~314; Rayski, *L'Affiche rouge*, p. 36, 44.

63 Courtois, Peschanski et Rayski, *Le sang de l'étranger*, pp. 335~336.

64 Courtois, Peschanski et Rayski, *Le sang de l'étranger*, pp. 340~341.

65 Courtois, Peschanski et Rayski, *Le sang de l'étranger*, p. 347.

66 Courtois, Peschanski et Rayski, *Le sang de l'étranger*, p. 351; Courtois, "Le 《groupe Manouchian》 sacrifié ou trahi?", *Le Monde*, 2~3 juin 1985.

67 Courtois, Peschanski et Rayski, *Le sang de l'étranger*, pp. 351~352; Holban, *Testament*, p. 187; Courtois, "Le 《groupe Manouchian》 sacrifié ou trahi?", *Le Monde*, 2~3 juin 1985. BS2의 〈체포 종합보고서〉(1943년 12월 3일 작성)는 차카리앙의 책 부록에 수록되었다. Tchakarian, *Les francs-tireurs de l'Affiche rouge*, pp. 219~231.

68 Patrick Jarreau et Edwy Plenel, "Les ombres de 1943", *Le Monde*, 2 juillet 1985; *Le*

Monde, 3 juillet 1985.

[69] Courtois, Peschanski et Rayski, *Le sang de l'étranger*, pp. 345~346, 383.

[70] Holban, *Testament*, p. 189.

[71] Holban, *Testament*, p. 190; Courtois, Peschanski et Rayski, *Le sang de l'étranger*, pp. 343~344.

[72] Courtois, Peschanski et Rayski, *Le sang de l'étranger*, p. 347.

[73] Holban, *Testament*, pp. 190~191.

[74] Courtois, Peschanski et Rayski, *Le sang de l'étranger*, p. 384.

[75] Courtois, Peschanski et Rayski, *Le sang de l'étranger*, p. 385.

[76] Courtois, Peschanski et Rayski, *Le sang de l'étranger*, p. 385; Courtois, "Le 《groupe Manouchian》 sacrifié ou trahi?", *Le Monde*, 2~3 juin 1985.

[77] 독일강점기에 가장 적극적으로 레지스탕스 활동을 벌였던 정당이라는 전력前歷에 힘입어 해방 후 1945~46년 총선에서 제1, 2당의 지위까지 올랐던 프랑스 공산당은 1970년대 말까지도 20퍼센트대의 득표율(투표수 대비)(1973년 21.4퍼센트, 1978년 20.7퍼센트)을 유지했는데 1980년대 들어서 그 비율은 10퍼센트대(1981년 16.1퍼센트)로 떨어졌고 1986년 총선에서는 9.6퍼센트로까지 하락했다. 한편, 당원 수는 1945~47년에 77~81만 명까지 달했다가(1945년 785,292명, 1946년 814,285명, 1947년 774,629명) 계속 하락했는데 30만 명을 기록한 1960~61년 이후 1987년까지 그 이하로는 전혀 내려가지 않았다. Stéphane Courtois et Marc Lazar, *Histoire du Parti communiste français*(PUF, 1995), p. 423, 426.

II. 전수하기

[1] Olivier Wieviorka(dir.), *La France en Chiffres de 1870 à nos jours*(Perrin, 2015), p. 598.

4. 레지스탕스 역사 쓰기(1946~2013)

* 이 글은 이용우, 〈레지스탕스 역사 쓰기—신화화와 망각을 넘어서(1946~2013)〉, 《프랑스사 연구》 34, 2016을 수정, 보완한 것이다.

1 Pierre Laborie, "Historiens sous haute surveillance", *Esprit*, n° 198(janvier 1994), p. 38.

2 Henry Rousso, "La Résistance entre la légende et l'oubli", *L'Histoire*, n° 41(janvier 1982).

3 François Bédarida, "L'Histoire de la Résistance, lectures d'hier, chantiers de demain", *Vingtième siècle. Revue d'histoire*, n° 11(juillet-septembre 1986), p. 78.

4 Jean-Marie Guillon, "La Résistance, 50 ans et 2000 titres après", J.-M. Guillon et P. Laborie(dir.), *Mémoire et histoire: La Résistance*(Toulouse: Privat, 1995), p. 28.

5 1963년까지는 대표적인 레지스탕스 역사가 앙리 미셸의 《레지스탕스의 비판적 참고문헌》(1964)을, 그 이후의 시기는 역사가 장피에르 아제마와 프랑수아 베다리다가 함께 쓴 〈레지스탕스의 역사화〉(1994)와 장마리 기용의 논문 〈레지스탕스, 50년과 2,000종 이후〉(1995), 로랑 두주가 레지스탕스사 연구사를 분석한 《프랑스 레지스탕스: 위험한 역사》(2005), 《레지스탕스 역사사전》(2006) 등을 주로 참조했다. Henri Michel, *Bibliographie critique de la Résistance*(Sevpen, 1964); Jean-Pierre Azéma et François Bédarida, "L'historisation de la Résistance", *Esprit*, n° 198(janvier 1994); Jean-Marie Guillon, "La Résistance, 50 ans et 2000 titres après", J.-M. Guillon et P. Laborie(dir.), *Mémoire et histoire: La Résistance*(Toulouse: Privat, 1995); Laurent Douzou, *La Résistance française: une histoire périlleuse*(Seuil, 2005); François Marcot(dir.), *Dictionnaire historique de la Résistance*(Robert Laffont, 2006).

6 Henri Michel, *Histoire de la Résistance(1940~1944)*(PUF, 1950).

7 Jean-Francois Muracciole, *Histoire de la résistance en France*(PUF, 1993).

8 Henri Noguères, *Histoire de la Résistance en France de 1940 à 1945*, 5 vol.(Robert Laffont, 1967-1981).

9 Francois-Georges Dreyfus, *Histoire de la Résistance, 1940~1945*(Éditions de Fallois, 1996).

10 Olivier Wieviorka, *Histoire de la Résistance, 1940~1945*(Perrin, 2013).

11 Michel, *Bibliographie critique de la Résistance*, p. 12.

12 이 그래프는 Michel, *Bibliographie critique de la Résistance*, p. 12의 수치들을 필자가 도시한 것이다.

13 Guillon, "La Résistance, 50 ans et 2000 titres après", pp. 30, 33.

14 Douzou, *La Résistance française*, p. 13.

[15] Douzou, *La Résistance française*, pp. 346~355.

[16] 1974년에 유독 역사서가 많이 나온 것은 해방 30주년을 기념하여 바로 그해에 〈프랑스 해방〉 총서가 여러 권 출간되었던 데 기인한다. 그해에 나온 15종의 역사서 가운데 11종이 〈프랑스 해방〉 총서였던 것이다. 그 총서는 지역별로 1944년(코르시카는 1943년)의 해방전투를 연구한 것으로 1973년에도 2종, 1975년에도 1종이 출간되었다. 해방전투에서 그 지역 레지스탕스의 역할이 컸기 때문에 두주는 자신의 책 참고문헌의 '레지스탕스 역사를 다룬 논저' 항목에 이 총서의 책들을 포함시켰다.

[17] Azéma et Bédarida, "L'historisation de la Résistance", pp. 29~35.

[18] Guillon, "La Résistance, 50 ans et 2000 titres après", pp. 30~41.

[19] Henri Frenay, *La nuit finira*(Robert Laffont, 1973).

[20] Charles d'Aragon, *La Résistance sans héroïsme*(Le Seuil, 1977).

[21] Stephane Courtois et al., *Le sang de l'étranger*(Fayard, 1989).

[22] Douzou, *La Résistance française*, p. 14.

[23] Douzou, *La Résistance française*, p. 198.

[24] Douzou, *La Résistance française*, p. 198.

[25] 이 학술지는 전쟁사위원회가 1950년 11월부터 발간하던 것이다. 1982년 1월에는 제호가 《2차세계대전사·현대분쟁사평론*Revue d'histoire de la Deuxième Guerre mondiale et des conflits contemporains*》으로 바뀌었고 다시 1987년 1월부터는 《세계전쟁과 현대분쟁*Guerres mondiales et conflits contemporains*》으로 바뀌어 오늘날에까지 이르고 있다.

[26] Douzou, "L'écriture de l'histoire de la Résistance", Marcot(dir.), *Dictionnaire historique de la Résistance*, p. 834; Jacqueline Sainclivier et Dominique Veillon, "L'histoire de la Résistance dans le travail du Comité d'histoire de la Deuxième Guerre mondiale: la production éditoriale", Laurent Douzou(dir.), *Faire l'histoire de la Résistance*(Rennes: Presses universitaires de Rennes, 2010), pp. 61~63.

[27] Michel, *Bibliographie critique de la Résistance*, pp. 6~7.

[28] Lucien Febvre, "Avant-propos", Henri Michel et Boris Mirkine-Guetzévitch, *Les idées politiques et sociales de la Résistance*(PUF, 1954), p. xi.

[29] Michel, *Bibliographie critique de la Résistance*, pp. 203~204.

[30] Michel, *Bibliographie critique de la Résistance*, p. 203.

[31] Febvre, "Avant-propos", p. xi.

[32] Azéma et Bédarida, "L'historisation de la Résistance", p. 22.

[33] Douzou, "L'écriture de l'histoire de la Résistance", p. 837.

[34] Jean-Pierre Azéma et al.(dir.), *Jean Moulin et La Résistance en 1943, Les Cahiers de l IHTP*, n° 27(juin 1994); Laurent Douzou et al.(dir.), *La Résistance et les Français: villes, centres et logiques de décision*, IHTP-CNRS, suppl. au *Bulletin de l IHTP*(1995); Jean-Marie Guillon et Pierre Laborie, *Mémoire et histoire: la Résistance*(Toulouse: Editions Privat, 1995); Jacqueline Sainclivier et Christian Bougeard(dir.), *La Résistance et les Français: enjeux stratégiques et environnement social*(Rennes: Presses universitaires de Rennes, 1995); *La rétablissement de la légalité républicaine (1944)*, Fondation Charles de Gaulle (Bruxelles: Éditions Complexe, 1996); *La Résistance et les Français. Nouvelles approches, Les Cahiers de l IHTP*, n° 37(décembre 1997).

[35] Rousso, "La Résistance entre la légende et l'oubli", p. 111.

[36] Azéma et Bédarida, "L'historisation de la Résistance", pp. 21~22.

[37] Laborie, "Historiens sous haute surveillance", pp. 36~49.

[38] Azéma et Bédarida, "L'historisation de la Résistance", p. 29; Douzou, *La Résistance française*, p. 136.

[39] Julien Blanc, "L'histoire de la Résistance avant les travaux du Comité d'histoire de la Deuxième Guerre mondiale", Douzou(dir.), *Faire l histoire de la Résistance*, p. 26.

[40] Michel, *Bibliographie critique de la Résistance*, p. 30; Douzou, *La Résistance française*, pp. 137~138; Blanc, "L'histoire de la Résistance avant les travaux du CHDGM", pp. 25~26.

[41] Marcot(dir.), *Dictionnaire historique de la Résistance*, pp. 484~485; Christian Amalvi(dir.), *Dictionnaire biographique des historiens français et francophones*(La Boutique de l'Histoire, 2004), pp. 221~222. 미셸은 프랑스 일국의 범위를 넘어 1967년에는 '2차 세계대전사 국제위원회'의 창립을 주도하고 1970년부터 1985년까지 그 위원장을 맡음으로써 국제 학계에서도 큰 역할을 했다.

[42] Henri Michel, *Les courants de pensée de la Résistance*(PUF, 1962); *Les Mouvements*

clandestins en Europe(PUF, 1961); *Histoire de la France libre*(PUF, 1963); *La Guerre de l
ombre: la Résistance en Europe*(Grasset, 1970); *Jean Moulin. L'unificateur*(Hachette, 1971);
Paris résistant(Albin Michel, 1982).

[43] Michel, *Histoire de la Résistance*, p. 6.

[44] Michel, *Histoire de la Résistance*, p. 5.

[45] Michel, *Histoire de la Résistance*, p. 7.

[46] Michel, *Histoire de la Résistance*, p. 16.

[47] Michel, *Histoire de la Résistance*, p. 43.

[48] Michel, *Histoire de la Résistance*, p. 23.

[49] Michel, *Histoire de la Résistance*, p. 127.

[50] Michel, *Histoire de la Résistance*, p. 125.

[51] Marcot(dir.), *Dictionnaire historique de la Résistance*, pp. 399~400.

[52] Bruno Leroux, "Des historiographies parallèles et concurrentes du Comité d'histoire
de la Deuxième Guerre mondiale: *L'Histoire de la Résistance en France* d'Henri
Noguères et *la Résistance* d'Alain Guérin", Douzou(dir.), *Faire l'histoire de la Résistance*,
p. 96. 한편, 비지에르는 제1권과 제2권의 말미에 "장루이 비지에르의 관점"이란
제목의 후기를 실었는데 여기서 주로 독일강점기 프랑스 공산당의 태도와 노선을
문제삼았고 제3권부터는 참여하지 않았다.

[53] Henri Noguères, en collaboration avec Marcel Degliame-Fouché et Jean-Louis
Vigier, *Histoire de la Résistance en France de 1940 à 1945*(Robert Laffont): t. 1. *La
première année, juin 1940~juin 1941*(1967); t. 2. *L'armée de l'ombre, juillet
1941~octobre 1942*(1969); t. 3. *Et du Nord au Midi... novembre 1942~septembre
1943*(1972); t. 4. *Formez vos bataillons! octobre 1943~mai 1944*(1976); t. 5. *Au grand
soleil de la Libération, juin 1944~mai 1945*(1981).

[54] Noguères, *Histoire de la Résistance en France*, t. 1, p. 16.

[55] Noguères, *Histoire de la Résistance en France*, p. 13.

[56] Leroux, "Des historiographies parallèles et concurrentes……", pp. 95~109.

[57] Noguères, *Histoire de la Résistance en France*, t. 1, p. 13.

[58] Leroux, "Des historiographies parallèles et concurrentes……", pp. 98~99.

[59] Noguères, *Histoire de la Résistance en France*, t. 1, p. 15.

[60] Noguères, *Histoire de la Résistance en France*, pp. 21, 23~25.

[61] Noguères, *Histoire de la Résistance en France*, pp. 26~27.

[62] Leroux, "Des historiographies parallèles et concurrentes······", p. 104.

[63] 미셸의 책 제목은 초판과 2판(1958)에서는 《레지스탕스의 역사》였는데 3판(1962)부터는 노게르의 책과 동일한 《프랑스 레지스탕스의 역사》로 바뀌었다.

[64] 뮈라시올이 박사논문을 제출한 것도 이 책을 낸 뒤인 1995년이었다. 그는 "교육에 대한 자유 프랑스와 레지스탕스의 계획들(교육, 청년, 스포츠, 문화). 1940~1944"란 제목의 박사논문을 릴Lille 제3대학교에 제출했다. 그는 현재 몽펠리에Montpellier 제3대학교의 현대사 교수로 재직 중이고, 주요 저서로는 박사논문을 출간한 *Les enfants de la défaite: la Résistance, l'éducation et le culture*(Presses de sciences po, 1998)와 〈크세주〉 문고인 *Histoire de la France libre*(PUF, 1996) 등이 있다. https://fr.wikipedia.org/wiki/Jean−Fran%C3%A7ois_Muracciole(검색일자: 2016년 1월 19일).

[65] Muracciole, *Histoire de la résistance en France*, p. 7.

[66] Muracciole, *Histoire de la résistance en France*, pp. 10~17.

[67] Muracciole, *Histoire de la résistance en France*, pp. 17~20.

[68] Muracciole, *Histoire de la résistance en France*, pp. 96~104.

[69] Muracciole, *Histoire de la résistance en France*, pp. 105~113.

[70] Muracciole, *Histoire de la résistance en France*, pp. 121~125.

[71] Francois−Georges Dreyfus, *Histoire de Vichy*(Perrin, 1990).

[72] Henry Rousso, "Le Seconde Guerre mondiale dans la mémoire des droites françaises", *Vichy. L'événement, la mémoire, l'histoire*(Gallimard, 2001), p. 438(이 논문은 원래 1992년에 쓴 것이다).

[73] Dreyfus, *Histoire de la Résistance*, p. 9.

[74] *Vingtième siècle. Revue d'histoire*, n° 52(octobre−décembre 1996), p. 163.

[75] *Vingtième siècle. Revue d'histoire*, n° 52(octobre−décembre 1996), p. 163.

[76] Dreyfus, *Histoire de la Résistance*, pp. 41~42.

[77] Dreyfus, *Histoire de la Résistance*, p. 44.

[78] Dreyfus, *Histoire de la Résistance*, pp. 46~50.

[79] Dreyfus, *Histoire de la Résistance*, p. 583.

[80] 이에 대해서는 이용우, 《미완의 프랑스 과거사》 8장 〈초기 레지스탕스의 비시-페탱 인식〉을 보라.

[81] Dreyfus, *Histoire de la Résistance*, pp. 67~70, 72~82.

[82] Dreyfus, *Histoire de la Résistance*, pp. 562~570.

[83] Pascal Ory, *Les collaborateurs, 1940~1945*(Le Seuil, 1976).

[84] 문제가 된 책은 《비시의 역사》였다. https://fr.wikipedia.org/wiki/Fran%C3%A7ois-Georges_Dreyfus(검색일자: 2016년 1월 19일).

[85] Francois-Georges Dreyfus, *L'Allemagne contemporaine (1815~1990)*(PUF, 1991).

[86] *Vingtième siècle. Revue d'histoire*, n° 34(avril-juin 1992), pp. 221~222. 그 결과, 이후 PUF 출판사는 드레퓌스와의 계약관계를 파기했다(*Vingtième siècle. Revue d'histoire*, n° 36(octobre-décembre 1992), p. 122).

[87] Olivier Wieviorka, *Une certaine idée de la Résistance: Défense de la France, 1940~1949*(Le Seuil, 1995); *Les Orphelins de la République. Destinées des députés et sénateurs français (1940~1945)*(Le Seuil, 2001); *Histoire du débarquement en Normandie*(Le Seuil, 2007); *La mémoire désunie. Le souvenir politique des années sombres, de la Libération à nos jours*(Le Seuil, 2010). 그는 현재 카샹Cachan 고등사범학교 교수로 재직 중이다.

[88] Wieviorka, *Histoire de la Résistance*, pp. 13~14.

[89] Wieviorka, *Histoire de la Résistance*, pp. 15~16.

[90] Wieviorka, *Histoire de la Résistance*, pp. 19~20.

[91] Daniel Cordier, *Jean Moulin. L'inconnu du Panthéon*, 3 vol.(Jean-Claude Lattès, 1989, 1993); *Jean Moulin. La République des catacombes*(Gallimard, 1999).

[92] 이에 대해서는 이용우, 《미완의 프랑스 과거사》의 9장("칼뤼르 사건과 아르디 재판"), 10장("1993년의 장 물랭 사건"), 11장("1997년의 오브락 사건")을 보라.

[93] Wieviorka, *Histoire de la Résistance*, p. 292.

[94] Wieviorka, *Histoire de la Résistance*, p. 499.

[95] Michel, *Histoire de la Résistance*, p. 126.

[96] Wieviorka, *Histoire de la Résistance*, p. 500.

97 Azéma et Bédarida, "L'historisation de la Résistance", p. 19; Guillon, "La Résistance, 50 ans et 2000 titres après", p. 27; Laborie, "Historiens sous haute surveillance", p. 40.

98 Jean-Louis Crémieux-Brilhac, *La France libre: de l'appel du 18 juin à la Libération* (Gallimard, 1996).

99 Daniel Cordier, *Jean Moulin. L'inconnu du Panthéon*, 3 vol. (Jean-Claude Lattès, 1989, 1993).

5. 역사교과서 속의 레지스탕스(1962~2015)

* 이 글은 이용우, 〈프랑스 역사교과서의 레지스탕스 서술(1962~2015)〉, 《역사교육》 141, 2017을 수정, 보완한 것이다.

1 Jean-Baptiste Duroselle, *Histoire. Le monde contemporain, Classes Terminales*(Nathan, 1962); P. Hallynck, *Le monde contemporain de 1914 à nos jours, Classes Terminales*(Masson et Cie, 1962); J. Sentou et CH.-O. Carbonell, *Le monde contemporain, Classes Terminales*(Delagrave, 1962); L. Genet et al., *Le Monde contemporain*(Hatier, 1962); Jacques Bouillon et al., *Le monde contemporain, Classes Terminales*(Bordas, 1968); F. Roulier, *Le monde contemporain de 1914 à nos jours, Classes Terminales*(De Gigord, 1979); Serge Wolikow(dir.), *Histoire du temps présent de 1939 à nos jours*(Messidor/Éditions sociales, 1987); Jean-Michel Lambin(dir.), *Histoire Terminales*(Hachette, 1998); M.-H. Baylac(dir.), *Histoire Terminales*(Larousse Bordas, 1998); Jean-Michel Gaillard(dir.), *Histoire 1re L-ES*(Bréal, 2003); Guillaume Bourel et Marielle Chevallier(dir.), *Histoire 1re L-ES*(Hatier, 2003); Jacques Marseille(dir.), *Histoire 1re L-ES-S*(Nathan, 2007); Jean-Michel Lambin(dir.), *Histoire 1re ES/L/ S*(Hachette, 2007); Jean-Pierre Lauby et al.(dir.), *Histoire 1res ES/L, S*(Magnard, 2007); David Colon(dir.), *Histoire 1re L, ES, S*(Belin, 2011); Ivan Dufresnoy(dir.), *Histoire 1re*(Hatier, 2011); Jean-Michel Lambin(dir.), *Histoire 1re*(Hachette, 2011); Christine Dalbert(dir.), *Histoire 1re*(Bordas, 2011); Hugo Billard(dir.), *Histoire 1re ES, L, S*(Magnard, 2011); Guillaume Le Quintrec(dir.), *Histoire 1re L-ES-S*(Nathan, 2011); Marielle Chevallier et Xavier Lapray(dir.), *Histoire 1re L/ES/S*(Hatier, 2015); Frédéric Besset et al.(dir.), *Histoire 1re ES/L/S*(Hachette, 2015); David Colon(dir.), *Histoire 1re L,*

ES, S(Belin, 2015). 시기별로 필자가 분석한 교과서의 종수가 고르지 않은 것은 필자가 2015년 12월 파리의 프랑스국립도서관, 퐁피두센터의 공공정보도서관 등에서 촬영하거나 현지 서점들에서 구매할 수 있었던 교과서들의 분포 자체가 그러했기 때문임을 밝혀 둔다.

2 현재 프랑스 역사교과서에 대한 연구는 국내에서나 프랑스 자체에서나 그리 많지 않은 편이다. 특히 프랑스 역사교과서의 20세기 사건 서술을 분석한 국내 연구로는 이용재의 논문 두 편(〈기억의 의무와 역사교육: 알제리 전쟁과 프랑스 역사교과서〉,《서양사론》77, 2003;〈알제리 전쟁을 어떻게 가르칠 것인가—프랑스의 식민유제 청산과 역사교육—〉,《한국프랑스학논집》53, 2006)과 이재원의 논문 한 편(〈프랑스 역사교과서와 전쟁의 재구성—양차 대전과 식민지전쟁의 기억과 전수—〉,《프랑스사 연구》16, 2007)이 있을 뿐이다. 그나마 이용재의 논문은 둘 다 '알제리 전쟁(1954~1962)'만을 다루고 이재원의 논문은 2차 세계대전만이 아니라 1차 세계대전, 인도차이나 전쟁, 알제리 전쟁도 함께 다루고 있어서 레지스탕스는 물론이고 2차 세계대전에 대한 서술을 집중적으로 분석한 국내 연구는 현재까지 없는 상태다. 프랑스 자체에서는 역사가 앙리 루소와 언론인 에릭 코낭이 함께 펴낸《비시, 지나가지 않은 과거》(1994)에 실린 논문〈교사는 대체 무엇을 하는가?〉가 역사교과서의 2차 세계대전 서술을 다루고 있어서 주목할 만하다. 하지만 이 논문은 저자들이 역사교과서들을 직접 분석하기보다는 역사교사들을 대상으로 설문 조사하는 방식을 택했고, 이를 통해 '프랑스유대인학생연합UEJF(Union des étudiants juifs de France)'이 의뢰하여 한 민간업체가 수행한 교과서 분석을 비판하는 것이 주된 논지였다. 게다가 이 민간업체가 수행했다는 교과서 분석도 2차 세계대전 전반이나 레지스탕스가 아니라 홀로코스트라는 주제에 국한되고 오직 1988~1993년에 간행된 교과서들만 대상으로 삼은 것이었다(Henry Rousso et Éric Conan, *Vichy, un passé qui ne passe pas*(Paris: Gallimard, 1996), pp. 350~394).

3 Henry Rousso et Éric Conan, *Vichy, un passé qui ne passe pas*, p. 354.

4 첫 부분의 나머지 세 장 제목은 "1. 1차 세계대전(1914~18)과 평화조약들, 국제연맹", "2. 1918년 이후 세계의 새로운 측면들(독재와 민주주의), 주요 국가들의 국내 변화", "3. 1918~39년의 (정치적, 경제적) 국제 문제들"이다. L. Genet et al., *Le Monde contemporain*, p. 2; F. Roulier, *Le monde contemporain de 1914 à nos jours, Classes Terminales*, p. II.

5 Serge Wolikow(dir.), *Histoire du temps présent de 1939 à nos jours*(Messidor/Éditions sociales, 1987).

6 Henry Rousso et Éric Conan, *Vichy, un passé qui ne passe pas*, pp. 354~355.

7 *Bulletin officiel de l'Éducation nationale*, n° 12(29 juin 1995), M.-H. Baylac(dir.), *Histoire Terminales*, p. 3에서 재인용.

8 *Bulletin officiel de l'Éducation nationale*, n° 12(29 juin 1995), M.-H. Baylac(dir.), *Histoire Terminales*, p. 3에서 재인용.

9 *Bulletin officiel de l'Éducation nationale*, hors-série n° 7(3 octobre 2002), Jacques Marseille(dir.), *Histoire 1re L-ES-S*, pp. 8~9에서 재인용.

10 *Bulletin officiel de l'Éducation nationale*, spécial, n° 9(30 septembre 2010), Guillaume Le Quintrec(dir.), *Histoire 1re L-ES-S*, pp. 8~9에서 재인용.

11 *Bulletin officiel de l'Éducation nationale*, spécial, n° 9(30 septembre 2010), Guillaume Le Quintrec(dir.), *Histoire 1re L-ES-S*, pp. 8~9에서 재인용.

12 〈그래프 1〉에서 1968년, 1979년, 1987년은 각기 한 종만의 비율을 나타내지만 1962년은 4종, 1998년과 2003년은 각각 2종, 2007년과 2015년은 각각 3종, 2011년은 6종의 평균치를 계산하여 표시한 것이다.

13 2015년의 블랑 사 교과서는 7.25배, 1979년의 들라고르 사 교과서는 6.67배에 달했다.

14 J. Sentou et CH.-O. Carbonell, *Le monde contemporain, Classes Terminales*, p. 207 ; Jean-Baptiste Duroselle, *Histoire. Le monde contemporain, Classes Terminales*, p. 222.

15 L. Genet et al., *Le Monde contemporain*, p. 213.

16 Jacques Bouillon et al., *Le monde contemporain, Classes Terminales*, p. 270.

17 Jean-Baptiste Duroselle, *Histoire. Le monde contemporain, Classes Terminales*, p. 222.

18 Guillaume Bourel et Marielle Chevallier(dir.), *Histoire 1re L-ES*, p. 332.

19 Jean-Pierre Lauby et al.(dir.), *Histoire 1res ES/L, S*, p. 326.

20 Jean-Michel Lambin(dir.), *Histoire Terminales*, 1998, p. 68 ; Jean-Michel Lambin(dir.), *Histoire 1re ES/L/S*, 2007, p. 346.

21 Jean-Michel Gaillard(dir.), *Histoire 1re L-ES*, p. 346.

22 Jean-Pierre Lauby et al.(dir.), *Histoire 1res ES/L, S*, p. 326.

[23] Jean-Michel Lambin(dir.), *Histoire Terminales*, 1998, p. 68; Jean-Michel Lambin(dir.), *Histoire 1re ES/L/S*, 2007, p. 346; Jacques Marseille(dir.), *Histoire 1re L-ES-S*, p. 346; David Colon(dir.), *Histoire 1re L, ES, S*, 2011, p. 278.

[24] 1962년의 들라그라브 사 교과서와 2015년의 블랭 사, 아셰트 사 교과서들에만 나오지 않았다.

[25] 1968년의 보르다스 사, 1987년의 에디시옹소시알 사, 1998년의 아셰트 사, 2003년의 2종 모두, 2007년의 3종 모두, 2011년의 아티에 사를 제외한 5종 모두, 2015년의 아티에 사 교과서가 그러한 서술 순서를 보였다.

[26] Serge Wolikow(dir.), *Histoire du temps présent de 1939 à nos jours*, p. 33; Jean-Michel Lambin(dir.), *Histoire 1re*, 2011, p. 304.

[27] M.-H. Baylac(dir.), *Histoire Terminales*, p. 42.

[28] 1962년의 마송에씨 사, 2003년의 브레알 사, 2007년의 아셰트 사, 2015년의 아티에 사와 아셰트 사 교과서들만 이를 언급하지 않았다.

[29] 이러한 서술이 발견되지 않은 교과서는 1962년의 마송에씨 사, 2011년의 아티에 사, 2015년의 아티에 사와 아셰트 사 것이다.

[30] Serge Wolikow(dir.), *Histoire du temps présent de 1939 à nos jours*, p. 38; Guillaume Bourel et Marielle Chevallier(dir.), *Histoire 1re L-ES*, p. 336; David Colon(dir.), *Histoire 1re L, ES, S*, 2015, p. 280.

[31] Jean-Baptiste Duroselle, *Histoire. Le monde contemporain, Classes Terminales*, p. 207, 216, pp. 221~222, p. 236.

[32] Serge Wolikow(dir.), *Histoire du temps présent de 1939 à nos jours*, pp. 44~45.

[33] Jean-Baptiste Duroselle, *Histoire. Le monde contemporain, Classes Terminales*, p. 216; L. Genet et al., *Le Monde contemporain*, p. 216; Serge Wolikow(dir.), *Histoire du temps présent de 1939 à nos jours*, pp. 44~45; Jean-Michel Lambin(dir.), *Histoire Terminales*, 1998, p. 75; M.-H. Baylac(dir.), *Histoire Terminales*, p. 43; Jean-Michel Gaillard(dir.), *Histoire 1re L-ES*, p. 342; Guillaume Bourel et Marielle Chevallier(dir.), *Histoire 1re L-ES*, p. 333; Jacques Marseille(dir.), *Histoire 1re L-ES-S*, p. 351; Jean-Michel Lambin(dir.), *Histoire 1re ES/L/S*, 2007, p. 351; David Colon(dir.), *Histoire 1re L, ES, S*, 2011, p. 292; Jean-Michel Lambin(dir.), *Histoire 1re*, 2011, p. 302;

Christine Dalbert(dir.), *Histoire 1re*, p. 313; Guillaume Le Quintrec(dir.), *Histoire 1re L−ES−S*, p. 315; David Colon(dir.), *Histoire 1re L, ES, S*, 2015, p. 275.

[34] Jean−Michel Lambin(dir.), *Histoire Terminales*, 1998, p. 75.

[35] Hugo Billard(dir.), *Histoire 1re ES, L, S*, p. 298.

[36] Jean−Michel Lambin(dir.), *Histoire Terminales*, 1998, p. 76; Jean−Michel Lambin(dir.), *Histoire 1re ES/L/S*, 2007, p. 339. 한편, 마냐르 사의 2007년 교과서는 같은 사료를 실으면서 "1940년 8월 3일 런던의 벽들에 게시"된 것으로, 드골의 6월 18일 촉구 "원문 전체를 재현하지 않았다"라는 설명을 덧붙였다(p. 318).

[37] David Colon(dir.), *Histoire 1re L, ES, S*, 2015, p. 275. 이 교과서가 발췌한 기사는《르 프티 프로방살*Le Petit Provençal*》지 1940년 6월 19일 자 제1면에 실렸던 것이다.

[38] Serge Wolikow(dir.), *Histoire du temps présent de 1939 à nos jours*, p. 45; Jean−Michel Lambin(dir.), *Histoire Terminales*, 1998, p. 72, 76; M.−H. Baylac(dir.), *Histoire Terminales*, p. 48; Guillaume Bourel et Marielle Chevallier(dir.), *Histoire 1re L−ES*, p. 327, 339; Jean−Michel Lambin(dir.), *Histoire 1re ES/L/S*, 2007, p. 335, 348; Jacques Marseille(dir.), *Histoire 1re L−ES−S*, pp. 358~359, p. 362; Jean−Pierre Lauby et al.(dir.), *Histoire 1res ES/L, S*, p. 333; David Colon(dir.), *Histoire 1re L, ES, S*, 2011, p. 280; Jean−Michel Lambin(dir.), *Histoire 1re*, 2011, p. 305, 319; Hugo Billard(dir.), *Histoire 1re ES, L, S*, p. 287; Christine Dalbert(dir.), *Histoire 1re*, p. 324; David Colon(dir.), *Histoire 1re L, ES, S*, 2015, p. 278.

[39] Serge Wolikow(dir.), *Histoire du temps présent de 1939 à nos jours*, p. 45; Jean−Michel Lambin(dir.), *Histoire Terminales*, 1998, p. 73; Jacques Marseille(dir.), *Histoire 1re L−ES−S*, p. 363; David Colon(dir.), *Histoire 1re L, ES, S*, 2011, p. 281; Christine Dalbert(dir.), *Histoire 1re*, p. 314; Guillaume Le Quintrec(dir.), *Histoire 1re L−ES−S*, p. 315; Ivan Dufresnoy(dir.), *Histoire 1re*, p. 307; David Colon(dir.), *Histoire 1re L, ES, S*, 2015, p. 279; Marielle Chevallier et Xavier Lapray(dir.), *Histoire 1re L/ES/S*, p. 255; Frédéric Besset et al.(dir.), *Histoire 1re ES/L/S*, p. 327.

[40] David Colon(dir.), *Histoire 1re L, ES, S*, 2011, p. 280; David Colon(dir.), *Histoire 1re L, ES, S*, 2015, p. 278.

[41] Jean−Michel Lambin(dir.), *Histoire 1re*, 2011, pp. 304~305.

[42] Ivan Dufresnoy(dir.), *Histoire 1re*, p. 306; Marielle Chevallier et Xavier Lapray(dir.), *Histoire 1re L/ES/S*, p. 255.

[43] Guillaume Bourel et Marielle Chevallier(dir.), *Histoire 1re L−ES*, p. 333.

[44] Christine Dalbert(dir.), *Histoire 1re*, p. 310.

[45] Christine Dalbert(dir.), *Histoire 1re*, p. 311; David Colon(dir.), *Histoire 1re L, ES, S*, 2011, p. 279; Marielle Chevallier et Xavier Lapray(dir.), *Histoire 1re L/ES/S*, p. 254.

[46] Frédéric Besset et al.(dir.), *Histoire 1re ES/L/S*, p. 308, 322.

[47] Jean−Michel Lambin(dir.), *Histoire 1re ES/L/S*, 2007, p. 347; Guillaume Le Quintrec(dir.), *Histoire 1re L−ES−S*, p. 319.

[48] J. Sentou et CH.−O. Carbonell, *Le monde contemporain, Classes Terminales*, p. 208; Jacques Marseille(dir.), *Histoire 1re L−ES−S*, p. 358; Jean−Michel Lambin(dir.), *Histoire 1re ES/L/S*, 2007, p. 347; Jean−Pierre Lauby et al.(dir.), *Histoire 1res ES/L, S*, p. 318; David Colon(dir.), *Histoire 1re L, ES, S*, 2011, p. 275; Christine Dalbert(dir.), *Histoire 1re*, p. 310; Guillaume Le Quintrec(dir.), *Histoire 1re L−ES−S*, p. 314.

[49] Jean−Michel Lambin(dir.), *Histoire Terminales*, 1998, p. 61; Jean−Michel Gaillard(dir.), *Histoire 1re L−ES*, p. 347; Jean−Pierre Lauby et al.(dir.), *Histoire 1res ES/L, S*, pp. 332~333; Ivan Dufresnoy(dir.), *Histoire 1re*, p. 307; Guillaume Le Quintrec(dir.), *Histoire 1re L−ES−S*, p. 311.

[50] Jean−Michel Lambin(dir.), *Histoire Terminales*, 1998, p. 48, p. 69; M.−H. Baylac(dir.), *Histoire Terminales*, p. 45; Jacques Marseille(dir.), *Histoire 1re L−ES−S*, p. 347; David Colon(dir.), *Histoire 1re L, ES, S*, 2011, p. 282; Guillaume Le Quintrec(dir.), *Histoire 1re L−ES−S*, p. 318; David Colon(dir.), *Histoire 1re L, ES, S*, 2015, p. 275, p. 277.

[51] Jean−Baptiste Duroselle, *Histoire. Le monde contemporain, Classes Terminales*, p. 221; Jean−Michel Lambin(dir.), *Histoire Terminales*, 1998, p. 51; Jacques Marseille(dir.), *Histoire 1re L−ES−S*, p. 361; Jean−Michel Lambin(dir.), *Histoire 1re ES/L/S*, 2007, p. 347; Jean−Michel Lambin(dir.), *Histoire 1re*, 2011, p. 306.

[52] Guillaume Bourel et Marielle Chevallier(dir.), *Histoire 1re L−ES*, p. 325; Jean−Michel Lambin(dir.), *Histoire 1re ES/L/S*, 2007, p. 347; Jacques Marseille(dir.), *Histoire 1re*

L–ES–S, p. 361; Jean–Michel Lambin(dir.), *Histoire 1re*, 2011, p. 307; David Colon(dir.), *Histoire 1re L, ES, S*, p. 283; Hugo Billard(dir.), *Histoire 1re ES, L, S*, p. 285.

53 David Colon(dir.), *Histoire 1re L, ES, S*, 2011, p. 290; Jean–Michel Gaillard(dir.), *Histoire 1re L–ES*, p. 343.

54 Frédéric Besset et al.(dir.), *Histoire 1re ES/L/S*, p. 308; David Colon(dir.), *Histoire 1re L, ES, S*, 2011, p. 281; Jean–Michel Gaillard(dir.), *Histoire 1re L–ES*, p. 343; Guillaume Bourel et Marielle Chevallier(dir.), *Histoire 1re L–ES*, p. 333; David Colon(dir.), *Histoire 1re L, ES, S*, 2015, pp. 276~277; Hugo Billard(dir.), *Histoire 1re ES, L, S*, p. 284.

55 M.–H. Baylac(dir.), *Histoire Terminales*, p. 52; Jean–Michel Gaillard(dir.), *Histoire 1re L–ES*, p. 342; David Colon(dir.), *Histoire 1re L, ES, S*, 2011, p. 279; Guillaume Le Quintrec(dir.), *Histoire 1re L–ES–S*, p. 319.

56 Jean–Michel Lambin(dir.), *Histoire 1re*, 1998, p. 51; Guillaume Bourel et Marielle Chevallier(dir.), *Histoire 1re L–ES*, p. 338; Hugo Billard(dir.), *Histoire 1re ES, L, S*, p. 330; David Colon(dir.), *Histoire 1re L, ES, S*, 2011, p. 279; David Colon(dir.), *Histoire 1re L, ES, S*, 2015, p. 275.

57 David Colon(dir.), *Histoire 1re L, ES, S*, 2011, p. 275.

58 Jacques Marseille(dir.), *Histoire 1re L–ES–S*, p. 364; Guillaume Le Quintrec(dir.), *Histoire 1re L–ES–S*, p. 328.

59 이상의 포스터는 2011년의 블랭 사와 보르다스 사 교과서들에 실린 것이고, 2007년의 교과서들(아셰트 사와 마냐르 사)에 실린 포스터는 약간 달랐다. 제목도 동일하고 '자유 프랑스' 군인과 프랑스 국내 노동자가 함께 등장하고 삼색기 배경에 '로렌의 십자가'가 표시된 것까지 똑같았지만 두 인물의 모습과 위치가 달랐고 아셰트 사의 교과서에 실린 포스터에는 "시민들이여, 무기를 들어라!"라는 문구가, 마냐르 사의 것에는 "아프리카에서, 프랑스에서, 도처에서"라는 문구가 각각 포함되어 있었다. Jean–Michel Lambin(dir.), *Histoire 1re ES/L/S*, 2007, p. 346; Jean–Pierre Lauby et al.(dir.), *Histoire 1res ES/L, S*, p. 319; David Colon(dir.), *Histoire 1re L, ES, S*, 2011, p. 272; Christine Dalbert(dir.), *Histoire 1re*, p. 313.

[60] Jean-Michel Lambin(dir.), *Histoire 1re*, 1998, p. 69; Jacques Marseille(dir.), *Histoire 1re L-ES-S*, p. 346; Ivan Dufresnoy(dir.), *Histoire 1re*, p. 306; Guillaume Le Quintrec(dir.), *Histoire 1re L-ES-S*, p. 315; Marielle Chevallier et Xavier Lapray(dir.), *Histoire 1re L/ES/S*, p. 254.

[61] Jean-Michel Lambin(dir.), *Histoire Terminales*, 1998, p. 73; Jacques Marseille(dir.), *Histoire 1re L-ES-S*, p. 360; Guillaume Le Quintrec(dir.), *Histoire 1re L-ES-S*, p. 315; Jean-Michel Lambin(dir.), *Histoire 1re ES/L/S*, 2007, p. 349; Hugo Billard(dir.), *Histoire 1re ES, L, S*, p. 281.

[62] Frédéric Besset et al.(dir.), *Histoire 1re ES/L/S*, pp. 308~309, p. 322.

[63] 이에 대해서는 이용우, 《미완의 프랑스 과거사》 8장 〈초기 레지스탕스의 비시-페탱 인식〉을 보라.

III. 재현하기

[1] Bertram M. Gordon (ed.), *Historical Dictionary of World War II France*(Westport: Greenwood Press, 1998), p. 67.

6. 영화 속의 레지스탕스: 〈철로 전투〉, 〈그림자 군단〉, 〈범죄 군단〉

* 이 글은 이용우, 〈레지스탕스를 영화로 재현하기―〈철로 전투〉, 〈그림자 군단〉, 〈범죄 군단〉을 중심으로〉, 《프랑스사 연구》 38, 2018을 수정, 보완한 것이다.

[1] 이러한 의미로 '레지스탕스주의résistancialisme'라는 용어를 처음 개념화한 이는 《비시 신드롬》의 저자 앙리 루소다. 루소에 따르면 특히 1954~1971년에 '레지스탕스주의'가 "지배적 신화"로 작동했는데, 비시 체제의 의미를 축소하는 한편, 레지스탕스에 대한 기억을 실제 이상으로 부풀리고, 레지스탕스를 국민 전체와 동일시하는 과정이 이 용어에 포괄된다. Henry Rousso, *Le syndrome de Vichy de 1944 à nos jours*(Éditions du Seuil, 1990), p. 19.

[2] Henry Rousso, *Le syndrome de Vichy de 1944 à nos jours*, p. 259.

[3] Henry Rousso, *Le syndrome de Vichy de 1944 à nos jours*, pp. 260~261에서는 연도별

영화 편수와 전체 편수 대비 비율을 도시한 그래프를, pp. 376~380에서는 연도별 영화 제목과 감독명을 각각 볼 수 있다.

[4] Suzanne Langlois, *La Résistance dans le cinéma français 1944-1994*, *de* La Libération de Paris à Libera me(L'Harmattan, 2001), pp. 418~421에는 감독명, 제작연도, 흑백-천연색 여부 등이 포함된 영화 목록이 수록되어 있다.

[5] Rousso, *Le syndrome de Vichy*, p. 259.

[6] 현재 국내에 소개된 제목은 "아미 오브 크라임"인데 필자는 영미권 영화도 아닌 영화의 제목을 영어 발음으로 표시하는 것은 부적절하다고 판단한 데다 감독 자신이 1969년작 〈그림자 군단〉의 제목을 의식했음을 고려하여 "군단"이란 단어를 넣어 번역했음을 밝혀 둔다.

[7] Sylvie Lindeperg, *Les écrans de l'ombre: La Seconde Guerre mondiale dans le cinéma français (1944~1969)*(CNRS Éditions, 2001[초판은 1997]).

[8] Suzanne Langlois, *La Résistance dans le cinéma français 1944~1994*, *de* La Libération de Paris à Libera me(L'Harmattan, 2001).

[9] Sylvie Lindeperg, "L'opération cinématographique: Équivoques idéologiques et ambivalences narratives dans *La Bataille du Rail*", *Annales, Histoire, Sciences sociales*, n°. 4(juillet-août 1996), pp. 760-761; Langlois, *La Résistance dans le cinéma français*, p. 66; Jean-Pierre Bertin-Maghit, "*La Bataille du Rail*: de l'authenticité à la chanson de geste", *Revue d'histoire moderne et contemporaine*, n°. 33(avril-juin 1986), pp. 280~281.

[10] Lindeperg, "L'opération cinématographique", pp. 761~763; Langlois, *La Résistance dans le cinéma français*, pp. 62, 66; Bertin-Maghit, "*La Bataille du Rail*", p. 281.

[11] 이 머리말 자막은 Bertin-Maghit, "*La Bataille du Rail*", p. 284에도 전문全文이 실려 있다.

[12] Langlois, *La Résistance dans le cinéma français*, p. 62.

[13] Bertin-Maghit, "*La Bataille du Rail*", pp. 282~283; *Le Monde magazine*, 7 mai 2010.

[14] Bertin-Maghit, "*La Bataille du Rail*", p. 283; *Le Monde magazine*, 7 mai 2010.

[15] *Sondages*, octobre 1946, p. 245. Joseph Daniel, *Guerre et Cinéma: Grandes illusions et petits soldats, 1895~1971*(Presses de la FNSP, 1972), p. 240에서 재인용.

[16] *Le Monde*, 5 mars 1946.

[17] *Témoignage chrétien*, 3 février 1946.

[18] André Bazin, *Le Cinéma français de la Libération à la Nouvelle Vague, 1945~1958*(Éditions de l'Etoile–Cahiers du cinéma, 1983), pp. 143, 146. 이 글은 1946년 1월 《가브로슈*Gavroche*》지에 실렸던 것이다.

[19] Alain Spenlé, "*La Bataille du rail*", *La Revue du cinéma*, série nouvelle, n°. 1(octobre 1946), pp. 72~74.

[20] Alain Spenlé, "*La Bataille du rail*", p. 74.

[21] *L'Humanité Dimanche*, 11 avril 1971; *Les Lettres françaises*, 21 avril 1971.

[22] Louis Armand, *Propos ferroviaires*(Fayard, 1970), p. 131.

[23] Bertin–Maghit, "*La Bataille du Rail*", p. 281.

[24] Lindeperg, *Les écrans de l'ombre*, pp. 78~80.

[25] Langlois, *La Résistance dans le cinéma français*, pp. 64~65.

[26] 여러 논자들이 〈철로 전투〉를 레지스탕스주의 신화와 연결짓고 있다. *Le Monde magazine*, 7 mai 2010; Serge Wolikow, "*La Bataille du rail*: la création d'une image collective de la résistance des cheminots", *L'Avant–scène–cinéma*, n°. 442(mai 1995), p. 77; Christine Dalbert(dir.), *Histoire 1re*(Bordas, 2011), p. 320.

[27] Dalbert(dir.), *Histoire 1re*, p. 320.

[28] Serge Wolikow, "Syndicalistes cheminots et images de la Résistance", Association pour l'histoire des chemins de fer en France, *Une entreprise publique dans la guerre: la SNCF, 1939~1945*(PUF, 2001), p. 299; Christian Chevandier, "Les cheminots la SNCF et la Seconde Guerre mondiale, 1945~2000", *Une entreprise publique dans la guerre*, p. 306; Ludivine Broch, *Les Cheminots, Vichy et la Shoah: Des travailleurs ordinaires*(Tallandier, 2016), p. 276.

[29] Christian Chevandier, "La résistance des cheminots: le primat de la fonctionnalité plus qu'une réelle spécificité", *Le Mouvement social*, n°. 180(juillet–septembre 1997), p. 147.

[30] Broch, *Les Cheminots*, p. 185.

[31] François Marcot(dir.), *Dictionnaire historique de la Résistance*(Robert Laffont, 2006), pp. 873~874.

[32] Broch, *Les Cheminots*, pp. 194~195.

[33] René Clément et Audry Colette, *La Bataille du rail*(Éditions de Crémille, 1973[초판은 1949]), pp. 7~8.

[34] Broch, *Les Cheminots*, p. 11, 14.

[35] Langlois, *La Résistance dans le cinéma français*, pp. 259~260; Rui Nogueira, *Le Cinéma selon Melville, Entretien avec Rui Nogueira*(Éditions des Cahiers de l'Etoile/Cahiers du cinéma, 1996[초판은 1973]), pp. 163~165.

[36] Nogueira, *Le Cinéma selon Melville*, pp. 164, 170; Jean-Michel Frodon, "*L'Armée des ombres*, le monument piège d'un résistant", *Cahiers du cinéma*, n°. 507(novembre 1996), p. 69.

[37] *Europe*, octobre 1969.

[38] *Le Canard enchaîné*, 17 septembre 1969.

[39] *La Croix*, 23 septembre 1969.

[40] *Les Lettres françaises*, 17 septembre 1969.

[41] 긍정적인 평가는 *L'Aurore, Le Canard enchaîné, Le Coopérateur de France, Carrefour, La Voix de la Résistance, Europe, L'Express, France nouvelle, France catholique, Le Monde, Le Nouvel Observateur, Témoignage chrétien*, 부정적인 평가는 *Cahiers du cinéma, La Croix, Le Figaro, L'Humanité, Les Lettres françaises, Revue des deux mondes*에서 발견되었다.

[42] *L'Aurore*, 13~14 septembre 1969.

[43] *La Voix de la Résistance*, janvier-février 1970.

[44] *Carrefour*, 24 septembre 1969.

[45] *Le Coopérateur de France*, 27 septembre 1969.

[46] *L'Express*, 15~21 septembre 1969.

[47] *Témoignage chrétien*, 3 février 1946.

[48] *Témoignage chrétien*, 9 octobre 1969.

[49] *Témoignage chrétien*, 9 octobre 1969.

[50] *France nouvelle*, 1 octobre 1969.

[51] *France catholique*, 3 octobre 1969.

[52] *Le Figaro*, 15 septembre 1969.

[53] *L'Humanité*, 17 septembre 1969.

[54] *Les Lettres françaises*, 17 septembre 1969.

[55] Jean-Louis Comolli, "7 films français: *L'armée des ombres*", *Cahiers du cinéma*, n°. 216(octobre 1969), p. 63.

[56] *La Croix*, 23 septembre 1969.

[57] *France nouvelle*, 1 octobre 1969.

[58] *Témoignage chrétien*, 9 octobre 1969.

[59] Lindeperg, *Les écrans de l'ombre*, p. 338.

[60] Antoine de Baecque, "La Résistance de Melville", *L'Histoire*, n°. 411(mai 2015), p. 26.

[61] *Témoignage chrétien*, 9 octobre 1969.

[62] Nogueira, *Le Cinéma selon Melville*, p. 171.

[63] Herve Aubron, "Résistance à l'histoire: A propos de *L'Armée des ombres*", *Vertigo: Esthetique et histoire du cinema*, n°. 16(1997), p. 148.

[64] Robert O. Paxton, *Vichy France. Old Guard and New Order 1940~1944*(New York: Columbia University Press, 1972).

[65] Jean-Pierre Jeancolas, *Le Cinéma des Français: La Ve République (1958~1978)*(Stock, 1979), p. 105, 107.

[66] Jean-Pierre Jeancolas, *Le Cinéma des Français: La Ve République (1958~1978)*, pp. 107~108; Langlois, *La Résistance dans le cinéma français*, pp. 249~250.

[67] Jean-Michel Frodon, "*L'Armee des ombres*, le monument piege d'un resistant", *Cahiers du cinema*, n° 507(novembre 1996), p. 69.

[68] Frank Cassenti, *L'Affiche rouge*(1976, 90mn.).

[69] Antoine de Baecque, "Robert Guédiguian et la légende de Manouchian", *L'Histoire*, n°. 345(septembre 2009), p. 23. 게디기양은 14세(1967)에 프랑스 공산당에 입당하여 26세(1979)까지 당적을 유지했고 탈당한 뒤에도 자신이 공산주의자라고 밝혔다(*Le Journal du dimanche*, 17 mai 2009).

[70] *Témoignage chrétien*, 17 septembre 2009; *L'Humanité Dimanche*, 14 mai 2009.

[71] *Le Monde*, 19 mai 2009.

[72] *La Croix*, 16 septembre 2009.

[73] 긍정적인 반응은 *Le Canard enchaîné*, *Les Echos*, *Le Figaro*(5월), *Le Figaro Madame*, *Le Figaro Magazine*, *L'Humanité*(2편), *Le Journal du dimanche*, *Le Monde*(5월), *Le Nouvel Observateur*, *Le Point*, 부정적인 반응은 *La Croix*, *Études*, *L'Express*, *Les Inrockuptibles*, *Libération*(2편), *Marianne*, 중립적인 논평은 *Le Figaro*(9월), *Le Monde*(9월), *Télérama* 에서 발견된다.

[74] *Le Figaro*, 18 mai 2009; *L'Humanité*, 18 mai 2009; *Le Canard enchaîné*, 16 septembre 2009.

[75] *Le Monde*, 19 mai 2009.

[76] *L'Express*, 17 septembre 2009.

[77] *La Croix*, 16 septembre 2009.

[78] *Libération*, 22 mai 2009.

[79] Stéphane Courtois et Sylvain Bouloque, "*L'Armée du crime* de Robert Guédiguian ou la légende au mépris de l'histoire", *Le Monde*, 15 novembre 2009.

[80] Stéphane Courtois, Denis Peschanski et Adam Rayski, *Le sang de l'étranger. Les immigrés de la MOI dans la Résistance*(Fayard, 1989).

[81] Robert Guédiguian, "*L'Affiche rouge*, cinéma, histoire et légende", *Le Monde*, 22 novembre 2009.

[82] Robert Guédiguian, "*L'Affiche rouge*, cinéma, histoire et légende".

[83] *Témoignage chrétien*, 17 septembre 2009.

[84] Courtois et Bouloque, "*L'Armée du crime* de Robert Guédiguian"; Courtois, "L'affiche rouge: qui a trahi?", *L'Histoire*, n°. 174(février 1994), p. 90.

[85] Jean Vigreux, "*L'Armée du crime*", *Vingtième siècle: Revue d'histoire*, n°. 106(avril-juin 2010), p. 253.

[86] *Marianne*, 12 septembre 2009; Courtois, Peschanski et Rayski, *Le sang de l'étranger*, p. 426; Marcot(dir.), *Dictionnaire historique de la Résistance*, p. 996.

[87] Marcot(dir.), *Dictionnaire historique de la Résistance*, p. 996.

[88] Courtois, Peschanski et Rayski, *Le sang de l'étranger*, p. 10.

[89] 〈그림자 군단〉의 주인공들은 이후 시기의 '풍자되거나 희화화된 레지스탕스'와는

질적으로 달랐으며 그러한 의미에서 '반反영웅'인 동시에 '마지막 영웅'으로 볼 수
있다.

90 Jean-Marie Poiré, *Papy fait de la Résistance*(1983, 100mn.).

91 Jacques Audiard, *Un héros très discret*(1996, 110mn.).

92 Jean-Michel Andrault et Jean-Pierre Bertin-Maghit, "La Seconde Guerre mondiale à
travers neuf films", *La Revue du cinéma*, n° 378(décembre 1982), p. 90; https://
fr.wikipedia.org/wiki/L%27Arm%C3%A9e_du_crime; https://fr.wikipedia.org/wiki /
Box-office_France_2009(검색: 2017/12/29).

93 영화 〈뤼시 오브락〉이 야기한 논쟁에 대해서는 이용우, 《미완의 프랑스 과거사》 11
장 〈1997년의 오브락 사건〉을 보라.

94 *L'Humanité Dimanch*e, 14 mai 2009; *Témoignage chrétien*, 17 septembre 2009.

95 *Témoignage chrétien*, 17 septembre 2009.

7. 강점기 프랑스를 영화로 재현하기: 〈라콩브 뤼시앵〉

* 이 글은 이용우, 〈독일강점기 프랑스를 영화로 재현하기-〈라콩브 뤼시앵〉-〉, 《사론》 65, 2018
을 수정, 보완한 것이다.

1 Bertram M. Gordon (ed.), *Historical Dictionary of World War II France*(Westport:
Greenwood Press, 1998), p. 210.

2 François Broche, *Dictionnaire de la Collaboration. Collaborations, compromissions,
contradictions*(Éditions Belin, 2014), pp. 541~542.

3 Laurent Bourquin (ed.), *Histoire. Terminales ES, L, S*(Éditions Belin, 2004), pp. 276~277.
영화 〈라콩브 뤼시앵〉에 대한 연구는 흥미롭게도, 프랑스 자체보다는 영미권에서 훨
씬 더 많이 이루어졌다. 찰스 F. 앨트먼Charles F. Altman의 《〈라콩브 뤼시앵〉: 협력
으로서의 웃음〉("*Lacombe Lucien*: Laughter as Collaboration", *The French Review*, Vol. 49, No. 4,
1976), 폴 잰코프스키Paul Jankowski의 〈픽션의 옹호: 레지스탕스, 협력 그리고 〈라콩
브 뤼시앵〉〉("In Defence of Fiction: Resistance, Collaboration, and Lacombe Lucien", *Journal of
Modern History*, Vol. 63, 1991), 리처드 J. 골즌Richard J. Golsan의 〈협력과 콘텍스트: 〈라
콩브 뤼시앵〉, 회고풍 그리고 비시 신드롬〉("Collaboration and Context: *Lacombe Lucien*,
the Mode Retro, and the Vichy Syndrome", Steven Ungar (ed.), *Identity Papers*(Lincoln: Univ. of

Nebraska Press, 1996)), 리 D. 휴잇Leah D. Hewitt의 〈유익한 스캔들/효과적인 도발: 〈라콩브 뤼시앵〉을 둘러싼 정체성 정치〉("Salubrious Scandals/Effective Provocations: Identity Politics Surrounding *Lacombe Lucien*", *South Central Review*, Vol. 17, No. 3, 2000), 앨런 J. 싱어맨Alan J. Singerman의 〈역사와 모호성: 〈라콩브 뤼시앵〉에 대한 새로운 시선〉 ("Histoire et ambiguïté: un nouveau regard sur *Lacombe Lucien*", *The French Review*, Vol. 80, No. 5, 2007)이 그 예다. 이 가운데 유일하게 역사학자인 잰코프스키의 논문과 프랑스 과거 청산 문제 전문가 골즌의 논문이 특히 유용하다. 프랑스 연구자의 논문으로는 프랑수아 가르송François Garçon의 〈〈라콩브 뤼시앵〉, 신화의 종식〉("*Lacombe Lucien*, la fin d' un mythe", *Vertigo*, n°. 2, 1988)이 주목할 만하고, 2008년에 영화학자 자클린 나카쉬 Jacqueline Nacache가 연구서 《루이 말의 〈라콩브 뤼시앵〉》(Lacombe Lucien *de Louis Malle*(Neuilly: Éditions Atlande, 2008))을 문고판으로 간행했다.

[4] Jacques Mallecot, *Louis Malle par Louis Malle*(Éditions de l'Athanor, 1978), p. 41. 이는 루이 말이 1975년에 쓴 것이다.

[5] Jacques Mallecot, *Louis Malle par Louis Malle*, p. 11.

[6] Jacques Mallecot, *Louis Malle par Louis Malle*, pp. 11~12.

[7] *La Croix*, 11 février 1974.

[8] 1990년 11월의 인터뷰에서도 루이 말은 1970년대 초에 잠시, 자신의 1944년 1월 체험을 영화화할 생각도 했으나 "너무 일렀고 아직 준비가 되지 않았다"고 판단해서 단념했다고 발언했다. Philip French, *Conversations avec Louis Malle*(Denoël, 1993), p. 116.

[9] Philip French, *Conversations avec Louis Malle*, p. 124; *Positif*, n° 157(mars 1974), p. 34.

[10] Bertram M. Gordon (ed.), *Historical Dictionary of World War II France*, p. 305.

[11] Jacques Mallecot, *Louis Malle par Louis Malle*, p. 41.

[12] Jacques Mallecot, *Louis Malle par Louis Malle*, p. 41.

[13] *L'Humanité Dimanche*, 3 avril 1974, p. 19.

[14] Philip French, *Conversations avec Louis Malle*, pp. 114~115; Jacques Mallecot, *Louis Malle par Louis Malle*, pp. 41~43; *Le Figaro*, 26 janvier 1974; *Positif*, n° 157(mars 1974), p. 34.

[15] Philip French, *Conversations avec Louis Malle*, p. 115; Jacques Mallecot, *Louis Malle par Louis Malle*, pp. 45~46; *Le Figaro*, 26 janvier 1974; *Positif*, n° 157(mars 1974), p.

34; *La Croix*, 11 février 1974; *L'Humanité Dimanche*, 3 avril 1974, p. 21.

[16] Philip French, *Conversations avec Louis Malle*, p. 116; Jacques Mallecot, *Louis Malle par Louis Malle*, pp. 44~45.

[17] Philip French, *Conversations avec Louis Malle*, p. 116; *L'Humanité Dimanche*, 3 avril 1974, p. 21; *Le Figaro*, 26 janvier 1974.

[18] *Le Figaro*, 26 janvier 1974.

[19] Philip French, *Conversations avec Louis Malle*, pp. 116~117; Jacqueline Nacache, Lacombe Lucien *de Louis Malle*(Neuilly: Éditions Atlande, 2008), pp. 25~26; *Positif*, n° 157(mars 1974), p. 34.

[20] Philip French, *Conversations avec Louis Malle*, pp. 117~118; Jacqueline Nacache, Lacombe Lucien *de Louis Malle*, p. 26.

[21] Philip French, *Conversations avec Louis Malle*, p. 119.

[22] *L'Aurore*, *Combat*, *La Croix*, *Les Echos*, *Le Figaro*, *France-Soir*, *L'Humanité*, *Libération*, *Le Monde*.

[23] *Le Canard enchaîné*, *Charlie Hebdo*, *L'Express*, *France nouvelle*, *L'Humanité Dimanche*, *Minute*, *Le Nouvel Observateur*, *Le Point*, *Politique hebdo*, *La Quinzaine littéraire*, *Télérama*, *Témoignage chrétien*, *Tribune socialiste*.

[24] *Les amis du film et de la télévision*, *Cahiers du cinéma*, *Cinéma*, *Cinématographe*, *Ecran*, *Jeune Cinéma*, *Positif*, *La Revue du cinéma: Image et Son*, *Téléciné*.

[25] *Le Monde*, 31 janvier 1974.

[26] *France-Soir*, 14 janvier 1974.

[27] *L'Aurore*, 31 janvier 1974.

[28] *Le Figaro*, 2~3 février 1974.

[29] *L'Humanité Dimanche*, 30 janvier 1974.

[30] *Combat*, 20 janvier 1974.

[31] *Politique hebdo*, 7 février 1974.

[32] *Le Nouvel Observateur*, 28 janvier 1974, p. 57.

[33] *Positif*, n° 157(mars 1974), p. 25.

[34] *Politique hebdo*, 8 mars 1974.

35 *Le Nouvel Observateur*, 28 janvier 1974, p. 57.

36 *Minute*, 6~12 février 1974.

37 *Libération*, 7 février 1974.

38 *Charlie Hebdo*, 11 février 1974.

39 *Le Monde*, 14 février 1974.

40 Pierre Viansson-Ponté, "Lacombe Lucien ou l'ambiguité", *Le Monde*, 18 février 1974.

41 Mona Ozouf, "Sans chagrin ni pitié", *Le Nouvel Observateur*, 25 mars 1974, p. 56.

42 *L'Humanité Dimanche*, 3 avril 1974, p. 20.

43 Mona Ozouf, "Sans chagrin ni pitié", p. 56.

44 Jean Delmas, "Lacombe Lucien", *Jeune Cinéma*, n° 77 (mars 1974), p. 35.

45 Jean Delmas, "Lacombe Lucien", p. 34.

46 *L'Humanité Dimanche*, 3 avril 1974, p. 21.

47 Serge Daney, "Devenir fasciste (*Lacombe Lucien*)", *Libération*, 7 février 1974.

48 *France nouvelle*, 26 mars 1974.

49 *Libération*, 7 février 1974; 7 mars 1974.

50 *L'Humanité Dimanche*, 3 avril 1974, p. 22.

51 Denis Lévy, "La fascination du fascisme", *Téléciné*, n° 190 (juillet-aout 1974), p. 21.

52 *France nouvelle*, 26 mars 1974; *L'Humanité Dimanche*, 3 avril 1974, p. 21.

53 *Libération*, 7 février 1974; 7 mars 1974; *Le Nouvel Observateur*, 25 mars 1974.

54 *Charlie Hebdo*, 11 février 1974.

55 P. B. et S. T., "Anti-Retro: Entretien avec Michel Foucault", *Cahiers du Cinéma*, n° 251~252 (juillet-août 1974), pp. 6~7.

56 *France nouvelle*, 26 mars 1974; *L'Humanité Dimanche*, 3 avril 1974, p. 20.

57 *L'Humanité*, 2 février 1974; *France nouvelle*, 26 mars 1974.

58 *L'Humanité Dimanche*, 3 avril 1974, pp. 21~22.

59 *L'Humanité Dimanche*, 3 avril 1974, pp. 21~22.

60 *Ecran*, n° 25 (mai 1974), p. 28.

61 *L'Humanité Dimanche*, 3 avril 1974.

62 *Ecran*, n° 25 (mai 1974), p. 28.

[63] *La Croix*, 11 février 1974.

[64] *La Croix*, 11 février 1974.

[65] *L'Humanité Dimanche*, 3 avril 1974.

[66] *La Croix*, 11 février 1974.

[67] Jean Duflot, "Malle démêlé", *Politique hebdo*, 8 mars 1974.

[68] *L'Express*, 14~20 janvier 1974; Ecran, n° 25(mai 1974), p. 28.

[69] *L'Express*, 14~20 janvier 1974; *La Revue du cinéma*, n° 282(mars 1974), p. 113.

[70] *Le Monde*, 31 janvier 1974.

[71] *Combat*, 20 janvier 1974.

[72] *Le Nouvel Observateur*, 28 janvier 1974, p. 57.

[73] *Positif*, n° 157(mars 1974), p. 25.

[74] *Jeune Cinéma*, n° 77(mars 1974), p. 35.

[75] Pascal Bonitzer, "Histoire de sparadrap (*Lacombe Lucien*)", *Cahiers du cinéma*, n° 250(mai 1974), p. 46.

[76] P. B. et S. T., "Anti-Retro: Entretien avec Michel Foucault", p. 6.

[77] *L'Express*, 14~20 janvier 1974.

[78] *L'Humanité Dimanche*, 3 avril 1974.

[79] 필자는 극영화 가운데 '역사영화'로 규정할 수 있는 영화는 대체로, 첫 번째, 역사적 사건을 배경으로 하고 실존인물(주로 역사적 인물)을 다룬 영화, 두 번째, 역사적 사건을 배경으로 하지만 실존인물이 아니라 있을 법한 인물을 주인공으로 내세운 영화, 세 번째, 역사적 사건을 배경으로 하지 않지만 특정한 과거 시기의 사회상을 보여 주는 영화, 이렇게 세 가지 유형 중 하나에 속한다고 본다. 스파르타쿠스, 잔 다르크, 히틀러 등을 다룬 대부분의 전형적인 역사영화가 첫 번째 유형에 속한다면, 가상의 인물을 내세워 1920년대 초 아일랜드 독립투쟁을 다룬 켄 로치 감독의 〈보리밭을 흔드는 바람〉(2006)이나 〈라콩브 뤼시앵〉이 두 번째 유형의 역사영화로 분류될 수 있을 것이다. 필자는 대부분의 역사영화가 속하는 첫 번째 유형만이 아니라 두 번째 유형이나, 이를테면 근대 초 프랑스의 농민 세계나 19세기 영국의 부르주아를 다룬 세 번째 유형의 역사영화들이 (어쩌면 첫 번째 유형보다도 더) 새로운 형식의 역사서술로서, 혹은 적어도 역사 인식에 도움을 주는 매체로서 가치 있을

수 있다고 보는 입장이다.

[80] Philip French, *Conversations avec Louis Malle*, p. 114, 116.

[81] *Le Nouvel Observateur*, 28 janvier 1974, p. 57; *Ecran*(mars 1974).

[82] Henry Rousso, *Le syndrome de Vichy de 1944 à nos jours*, pp. 121~124; Naomi Greene, *Landscapes of Loss: The National Past in Postwar French Cinema*(Princeton: Princeton University Press, 1999), pp. 70~71.

[83] Henry Rousso, *Le syndrome de Vichy de 1944 à nos jours*, pp. 131~132; Naomi Greene, *Landscapes of Loss: The National Past in Postwar French Cinema*, p. 70.

[84] Robert O. Paxton, *Vichy France: Old Guard and New Order, 1940~1944*(New York: Columbia University Press), 1972.

[85] 이에 대해서는 이용우, 《프랑스의 과거사 청산: 숙청과 기억의 역사, 1944~2004》 (역사비평사, 2008), 168~170쪽을 보라.

[86] 이용우, 《프랑스의 과거사 청산: 숙청과 기억의 역사, 1944~2004》, 145, 201~204쪽.

[87] Stanley Hoffmann, "Cinquante ans après, quelques conclusions essentielles", *Esprit*, n° 181(mai 1992), p. 39.

[88] Naomi Greene, *Landscapes of Loss: The National Past in Postwar French Cinema*, p. 73.

찾아보기

[ㄱ]

가니에-레몽, 필리프 90

게디기앙, 로베르 214, 245, 246, 249~
253, 255~257, 259, 262

게슈타포 208, 233, 234, 239, 265, 266,
271, 292

게티, 장피에르 54

골즌, 리처드 J. 16

〈굿바이 칠드런〉 267

그랑, 필리프 78, 79

〈그림자 군단〉 214, 230~244, 246, 247,
249, 250, 252, 256, 259~261

글라바니, 장 27, 35

《금지된 기록보관소: 몰수된 역사》 75

기옹, 장마리 133, 138

[ㄴ]

남부해방 95, 190

노게르, 앙리 95, 131, 153~158, 160, 174

노르망디 상륙(작전) 190, 193, 218, 220,
221, 229, 230, 272, 280, 291

[ㄷ]

다니엘, 장 19, 38~42

다르키에, 루이 33

다비도비츠, 조제프 105, 107, 108, 111,
114, 116, 117, 119~121, 125

데스탱, 지스카르 280, 291

델마, 장 278

독일-프랑스 휴전협정 218

두주, 로랑 134~137, 139

뒤클로, 자크 113

드 배크, 앙투안 240

드 브레송, 장자크 286

드골, 샤를 30, 132, 149, 150, 157, 171,
185, 189, 191, 192, 196, 198, 200,
206~209, 212, 213, 228, 234, 237,
238, 240~243, 264, 291

드골주의 47, 138, 139, 150, 152, 157,
158, 171, 207, 208, 237, 238,
240~243, 291

드글리암-푸셰, 마르셀 153, 154

드라슐린, 미셸 58

드랑시 수용소 69

드레, 쥘리앙 36

드레퓌스, 프랑수아-조르주 132, 162,
163, 166~168

드브레, 장루이 36, 37

[ㄹ]

라로슈, 가스통 90

라롱드, 브리스 58

라보리, 피에르 131, 145, 156, 270

〈라콩브 뤼시앵〉 244, 262, 265~296

라콩브 뤼시앵 신화 294

랑, 자크 59, 61, 63, 64

랑글루아, 쉬잔 213, 214, 227

레만, 마르셀 118, 119, 247, 251, 254

레몽, 르네 59~63, 75~77

레비, 드니 279

레스키, 아담 92, 114~117, 123, 252

레지스탕스 통합운동MUR 146, 202

레지스탕스(주의) 신화 47, 126, 127, 129,
    144, 152, 185, 186, 208, 212, 213,
    228, 242~244, 258, 261, 262, 264,
    265, 278, 286, 290, 291, 294~296

레지스탕스전국회의CNR 105, 190,
    192, 196, 215, 216

〈레지스탕스 특별호〉 100, 103, 105

로망, 조엘 38, 42

로브리외, 필리프 92, 108, 113

롤-탕기, 앙리 101

롱클, 프랑수아 96

루디, 이베트 27

루소, 앙리 13, 16, 35, 144, 162, 213

르 가레크, 장 27

르 갱, 장마리 27

르네 레몽 위원회 59, 63, 64, 66, 69~
    76, 80~84

르데르만, 샤를 99~101

르바테, 뤼시앵 268

르볼, 르네 113

르쾨르, 오귀스트 113

르클레르, 필리프 195, 200

르펜, 장마리 58

리베, 루이 166, 170

리터, 율리우스 249

린드퍼그, 실비 214, 226, 240

[ㅁ]

마누시앙 그룹 90, 92, 104~106, 108,
    115~117, 124, 125, 258

마누시앙 사건 90~92, 102, 105, 106,
    116, 125, 127

마누시앙, 멜리네 90, 93, 95, 98, 109,
    110, 122, 247, 249

마누시앙, 미사크 89, 90, 106, 107, 110,
    112, 114, 116, 117, 119, 121~123,
    125, 245~249, 251, 252, 256

마르셰, 조르주 98, 99

마르티네, 질 36

말, 루이 265~272, 281~284, 287

메를라-기타르, 오데트 145

멕상도, 루이 27, 54~56

멕시코 268~270

멜빌, 장피에르 214, 231, 232, 240, 246

명예판정단 95, 96, 104, 126

모디아노, 파트리크 271

모스코비치, 피에르 26, 35

몽발레리앵 5, 6, 88

몽투아르 104

무명유대인순교자기념관 56~59, 69, 70,
    76, 83

물랭, 장 146, 151, 157, 172, 192, 199,
    200, 208

뮈라시올, 장프랑수아 131, 158~160

미라이 학살 269

미셸, 앙리 131~133, 140~142, 146~
    153, 156, 158~160, 173, 174

미옹, 샤를 36, 37

미테랑, 프랑수아 14~16, 18~26, 28~
    41, 43~47, 83

민간군사기구OCM 190

민병대 208, 239, 282, 286, 292

민족의용대 20

민족전선FN(공산당계 항독 대중조직) 190, 207

민족전선FN(극우 정당) 58, 162

[ㅂ]

바르비, 클라우스 12

바르톨론, 클로드 27

바리아니, 디디에 37

바쇠르, 필리프 37

바쟁, 앙드레 223

반치츠, 올가 88, 89

발라뒤르, 에두아르 64

발스, 마뉘엘 27

⟨밤과 안개⟩ 238, 239

⟨범죄 군단⟩ 214, 244~260, 262

베강, 막심 166

베다리다, 프랑수아 138, 139, 143, 145

베베르, 앙리 27

베트남 전쟁 269, 270

벨디브 사건(대검거) 12, 15, 24, 31, 33, 46, 52, 60, 61, 82, 85

보나치, 샹탈 59

부르데, 클로드 95

부르드렐, 필리프 167

부르드롱, 로제 101

부스케, 르네 12, 15, 22~24, 32, 33, 37, 44, 46

부코, 모스코 90, 92, 94, 97, 102, 126, 258

북부해방 190, 196, 203

불루크, 실뱅 251

불의 십자가 20, 29

'붉은 포스터' 87, 88, 104, 117, 124, 204, 205, 244, 245, 249, 257

뷔젠, 레몽 157

브로솔레트, 피에르 146, 151

브로치, 러더빈 229

브루너, 알로이스 54

블랑, 쥘리앙 145

블레즈, 피에르 271, 272

블로크, 마르크 199

비그뢰, 장 257

비비오르카, 올리비에 28, 33, 34, 132, 136, 164, 168~174

비시 정부(비시 정권, 비시 체제) 30, 40, 48, 85, 128, 164, 167, 187, 188, 204, 225, 228, 238, 239, 261, 286, 292

비시파 레지스탕스 42, 43, 47, 151

《비시 프랑스》 290

BS2(제2특별수사대) 118~120, 122, 125

비지에르, 장루이 153~155, 161

[ㅅ]

사회당 24~27, 35, 45, 146, 153

샤방-델마, 자크 101

샬롱쉬르손 217, 219

쉬드로, 피에르 95

슈트로스칸, 도미니크 27

스테른헬, 제브 42

스펭레, 알랭 224

슬라마, 알랭-제라르 77

⟨슬픔과 연민⟩ 97, 143, 242, 244, 262, 265, 266, 284~287, 289~291, 294,

295

시라크, 자크 49, 69, 82, 83

CNR 강령 199

시청각통신고위당국(시청각당국) 94~97, 126

[ㅇ]

아라공, 루이 90, 258

아르디, 르네 172

아르망, 루이 224

아무루, 앙리 37, 101

아제마, 장피에르 16, 17, 59, 60, 138, 139, 143, 145

악시옹 프랑세즈 20, 21

악의 평범성 269, 270

알제리 전쟁 268~270

앙드리외, 르네 278, 279

앙드리외, 클레르 16, 38, 42, 43

앙리오, 필리프 272

에마뉘엘리, 앙리 27, 36

엘레크, 토마 247, 252, 253

엘카바크, 장피에르 28, 32

엡스텐, 조제프 112, 119~121, 251, 252, 256

오리, 파스칼 168

오베르크, 카를 104

오브락 사건 13, 172

오브락, 레몽 95

오브락, 뤼시 95

오주프, 모나 278

오필스, 마르셀 265, 284, 291

올반, 보리스 92, 108~111, 114, 117, 121, 122

《외국인의 피: 레지스탕스의 MOI 이민 자들》 92, 117, 126, 252, 255, 258

우줄리아스, 알베르 111

원수주의 22

유대인지위법(반유대법) 30, 36, 46, 48

〈은퇴한 '테러리스트들'〉 90, 93, 94, 106, 126, 258

6·18 호소(촉구) 연설 149, 150, 157, 160, 171, 191, 192, 196~198, 206, 207

68운동 242, 243, 291

의무노동제STO 172, 202

이민노동자 의용유격대FTP-MOI 87, 88, 90, 94, 95, 97, 106, 116~118, 121, 123~125, 204, 214, 244, 246, 247, 249, 251, 255~257

2차세계대전사위원회CHDGM 139~ 143, 147, 155, 156, 174

[ㅈ]

자우켈, 프리츠 249

자유 프랑스 149, 150, 157, 160, 171, 181, 189, 192, 193, 199, 206~208, 232, 234

자유 프랑스군FFL 199, 200

장 물랭 소련첩자설 13, 172

장, 니콜 96, 101

장콜라, 장피에르 242

전국교과위원회 178

전국정보처리-자유위원회CNIL 53, 56, 58, 59, 62

전쟁포로 사회복귀위원회 20, 23

제롬, 장 108, 111~113

조스팽, 리오넬 27, 35, 36
졸리, 로랑 75, 79, 80, 82
쥐페, 알랭 82
쥘리아르, 자크 38~40
지로, 앙리 157
지스베르, 프란즈올리비에 28

[ㅊ]

차카리앙, 아르센 92, 101, 113, 114
철도레지스탕스 216, 222, 224, 226, 227
⟨철로 전투⟩ 214~230, 232, 233, 235,
    236, 238, 240, 243, 244, 246, 247,
    252, 256, 260, 261, 264

[ㅋ]

카굴 20
카미에네키, 아네트 101
카수, 장 104
카스피, 앙드레 59
카이아베, 앙리 56, 57, 72
칸, 아네트 63, 71, 72
칸, 장 37, 59. 70, 82
칼뤼르 사건 172
케셀, 조제프 231
코낭, 에릭 13, 16, 35
코르디에, 다니엘 19, 172, 174
코민테른 102, 112, 113
코셰, 가브리엘 157, 166
콩바 95, 138, 154, 190, 199
콩브, 소니아 73~77
쿠르투아, 스테판 92, 117, 122, 123,
    251, 252, 255~257
쿠쉬네르, 베르나르 37

쿠스토, 피에르-앙투안 268
크레미외-브릴락, 장루이 174
크리빈, 알랭 37
클라르스펠드, 세르주 37, 52, 54, 63,
    64, 71, 72, 78, 83, 96
클레망, 르네 213, 214, 216, 217, 223,
    224, 243, 246, 264
키에주만, 조르주 96
킬레스, 폴 27

[ㅌ]

토마시나, 조제프 110, 114
퇴역군인부 53~55, 67, 74, 76, 80, 85
퇴역군인-전쟁희생자부(퇴역군인부) 기
    록보관소 50~52
투비에, 폴 12, 15, 59, 291
특별수사대BS 118, 125, 251, 255
티옹, 샤를 112

[ㅍ]

파느캉, 로제 101
파리경찰청 50, 52, 68, 69, 79, 80, 84,
    118
⟨파리는 불타고 있는가?⟩ 243, 265
파비에, 장 74
파비위스, 로랑 35
파시즘 277, 279, 282, 283
파퐁, 모리스 12, 46
팩스턴, 로버트 290
페레, 레오 90, 258
페루아, 에두아르 145
페브르, 뤼시앙 141, 142, 156, 174
페샹스키, 드니 38, 92, 117, 252

페앙, 피에르 14, 16, 17, 19, 20, 22, 23,
　32, 45
페탱 신화 151
페탱, 필리프 22, 23, 30, 41, 238, 286,
　292
페탱주의 22, 39, 41
페탱주의자 27, 38
포프랑, 장 35
퐁피두, 조르주 280, 291
퐁피두주의 280
푸코, 미셸 280, 284
프랑스 게슈타포 274, 280, 282, 287
프랑스 공산당PCF 90, 91, 94, 95, 98,
　100, 103, 105, 106, 113, 115~118,
　122~127, 160, 190, 199, 207, 209,
　257, 258
프랑스 국내군FFI 190, 193, 195, 200
프랑스 민주노동동맹CFDT 229
프랑스 의용유격대FTP 90, 105, 111,
　112, 190, 207
프랑스 퇴역군인군단 20, 22, 29
프랑스강제이송유대인자녀협회 97
프랑스영화총협동조합 216, 217
프랑스유대인기관대표회의 37
프랑스점령 – 해방사위원회CHOLF 140,
　145~147
프랑스철도공사SNCF 216, 226, 227, 230
《프랑스 청년: 프랑수아 미테랑, 1934~
　1947》 14, 16, 17, 19, 22, 23, 45
프랑티뢰 190
프렌치, 필립 284
프로동, 장미셸 243
프르네, 앙리 139, 166, 199

플레넬, 에두이 17, 102
피노, 크리스티앙 101, 196
필리우, 조르주 96

[ㅎ]
항독유격대 193, 200, 201, 221, 222,
　227, 260, 273, 274, 287
해방전투 128, 130, 143, 166, 176, 192,
　193, 195, 218, 229, 232, 243, 264,
　272
현대유대자료센터CDJC 57, 70, 82
현재사연구소IHTP 139, 143
협력주의자 187, 292
호프먼, 스탠리 293~295
홀로코스트 8, 15, 45, 46, 48, 50, 72,
　172, 230, 254
흑색전설 278, 279, 286, 289, 290, 294,
　295

레지스탕스 프랑스

신화와 망각 사이

◉ 2019년 12월 12일 초판 1쇄 인쇄
◉ 2019년 12월 19일 초판 1쇄 발행
◉ 글쓴이   이용우
◉ 펴낸이   박혜숙
◉ 디자인   이보용
◉ 펴낸곳   도서출판 푸른역사
　　　　　　　우) 03044 서울시 종로구 자하문로8길 13
　　　　　　　전화: 02)720-8921(편집부) 02)720-8920(영업부)
　　　　　　　팩스: 02)720-9887
　　　　　　　전자우편: 2013history@naver.com
　　　　　　　등록: 1997년 2월 14일 제13-483호

ISBN   979-11-5612-159-6   93900

• 잘못 만들어진 책은 교환해드립니다.